NATIONAL GEOGRAPHIC TRAVELER

ISTANBUL

MIT TÜRKISCHER RIVIERA UND KAPPADOKIEN

NATIONAL GEOGRAPHIC TRAVELER

ISTANBUL

MIT TÜRKISCHER RIVIERA UND KAPPADOKIEN

Tristan Rutherford
& Kathryn Tomasetti

INHALT

Seite 2-3: Überwältigender Blick auf die Hagia Sophia vom Bosporus aus
Gegenüberliegende Seite: Teeverkäufer vor der Hagia Sophia in Istanbul

RÜCKSICHTSVOLL REISEN

Umsichtige Urlauber brechen voller Neugierde auf und kehren reich an Erfahrungen nach Hause zurück. Wer dabei rücksichtsvoll reist, kann seinen Teil zum Schutz der Tierwelt, zur Bewahrung historischer Stätten und zur Bereicherung der Kultur vor Ort beitragen. Und er wird selbst reich beschenkt mit unvergesslichen Erlebnissen.

Möchten nicht auch Sie verantwortungsbewusst und rücksichtsvoll reisen? Dann sollten Sie folgende Hinweise beachten:

- Vergessen Sie nie, dass Ihre Anwesenheit einen Einfluss auf die Orte ausübt, die Sie besuchen.

- Verwenden Sie Ihre Zeit und Ihr Geld nur auf eine Weise, die dazu beiträgt, den ursprünglichen Charakter eines Ortes zu bewahren. (Auf diesem Weg lernen Sie ein Land auch sehr viel besser kennen.)

- Entwickeln Sie ein Gespür für die ganz besondere Natur und das kulturelle Erbe Ihres Urlaubslandes.

- Respektieren Sie die heimischen Bräuche und Traditionen.

- Zeigen Sie den Einheimischen ruhig, wie sehr Sie das, was den besonderen Reiz ihres Landes ausmacht, zu schätzen wissen: die Natur und die Landschaft, Musik, typische Gerichte, historische Dörfer oder Bauwerke.

- Scheuen Sie sich nicht, mit Ihrem Geldbeutel Einfluss zu nehmen: Unterstützen Sie möglichst solche Einrichtungen oder Personen, die sich um die Bewahrung des Typischen und Althergebrachten bemühen. Entscheiden Sie sich für Läden, Restaurants, Gaststätten oder Reiseanbieter, denen offensichtlich an der Bewahrung ihrer Heimat gelegen ist. Und meiden Sie Geschäfte, die den Charakter eines Ortes negativ beeinflussen.

- Wer auf diese Weise reist, hat mehr von seinem Urlaub, und er kann sicher sein, dass er seinen Teil zum Erhalt und zur Verbesserung eines Ortes oder einer Landschaft beigetragen hat.

Diese Art des Reisens gilt als zeitgemäße Form eines sanften, auf Nachhaltigkeit bedachten Tourismus; NATIONAL GEOGRAPHIC verwendet dafür auch den Begriff des „Geo-Tourismus". Gemeint ist damit ein Tourismus, der den Charakter eines Ortes - seine Umwelt, seine Kultur, seine natürliche Schönheit und das Wohlergehen seiner Bewohner - nicht aus den Augen verliert. Weitere Informationen zum Thema gibt es im National Geographic's Center for Sustainable Destinations unter *www.nationalgeographic.com/travel/sustainable*.

NATIONAL GEOGRAPHIC TRAVELER

ISTANBUL

MIT TÜRKISCHER RIVIERA UND KAPPADOKIEN

ÜBER DIE AUTOREN

Tristan Rutherford ist seit 2002 freiberuflicher Reiseschriftsteller. Er schreibt Reisefeuilletons u. a. für *The Independent* und das *Sunday Times Travel Magazine* und unterrichtet Reisejournalismus am Central Saint Martins College und an der Kingston University in London. Unter den 60 Ländern, die er besucht hat, steht für Rutherford die Türkei immer noch an erster Stelle, seitdem er 1995 sein erstes wunderbares Abendessen mit gegrilltem Tintenfisch und Raki am Bosporus genossen hat. Außerhalb Istanbuls sind die ausgedehnten römischen Ruinenfelder südlich von Ephesus und die ruhigen Fischerdörfer an der Ägäis seine Lieblingsstellen in der Türkei.

Die in den USA geborene und in Italien aufgewachsene **Kathryn Tomasetti** schreibt Reisegeschichten und Reiseführer, etwa für *The Guardian* und *Rough Guides*. Reisefotos aus ihrem Bestand – die sie in ganz unterschiedlichen Weltgegenden wie China, Syrien und Chile aufgenommen hat – erschienen bei *Time Out, Dorling Kindersley* und *The Independent*. Tomasetti hat überall in der Türkei archäologische Stätten aufgespürt und Jagd auf kulinarische Erfahrungen der Spitzenklasse gemacht, wobei sie oftmals in den wunderbaren Schlafwagen des Landes unterwegs war. Doch Istanbul bleibt ihr persönliches Highlight, und ihr Rat an Besucher lautet: Lassen Sie den Ägyptischen Basar und die Straßenmärkte von Kadiköy ebenso wenig aus wie den Großen Basar.

Tomasetti und Rutherford haben bei 25 Reiseführern rund ums Mittelmeer zusammengearbeitet; sie leben in Nizza und Istanbul. Beide sind Mitglied der British Guild of Travel Writers.

Die Reise planen

Istanbul, die Kulturmetropole und größte Stadt der Türkei, ist das Tor zu diesem fantastischen Land. In ihr findet sich beides: Museen und Restaurants eines pulsierenden Reiseziels des 21. Jahrhunderts und ein großes historisches Erbe als einstige Hauptstadt des Römischen, Byzantinischen und Osmanischen Reiches.

Mit dem Flugzeug ist es von hier nur ein Katzensprung zu den antiken Ruinen und schönen Sandstränden, die sich über Hunderte von Kilometern an der sonnenverwöhnten türkischen Mittelmeerküste erstrecken. Im Landesinnern warten die dynamische politische Hauptstadt Ankara und die „Feenkamine" von Kappadokien.

In Stadt und Umland unterwegs

Seit eh und je verbinden Fähren Europa und Asien. Bis heute sind sie ein wichtiges Transportmittel - entweder über den Bosporus oder zu den verlockenden Inseln vor der Küste. Die kurzen Überfahrten auf den Fähren sind ein echtes Vergnügen, mit Bars und zumindest einer Handvoll Sitzplätzen im Freien. Fahrpläne und Karten der städtischen Fährgesellschaft sind unter *www.sehirhatlari.com.tr/de* einsehbar. Bei größeren Entfernungen - etwa der Reise von Istanbul an die Südküste - sind die meisten Ziele per Bus oder Flugzeug erreichbar. Fernbusse sind bequem und legen häufig Pausen ein, damit man essen und sich die Beine vertreten kann. Es gibt zahlreiche Flugverbindungen von Istanbul zu den vier südtürkischen Flughäfen İzmir, Bodrum, Dalaman und Antalya. Wer rechtzeitig bucht, zahlt nur wenig mehr als für die entsprechendem Busverbindungen, denn auf allen Routen machen sich drei oder vier Airlines Konkurrenz; siehe die Reiseinformationen S. 235. Die Züge in der Türkei sind sehr modern, mit in die Vordersitzrückseite eingelassenen TV-Bildschirmen auf den Hochgeschwindigkeitsstrecken und luxuriösen Betten in den Schlafwagen. Drei Eisenbahnlinien sind von besonderem Interesse: die Hochgeschwindigkeits- und Schlafwagenlinien von Istanbul nach Ankara, die Schlafwagenlinie von Ankara nach İzmir und die Schlafwagenlinie von Istanbul nach Kappadokien (Kayseri). Informieren Sie sich auf der Website der staatlichen türkischen Eisenbahnen, *www.tcdd.gov.tr*.

Gläser mit türkischem Tee

Istanbul in einer Woche

Fast alle Türkei-Besucher beginnen ihre Reise mit einem Aufenthalt im lebhaften Istanbul. Etwa drei Tage genügen, um viele der Sehenswürdigkeiten aufzusuchen, von denen die meisten in der **Altstadt** liegen. Beginnen Sie am **Topkapı-Palast,** dem einstigen Sitz der osmanischen Sultane. Der Reichtum im Innern - von edelsteinbesetzten Kreuzen bis zu religiösen Reliquien - ist faszinierend. Lassen Sie genug Zeit übrig für einen Besuch des überwältigenden **Archäologischen Museums** auf dem Palastgelände. Unmittelbar vor den Toren des Palastes steht die **Hagia Sophia,** eines der größten Bauwerke der Alten Welt. In der Nähe erhebt sich die **Blaue Moschee.** Zum Einkaufsbummel lockt der **Große Basar,** der von der Hagia Sophia zu Fuß Richtung Westen in ein paar Minuten zu erreichen ist, oder der **Gewürzmarkt** (auch Ägpytischer Basar) in der Nähe der Galata-Brücke am Nordrand der Altstadt.

Im europäischen Istanbul nördlich des Goldenen Horns lohnt ein Gang über den Boulevard **İstiklal Caddesi**: Auch das Kunstmuseum **Istanbul Modern** ist zu empfehlen. Eine **Bosporus-Kreuzfahrt** bietet eine gute Möglichkeit, sich in einigen Stunden einen Überblick zu verschaffen. Zu den weiteren Attraktionen im europäischen Istanbul gehören der **Galata-Turm** und die **Kamondo-Treppen** aus dem 18. Jahrhundert. Im asiatischen, östlich des Bosporus gelegenen Teil Istanbuls runden die Moscheen von **Üsküdar** oder

NICHT VERSÄUMEN

Die türkische Küche mitsamt *meze*, Kebabs und Fischgerichten genießen 40-43

Den Topkapı-Palast, vom Harem bis zur Schatzkammer 58-65

Die Mosaiken und die Erhabenheit der Hagia Sophia - ehemalige Kirche, einstige Moschee und heute Museum 66-69

Eine Schiffstour auf der Meerenge des Bosporus 106-107

Die Ruinen von Ephesus oder Pamukkale bei Sonnenauf- oder -untergang 198, 204

Mit dem Boot, zu Fuß, mit dem *dolmuş* oder dem Auto die Türkisküste entdecken 211, 218

Eine Fahrt mit dem Heißluftballon über Kappadokien 227

Moschee-Etikette

Von den europäischen Kathedralen bis zu den thailändischen Tempeln gehören in vielen Ländern Stätten des Glaubens zu den schönsten und kulturell bedeutendsten Sehenswürdigkeiten. Das ist bei den Tausenden von Moscheen in der Türkei nicht anders. Einige, wie die Fethiye-Moschee (siehe S. 92-93) in der Istanbuler Altstadt, waren früher christliche Kirchen. Andere, wie die Atik-Valide-Moschee in Üsküdar (siehe S. 146-147), sind eindrucksvolle Zeugnisse osmanischer Pracht.

Vor allem aber sind Moscheen Stätten des Glaubens. Besucher sind gleichwohl willkommen, sofern sie die Gebetszeiten und den Freitagmorgen meiden. Männer und Frauen sollten anständig gekleidet sein und die Schuhe in einem Regal an der Tür abstellen. Im Innern sollte respektvolles Schweigen eingehalten werden. Fotos von Gläubigen sind absolut tabu, das Gebäude allerdings darf man fotografieren. Es ist ein Gebot der Höflichkeit, eine Spende zum Unterhalt der jeweiligen Moschee zu hinterlassen.

Türkische Lira

Die Währung der Türkei ist die Türkische Lira (Türk lirası, abgekürzt TL). Eine Lira besteht aus 100 Kuruş, doch Besucher werden als kleinste Münzen eine halbe Lira (50 Kuruş), eine Viertellira (25 Kuruş) und 10 Kuruş benutzen. Geldscheine gibt es im Wert von 5, 10, 20, 50, 100 und 200 Lira.

Ältere 5- und 50-Lira-Scheine sehen einander ähnlich und lassen sich leicht verwechseln. Seien Sie also achtsam, wenn Ihnen ein Taxifahrer Geld herausgibt, denn diese Scheine werden gelegentlich vertauscht. Im Restaurant ist es üblich, vor dem Begleichen der Rechnung die Beträge mit dem Kellner durchzugehen. In den 1990er Jahren herrschte eine galoppierende Inflation mit der Folge, dass ein US-Dollar mehr als eine Million Lira wert war. Heute ist die Währung stabil, und 2005 wurden die sechs Nullen offiziell gestrichen, auch wenn im Alltagsjargon immer noch die *milyons* auftauchen. Insbesondere auf kleine Zahlen bezieht man sich oft mit der Million, ein Mineralwasser für zwei Lira kann also *iki milyon,* also zwei Millionen, kosten!

das Straßentheater von **Kadıköy** den Istanbul-Aufenthalt ab. **Ankara** ist in einem einstündigen Flug oder einem Nachtzug von Istanbul aus erreichbar. Nur wenige Reisende lassen auf ihrer Reiseroute die Feenkamine von **Kappadokien** aus, das sechs Fahrtstunden südöstlich von Ankara liegt. Diese Felsenhöhlen waren über zwei Jahrtausende bewohnt und gehörten zu den Geburtsstätten des Christentums; inzwischen wurden viele davon in luxuriöse Höhlenhotels umgewandelt. **Ephesus** an der Ägäis und **Pamukkale/Hierapolis** im Binnenland – beide jeweils per Flugzeug oder mit dem Nachtbus von Istanbul oder Kappadokien aus erreichbar – sind die meistbesuchten antiken Ruinen in der Westtürkei. Auch ein Abstecher zu einer ruhigeren archäologischen Stätte wie **Laodicea** (10 km südlich von Hierapolis) lohnt sich.

ÖPNV elektronisch

Die Istanbulkart ist eine elektronische Fahrkarte, die für alle öffentlichen Verkehrsmittel in Istanbul gilt. Erhältlich und aufladbar ist sie am Flughafen Istanbul-Atatürk sowie an allen großen Busbahnhöfen, Schiffsanlegestellen, Servicestellen der städtischen Verkehrsbetriebe sowie Kiosken mit entsprechendem Hinweis. Sie kostet 6 TL und ermöglicht nach entsprechender Aufladung (bis zu 150 TL) die Nutzung von U-Bahn, Straßenbahn, Bussen, Seilbahnen, Fähren, Vostadtzügen und Sammeltaxis. Die jeweiligen Fahrtbeträge werden an den entsprechenden Kartenlesegeräten abgebucht, wenn man die Karte an das Lesegerät hält, und der Restbetrag wird jeweils angezeigt.

Mehr Zeit zum Reisen

Besucher, die zehn Tage oder zwei Wochen Zeit haben, haben die Chance, das Land besser kennenzulernen. Verbringen Sie die Hälfte Ihres Aufenthalts in Istanbul und setzen Sie weniger besuchte Sehenswürdigkeiten wie die **Süleymaniye-Moschee,** die **Pammakaristos-Kirche,** den hippen Vorort **Nişantaşı** oder die Straßenmärkte von **Beyoğlu** auf den Besichtigungsplan. Buchen Sie im Sommer ein Hotel auf den Prinzeninseln oder an den **Schwarzmeerstränden** und im Winter eines im Badeort **Yalova** oder im Wintersportort **Uludağ**. All diese Ziele sind in etwa ein bis zwei Stunden mit dem Bus oder der Fähre von Istanbul aus erreichbar. Wer ein Faible für Geschichte hat, sollte sich für die **Halbinsel Gallipoli** und das antike **Troja** entscheiden - beide von Istanbul aus mit dem Bus in fünf Stunden erreichbar.

Um an die Südküste zu gelangen, muss man einen Flug oder eine Nachtfahrt mit dem Bus buchen. Erlebnisurlauber sollten eine Unterkunft in **Kaş** oder **Göcek** einplanen, wo man im Meer Kajak fahren, Küstenwanderungen unternehmen und tauchen kann. Wenn Sie hingegen entspannen möchten, sind der lange Strand und die Ruinen von **Çiralı** bei Olympos ein grandioses Erlebnis. Sie liegen mehrere Busstunden östlich von Kas oder südlich von Antalya. Wer allem Trubel entfliehen möchte, kann sich entspannt auf einer „Blauen Reise" mit dem Schiff zu den türkisen Buchten und grünen Inseln der Türkei bringen lassen. Die Kreuzfahrt kann in Kaş, Göcek oder jedem anderen größeren Badeort an der Türkisküste angetreten werden.

Besucherinformation

Eine Vielzahl hilfreicher Informationen ist auf dem offiziellen Tourismusportal der Türkei, *www.goturkey.com,* erhältlich. Die Website bietet eine Fülle von Karten, praktischen Reiseinformationen und Wissenswertes zur Geschichte und Kultur des Landes. Zudem können Sie dort Flüge, Hotels und Pauschalreisen buchen. Eine gute Quelle ist auch *www.kultur.gov.tr,* die offizielle Website des Ministeriums für Kultur und Tourismus.

Das verlassene Dorf Kayaköy südlich von Fethiye ist als Museum erhalten geblieben

Geschichte & Kultur

Ein Gläubiger studiert am kunstvoll geschnitzten *minbar* der Blauen Moschee in Sultanahmet den Koran

Istanbul heute

Istanbul, die Brücke zwischen Europa und Asien, wird oftmals als Symbol für die Türkei als Ganzes angesehen, als Schnittpunkt einander widerstreitender Ideen und Kräfte. Viele behaupten, dies sei der Ort der Begegnung zwischen Orient und Okzident, des Zusammenpralls von traditionellen Werten und Modernisierung.

Trotz der ideologischen Konflikte zwischen Volk und Regierung der letzten Jahre bewegen sich die Stadt und das Land in eine Richtung, die von Wohlstand und internationalem Respekt geprägt ist, wie er einer jungen Regionalmacht in Europa und Asien und einem der ältesten und schönsten kulturellen Zentren angemessen ist.

Istanbuls Jugend entspannt sich in einem trendigen Café auf der Galata-Brücke

Die Türkei hat in den letzten Jahren einen starken wirtschaftlichen Aufschwung erlebt und zählt inzwischen zu den 20 reichsten Ländern der Welt. Sogar die weltweite Finanzkrise 2007 bis 2010 hat dem steilen Anstieg der wirtschaftlichen Wachstumskurve nur eine Delle versetzt.

Vertrauen liegt in der Luft

Istanbul, eine Stadt mit fast 14 Millionen Einwohnern, sprüht nur so vor aufregender Individualität. Rund um Beyoğlu und Nişantaşı gedeiht an allen Ecken und Enden die Kreativbranche mit Design, Architektur, Musik, Büchern und vielem mehr. Für das Istanbul Modern (siehe S. 121–122), ein Weltklassemuseum, wurde ein ehemaliges Lagerhaus in einen Kunstkomplex am Wasser umfunktioniert, der vor allem Werke einheimischer Künstler ausstellt. Während die Spieler der großen Fußballclubs der Stadt früher im Ausland Karriere machten, bauen die Clubs heute auf junge Talente aus den eigenen Reihen, und sogar Weltstars zieht es nach Istanbul.

Die Türkei hat in den letzten Jahren einen starken wirtschaftlichen Aufschwung erlebt und zählt inzwischen zu den 20 reichsten Ländern der Welt.

Das Dreieck zwischen Ankara, İzmir und Antalya, also die Westtürkei, strahlt eine ähnliche Atmosphäre und eine noch größere Vielfalt aus. Der Trend geht weg von mehrwöchigen All-inclusive-Angeboten und hin zum Kurzurlaub mit viel Kultur. Dank der Billigfluglinien lassen sich maßgeschneiderte Reisen in den Süden des Landes unternehmen, und die türkischen Tourismusbehörden preisen unermüdlich die atemberaubenden antiken Ruinen und versteckten Strände an. Einige noblere Orte, wie Alaçatı auf der Halbinsel Çeşme, reichen an Reiseziele der Spitzenklasse heran. Andererseits haben sich einige idyllische Fischerdörfer – in denen das Leben aus *tavla* (Backgammon), *çay* (Tee) und köstlichen Fischgerichten besteht – seit Jahrzehnten nicht verändert.

Wie es dazu kam

Nicht wegen, sondern eher trotz der politischen und wirtschaftlichen Geschehnisse der letzten 30 Jahre hat sich das Blatt für die Türkei gewendet. Nach einem Militärputsch Anfang der 1980er Jahre mit gravierenden wirtschaftlichen Folgen führte Turgut Özal (1927–1993) zunächst als Premierminister und dann als Staatspräsident das Land zu einer kurzen Erholung. Die strategische Bedeutung der Türkei als größtes Nato-Mitglied mit muslimischer Bevölkerung und mit der zweitgrößten

Istanbul-Blogs

Die Istanbuler Blogs bieten einen informativen Zugang zu allem, was sich vor Ort gerade abspielt. Zu den besten in der Stadt gehören:

- **www.Istanbuleats.com**
  Istanbul Eats: Von Ansel Mullins und Yigal Schleifer, Fotografien von Jonathan Lewis – ideal für die abseits der touristischen Pfade gelegenen Restaurants der Stadt (siehe S. 87).
- **www.Istanbulfood.com**
  Istanbul Food: Die Istanbuler Küchenchefin Tuba Şatana stellt in diesem Blog ihre Lieblingsorte vor, an denen man die örtliche Küche genießen kann – und nennt auch diejenigen, die man besser meiden sollte.
- **Istanbulstreets.wordpress.com**
  Istanbul Through My Eyes: Jeden Tag ein schönes Foto, aufgenommen von Ozgur, einem Einwohner der Stadt.

Armee in der Militärallianz – wurde durch den ersten Golfkrieg (1990–91) und den Zusammenbruch der Sowjetunion bestärkt.

Nachdem Özal unerwartet an Herzversagen gestorben war, wurde Tansu Çiller 1993 als erster weiblicher Regierungschef des Landes vereidigt. Nach dem Scheitern ihrer Wirtschaftspolitik verfolgte die umstrittene Politikerin eine engstirnige nationalistische Politik. In dieser Zeit erreichte die PKK, die verbotene Kurdische Arbeiterpartei, ihre größte Wirkung.

Als Bürgermeister Istanbuls (1994–98) sorgte Recep Tayyip Erdoğan in der Stadt für Verbesserungen. Alte, unsichere Busse wurden durch umweltfreundlichere Exemplare ersetzt, das Verkehrschaos wurde beseitigt und die Schulden der Kommune wurden abgebaut. 2001 rief Erdoğan die Partei für Gerechtigkeit und Entwicklung (AKP) ins Leben, die eine Aufnahme der Türkei in die EU befürwortet, und übernahm 2003 das Amt des Ministerpräsidenten. Er bekämpfte die Korruption, investierte mehr Geld in Bildung und Gesundheitswesen und hielt die Türkei von den Konflikten in Afghanistan und im Irak fern.

2001 rief Erdogan die Partei für Gerechtigkeit und Entwicklung ins Leben und übernahm 2003 das Amt des Ministerpräsidenten.

Seit dem Jahr 2013 gibt es vermehrt Proteste gegen die Regierung Erdoğan. Ausgangspunkt waren Demonstrationen gegen ein Bauprojekt auf dem Gelände des Gezi-Parks, die gewaltsam niedergeschlagen wurden. Seitdem mehren sich landesweit die Aktionen gegen die Regierung, die von Teilen der Bevölkerung als autoritär empfunden wird. Bisheriger Höhepunkt ist die Sperrung von Twitter und Youtube, um unliebsame Berichte über Korruption in der Regierung zu unterdrücken.

Regionale Politik & Wirtschaft

Die Europäische Union (EU), der bedeutendste Handelspartner der Türkei, hat ihren östlichen Nachbarn lange Zeit nicht wie einen festen Partner behandelt. In 27 Jahren Beitrittsverhandlungen wurde nie ein Aufnahmedatum gesetzt. Auf der Habenseite kann die Türkei darauf verweisen, dass ihre

Bevölkerung von 76,6 Millionen besser ausgebildet ist denn je und dass 67 Prozent der Türken im arbeitsfähigen Alter sind – vielleicht der wichtigste Pluspunkt, da die EU-Bevölkerung altert. Die 1995 unterzeichnete Zollunion zwischen der Türkei und der EU regelt den Handel mit Europa ohne Brüsseler Bürokratie und ohne Euro-Turbulenzen.

Was die Energie angeht, so wird sich die Position der Türkei als langjähriger Netto-Importeur von Öl und Gas durch die Entdeckung großer Vorkommen fossiler Brennstoffe vor der Schwarzmeerküste möglicherweise bald ändern. Auch das geopolitische Netz in der Energiepolitik ist so geknüpft, dass die Türkei davon profitieren könnte. Die Baku-Tiflis-Ceyhan-Ölpipeline endet an der Mittelmeerküste der als politisch stabil eingeschätzten Türkei. Der türkische Hafen Ceyhan entwickelte sich so zur Drehscheibe des Ölhandels. 2009 wurde ein Deal zum Bau einer Pipeline besiegelt, die russisches Erdgas durch das Schwarze Meer nach Europa befördern soll. Doch der größte außenpolitische Triumph der Türkei ist die Beilegung der traditionellen Streitigkeiten mit Griechenland, mit dem es 1919-1922 einen brutalen Krieg führte (siehe S. 32–33). Nach der „Erdbeben-Diplomatie“ 1999, als sich die beiden Länder buchstäblich gegenseitig aus den Trümmern halfen, verbesserten sich die Beziehungen. Im darauffolgenden Jahrzehnt arbeitete der damalige griechische Premier Georgios Papandreou unermüdlich an einer Annäherung. 2010 fand in Athen eine gemeinsame türkisch-griechische Kabinettssitzung statt. Diese beispiellose Freundschaftsgeste dürfte in den nächsten Jahren zu drastischen Kürzungen im Verteidigungsetat beider Länder führen.

Ein letztes politisches Ziel ist die friedliche Wiedervereinigung von Zypern. Die Mittelmeerinsel ist seit 1974 geteilt. Die damalige griechische Militärjunta inszenierte auf Zypern einen Putsch, den die Türkei mit einer Militärinvasion beantwortete, um die ethnischen Türken auf der Insel zu schützen. Der Konflikt liegt bald vier

Verkauf türkischer Flaggen vor der Yeni Camii (Neuen Moschee) in Eminönü, Istanbul

Jahrzehnte zurück, doch noch immer trennt eine Mauer die Insel in den türkischen Norden und den griechischen Süden. In einer Zeit, in der Zehntausende griechische Urlauber durch Istanbuls Straßen schlendern und die griechischen Tourismusbehörden die Türken mit Anzeigenkampagnen in ihr Land locken möchten, erscheint die Teilung als ein tragischer Anachronismus. Es mag sein, dass im Mittelmeerraum alte Wunden nur langsam heilen, doch in einer Zeit, in der der türkische Staatspräsident Abdullah Gül den früheren Widersachern Armenien, Syrien und Irak Staatsbesuche abstattet, scheint alles möglich. 2008 wurde die Ledra-Straße, die durch die geteilte zyprische Hauptstadt Nikosia verläuft, mit viel Aufsehen - allerdings auch mit untergründigem Ärger - wiedereröffnet. Im selben Jahr wurde Dimitris Christofias mit einem Manifest zur Versöhnung zum Präsidenten von Griechisch-Zypern gewählt. Die Wahl des nationalistischen Politikers Derviş Eroğlu im Norden 2010 bremst den Prozess, doch Gespräche unter der Schirmherrschaft der UNO werden fortgeführt.

Verkehrswesen

Die Türkei verfügt über ein Verkehrssystem der Weltklasse. Fünf oder sechs preiswerte Fluglinien (siehe S. 235) konkurrieren mit exquisiten Busverbindungen - alles online buchbar. Neue Hochgeschwindigkeitszüge (siehe Kasten S. 39) sind die perfekte Ergänzung dieser Routen. Eine erste Strecke wurde 2011 zwischen Ankara und Konya fertiggestellt. Die wichtige Trasse Istanbul-Ankara befindet sich noch im Bau. Seit 2012 gibt es keinen Schienenverkehr auf der Trasse. Ab Mai 2014 soll eine regelmäßige Verbindung ab

Etikette

Türken freuen sich über ausländische Besucher und sind zu ihnen insbesondere außerhalb der touristisch geprägten Altstadt ausgesprochen freundlich. Wer sich an die folgenden Tipps hält, wird besonders gut zurechtkommen:

- **Einige Teile der Gesellschaft - und einige Teile der Stadt - sind sehr traditionell. Besucher sollten generell nicht zu spärlich bekleidet unterwegs sein und beim Besuch einer Moschee unbedingt die Bekleidungsvorschriften beachten.**
- **Mit diesen sechs türkischen Wörtern und Ausdrücken kann nichts schiefgehen: *merhaba* (hallo), *iyi günler* (guten Tag), *evet* (ja), *lütfen* (bitte), *teşekkür ederim* (danke), *özür dilerim* (Verzeihung).**
- **Frauen sollten beim Händeschütteln mit einem älteren Herrn die Initiative ergreifen, Männer sollten sich darauf einstellen, mit männlichen Bekannten einen Kuss auf beide Wangen zu tauschen.**
- **Punkten Sie bei Türken, indem Sie über ihre drei Lieblingsthemen sprechen: Kinder, ihre Heimatstadt und Essen.**
- **Sie müssen damit rechnen, dass man Ihnen wohlmeinende Fragen zu Ihren Familienverhältnissen, Ihrer Arbeit und Ihrem Einkommen stellt. Legen Sie sich die entsprechenden Antworten vorher zurecht, wenn Sie lieber Ihre Privatsphäre schützen möchten.**
- **Treten Sie beim Anstehen in der Schlange oder in einem Restaurant bestimmt auf, sonst bekommen Sie vielleicht keinen Platz oder werden nicht bedient. Für rüpelhaftes Verhalten und Vordrängeln besteht allerdings kein Grund.**

Pendik, einem Vorort von Istanbul, 25 Kilometer vom Zentrum entfernt, wieder aufgenommen werden. 2015 ist die endgültige Fertigstellung geplant und wird die Fahrzeit vom europäischen Teil bis nach Ankara auf drei Stunden verkürzen. Es bestehen Pläne, eine weitere Dreistundenverbindung zwischen Ankara und İzmir einzurichten.

Trotzdem ist das Pendlerleben in Istanbul kein Vergnügen. Im Sommer kann es hier in der Rush Hour geradezu höllisch zugehen. Der 2014 wiedergewählte Istanbuler Bürgermeister Kadir Topbas hat die Zahl der Straßenbahnen, Busse, Seilbahnlinien, Gondeln und Fähren erhöht, doch erst mit endgültiger Fertigstellung des Marmaray-Projekts (mit einer U-Bahnverbindung unter dem Bosporus; siehe Kasten S. 36) im Jahr 2015 wird der Druck auf den öffentlichen Nahverkehr etwas nachlassen. Es besteht die Hoffnung, dass nach der Vollendung etwa ein Viertel des öffentlichen Nahverkehrs über die Schiene laufen wird, der dritthöchste Anteil weltweit. Zu den weiteren Bauplänen gehören eine dritte Brücke über den Bosporus und eine neue, über das Goldene Horn führende U-Bahn-Linie, die einen schnellen Transport der Fahrgäste von der Schwarzmeerküste bis zum Istanbuler Flughafen Atatürk sicherstellt.

Erst mit endgültiger Fertigstellung des Marmaray-Projekts im Jahr 2015 wird der Druck auf den öffentlichen Nahverkehr etwas nachlassen.

Eine positive Zukunft

Mit jedem Jahr wird die türkische Bevölkerung besser ausgebildet und wohlhabender – sie bleibt jedoch stets genauso freundlich. Die Strände, Museen und archäologischen Stätten sind besser vor der verheerenden Wirkung industrieller Entwicklung geschützt denn je.

Die Wahrnehmung hat sich geändert, aber hat sich auch die Stadt gewandelt? Die Antwort lautet „Ja": 2010 hat sich dieser Wandel offenbar vollzogen. Events von U2-Konzerten über Freilicht-Opernaufführungen bis hin zu Filmvorführungen fanden nahezu täglich statt. Die Sehenswürdigkeiten der Stadt, darunter die Hagia Sophia (siehe S. 66–69), die Süleymaniye-Moschee (siehe S. 88–89) und Teile des Topkapı-Palasts (siehe S. 58–65) wurden zu neuem Leben erweckt. Und neben den vielen neuen Galerien und Boutiquen hat 2012 auch das „Museum der Unschuld" nach dem gleichnamigen Roman von Orhan Pamuk in Beyoğlu seine Pforten geöffnet. Istanbuls Bedeutung resultiert aus seiner Lage. Es ist ein Verkehrsknotenpunkt zwischen Europa und Asien, zwischen dem Mittelmeer und dem Schwarzen Meer, zwischen West und Ost. Diese Faktoren gelten noch immer: Die Metropole hat eine beherrschende Stellung in der Türkei und der gesamten Region inne.

Heute ist Istanbul eine Stadt mit mehr als 14 Millionen Einwohnern. Das ist etwa ein Sechstel der Gesamtbevölkerung der Türkei. Schon Anfang des 19. Jahrhunderts lebte hier eine halbe Million Menschen, und seitdem ist die Stadt unaufhaltsam gewachsen – mit Ausnahme der Zeit nach dem Ersten

Die geschichtsträchtige Türkisküste der Türkei lässt sich wunderbar mit dem Kajak erkunden

Weltkrieg, als Istanbul von britischen, französischen und italienischen Streitkräften besetzt war. 1965 lebten im Großraum Istanbul 2 Millionen Menschen, 1980 waren es 4,8 Millionen und 1990 schon 7,6 Millionen. Seitdem hat das Bevölkerungswachstum noch zugenommen. Mehrgeschossige Gebäude sind gang und gäbe, es haben sich industriell geprägte Vororte entwickelt, moderne Schnellstraßen wurden gebaut und schlichte Unterkünfte schossen wie Pilze aus dem Boden.

Ungezügeltes Wachstum

Von den 1950er bis in die 1970er Jahre entstanden viele der neuen Unterkünfte illegal. An den Rändern der Stadt zogen Wanderarbeiter informelle Siedlungen hoch, sogenannte *gecekondu* (übersetzt „in einer Nacht hingestellt"). Doch erst als neue Siedlungen eingerichtet waren, stellten die Stadtbehörden in diesen Gegenden eine entsprechende Infrastruktur bereit, denn der Zustrom der armen Landbevölkerung wuchs zu einer Flut an. In den 1970er Jahren waren mehr als 60 Prozent der neuen Unterkünfte in Istanbul illegal. Selbst Anfang des 21. Jahrhunderts gibt es noch

Wohngegenden ohne Elektrizität und vernünftige Kanalisation.

Das Wachstum der Stadt brachte auch Umweltprobleme mit sich. Der Haus- und Industriemüll gab Anlass zur Sorge, die Luftverschmutzung verschlimmerte sich, und die häusliche und gewerbliche Wasserversorgung wurde zum Problem. *Gecekondu* wurden abgerissen und durch Viertel mit Sozialwohnungsblocks ersetzt. Der Zustrom vom Lande hält indessen weiter an. Viele der neuen Bewohner sind türkische Kurden aus der Osttürkei mit einer anderen Sprache und Kultur.

Der europäische Teil der Stadt bleibt das Zentrum von Handel und Gewerbe. Der asiatische Teil, in dem ein Drittel der Istanbuler wohnt, gewinnt jedoch an Bedeutung, und die Städte und Gemeinden, die binnen einer Stunde erreichbar sind, werden bald Teil der Metropolregion sein.

Auch wenn die Türkei in absehbarer Zeit nicht Austragungsort von Olympischen Spielen oder Fußball-Weltmeisterschaften sein wird – ein Zeichen der Aufnahme unter die entwickelten Staaten, wie dies bei China (2008) und Brasilien (2014 und 2016) der Fall ist –, blickt dieser moderne, demokratische Staat doch in eine positive Zukunft. Atatürk (siehe S. 28–29) wäre stolz auf sein Land. ■

Eine multireligiöse Gesellschaft

Die Türkei ist ein überwiegend sunnitisch-muslimisches Land, aber auch eine liberale, säkulare Republik. Die Religion wird hier in einer gemäßigten Variante praktiziert, und Nichtmuslime sind überall herzlich willkommen, auch in Moscheen. Viele andere Weltreligionen sind ebenfalls in Istanbul vertreten. Das Ökumenische Patriarchat einer orthodoxen Glaubensgemeinschaft hat seinen Sitz in der Stadt, und Istanbul beherbergt eine größere Zahl griechisch-orthodoxer und armenischer Christen. Eine eingeschworene jüdische Gemeinde hält in den Synagogen in Galata und Balat ihre Gottesdienste ab, und am İstiklal Caddesi stehen zwei bedeutende katholische Kirchen. Obwohl sich Istanbul als eine kosmopolitische, modern denkende Stadt darstellt, ist sie in weiten Teilen immer noch sehr konservativ. Und obwohl man auf den Straßen auch junge Frauen in freizügiger Kleidung sieht, ist es für Besucher ratsam, sich eher konservativ zu kleiden. Shorts, Tank Tops und Flip-Flops mögen zwar in einem Badeort im Süden des Landes angemessen sein, können jedoch in Istanbul schon einmal schiefe Blicke auf sich ziehen.

Istanbul damals

Das Gebiet zwischen Euphrat und Tigris, das sich bis in die Südosttürkei erstreckt, ist eine Wiege der Zivilisation. Die fruchtbaren Ebenen von Anatolien ernährten vor bald 10 000 Jahren steinzeitliche Menschen, die Überreste der hattischen, akkadischen, assyrischen und hethitischen Kulturen stammen aus der Zeit um 2500 v. Chr. Istanbul wurde im 7. Jahrhundert v. Chr. als Byzantion gegründet.

Vom 2. bis zum 1. Jahrhundert v. Chr. vereinigten unabhängige Staaten wie Phrygien und Lydien die halbnomadischen Stämme, die in der Südosttürkei umherzogen. Beide Regionen wurden schließlich von Cyrus dem Großen in das Persische Reich eingegliedert. Küstenstaaten wie Karien und Lykien standen unter dem Einfluss Trojas.

Griechenland & Rom

Als Alexander der Große 334 v. Chr. das Persische Reich eroberte, wurde der seit Jahrhunderten bestehenden schwachen Herrschaft ein Ende gemacht. Unter den wenigen großen Männern, die die Herrschaft über Anatolien beanspruchten, konnte sich kaum einer mit dem 22-jährigen Alexander (356–23 v. Chr.) – dem Sohn König Philipps II. von Mazedonien (382–36 v. Chr.) und Schüler des Aristoteles (384–22 v. Chr.) – messen. Die hellenistische Kultur mit ihrer großartigen Architektur, Kunst und Politik breitete sich im Gefolge des Eroberungszugs Alexanders aus. Als er ein Jahrzehnt später starb, nachdem er sich den Weg bis nach Nordindien erkämpft hatte, wurde sein riesiges Reich unter seinen vier Generälen aufgeteilt. Ohne Alexanders Entschlossenheit, die Welt zu erobern, schwanden diese hellenischen Königreiche allerdings dahin. Als dann das Römische Reich bis in die heutige Türkei vordrang, war sein Siegeszug über die dortigen Königreiche von keinen großen Schwierigkeiten begleitet. Lykien fiel wieder an Rhodos und wurde eine römische Provinz. Karien kam ebenfalls unter römische Verwaltung. Die römischen Ruinen in dieser großen Küstenregion, etwa Simena (siehe Kasten S. 218) gehören zu den schönsten der Antike. Kappadokien kam zusammen mit der winzigen Stadt Byzantion im 1. Jahrhundert n. Chr. unter römisches Protektorat. Solange Rohstoffe, Arbeitskräfte und Tribute nach Westen gelangten, erlebten die östlichen Provinzen eine Blütezeit.

Die winzige Stadt Byzantion (das spätere Istanbul) kam im 1. Jahrhundert n. Chr. unter römisches Protektorat.

Dies galt insbesondere unter der Pax Romana, dem zwei Jahrhunderte andauernden Frieden im Mittelmeerraum, den der römische Kaiser Augustus (63 v. Chr.–14 n. Chr.) ausgerufen hatte. Er wählte Ephesus (siehe S. 198–200) zu seiner Hauptstadt im römischen Asien. Kaiser Hadrian (76–138 n. Chr.) zog um das Jahr 122 durch Anatolien und besuchte Ephesus – damals immerhin die zweitgrößte Stadt der Welt. Doch ein noch größeres und wichtigeres Ereignis, die Verlegung des Herrschersitzes des Römischen Reichs ins spätere Istanbul, stand noch bevor.

Hauptstadt eines Reiches

Kaiser Diokletian (244–311) wollte Rom die Macht und Kultur seines Goldenen Zeitalters zurückbringen. Er verfolgte die Christen und versuchte, dem Zerfall des Reiches Einhalt zu gebieten, zog sich aber schließlich in seine Heimatregion Dalmatien in den Ruhestand zurück. Der zum Christentum

Freigelegtes römisches Theater im antiken Myra (Demre)

übergetretene Konstantin (272–337) verkündete mit dem Edikt von Mailand 313 religiöse Toleranz und nahm eines der größten und ungewöhnlichsten Projekte in der Geschichte des Reiches in Angriff: die Verlegung der kaiserlichen Hauptstadt in die kleine griechische Kolonie Byzantion.

Dies erwies sich als ein genialer Schachzug. In einem überraschenden Schritt setzte Konstantin der Bedrohung der Hauptstadt des Reiches durch die „Barbaren" ein Ende, indem er sie einfach von ihnen wegverlegte. Mächtige alte Eliten blieben in tausend Meilen Entfernung in Rom zurück, und sein Kaiserreich beherrschte nun den strategisch wichtigen „Flaschenhals" des Bosporus. Zuerst trug die neue Stadt den Namen Nova Roma oder „Neues Rom", die Bewohner nannten sie jedoch schließlich Konstantinopolis, also „Konstantins Stadt".

Zum Ruhme der neuen Hauptstadt setzte ein sechsjähriger Bauboom ein. Die Stadtmauern wurden erweitert, um Platz für Kirchen, städtische Gebäude und Wohnhäuser zu schaffen. Als Antwort auf das antike Rom wurde ein Hippodrom (siehe S. 72–73) errichtet, dessen Umriss heute das Herz von Istanbuls Altstadt bildet. Schließlich wurde Konstantinopel im Jahr 330 feierlich eingeweiht. Straßen verliefen in Richtung Osten in die Ebenen, Ephesus wurde wiederaufgebaut, und im weit entfernten Kappadokien fühlten sich die Christen so sicher, dass sie ihre Verstecke in unterirdischen Höhlen verließen.

Konstantin nahm eines der größten und ungewöhnlichsten Projekte in der Geschichte des Reiches in Angriff: die Verlegung der kaiserlichen Hauptstadt in die kleine griechische Kolonie Byzantion.

Nach Konstantins Tod wurde sein Herrschaftsgebiet aufgeteilt, und seine drei Söhne gerieten darüber in Streit. Theodosius der Große (347–95), der das Reich notdürftig einte, kann als der letzte echte römische Kaiser gelten. Einfälle der Goten über die Donau wurden entweder zurückgeschlagen oder an der Theodosianischen Mauer von Konstantinopel gestoppt, einer Verteidigungsanlage, die die Stadt bis heute umgibt. Als Theodosius in Mailand starb, erschien es vernünftig, das schwer überschaubare Reich unter seinen beiden Söhne aufzuteilen – in das großenteils Latein sprechende Westrom und das griechischsprachige Ostrom mit Konstantinopel als Hauptstadt.

Das Byzantinische Reich

Erst unter der Herrschaft von Justinian I., dem Großen (483–565), blühte das als Byzantinisches Reich bezeichnete Ostrom wieder auf. Seine Regentschaft war zwar zu Beginn durch den Nika-Aufstand gefährdet, dieser konnte jedoch niedergeschlagen werden. Auf den Trümmern der Stadt wurde ein riesiges neues Reich errichtet, mit einem neuen Steuersystem und einem neuen Gesetzeskodex: Der Codex Justinianus bildet heute die Grundlage des westeuropäischen Rechtssystems. Der krönende Höhepunkt dieser Epoche war die Hagia Sophia (siehe S. 66–69). Ausschlaggebend für Justinians Erfolge war sein brillanter General Belisar. Die byzantinische Herrschaft

Große osmanische Herrscher

Die Türkei von heute wurde von der Dynastie der Osmanen geprägt. Acht Sultane spielten eine wichtige Rolle in der Entwicklung des Osmanischen Reichs vom 14. Jahrhundert bis zur Neuzeit.

Osman I. (*reg.* 1299–1325): Begründer einer der größten politischen Dynastien der Welt und Vater von Orhan, dem Eroberer von Anatolien und Bursa (siehe S. 166).

Bayezıd I. (*reg.* 1389–1403): Der aus Bursa gebürtige Sultan fügte den Siegen seines Vaters Murad auf dem Balkan weitere hinzu und erhielt den Beinamen Yıldırım („Blitzschlag").

Mehmet II. (*reg.* 1451–1481): Mehmet Fatih („der Eroberer") durchbrach 1453 im Alter von 21 die Stadtmauern von Konstantinopel. Sein Grab in der Fatih-Moschee (siehe S. 92) ist ein Wallfahrtsziel.

Selim I. (*reg.* 1512–1520): Selim „der Grausame" räumte im Nachfolgestreit seine Brüder und Vettern mit dem Schwert aus dem Weg. Er dehnte das Reich bis nach Syrien, Palästina, Ägypten und Saudi-Arabien aus und brachte das islamische Kalifat nach Istanbul.

Osman I., Gründer des Osmanischen Reichs

Süleyman I. (*reg.* 1520–1566): Als die 45-jährige Herrschaft von Süleyman dem Prächtigen zu Ende ging, atmete ganz Europa auf. Sein Leben lang führte er die mächtigste Nation der Welt an und stand an der Spitze von Armeen, die in Osteuropa und im Nahen Osten auf Eroberungszug gingen. Die Reichtümer, die er ins Land zurückbrachte, bescherten ihm in architektonischer und kultureller Hinsicht ein Goldenes Zeitalter.

Abdülmecid I. (*reg.* 1839–1861): Ein großer Reformer, dessen Bündnis mit Großbritannien und Frankreich im Krimkrieg die russischen Absichten in Bezug auf das Reich für eine kurze Zeit abwehrte. In den mehr als 20 Jahren seiner Herrschaft brachte Abdülmecid die Armee auf Vordermann. Er hatte sieben Frauen und unzählige Söhne, von denen vier Sultane wurden.

Abdülhamit II. (*reg.* 1876–1909): Abdülhamit machte mit seinen Reisen durch Europa von sich reden. Um die wachsende Macht der Briten, Franzosen und Russen zurückzudrängen, schloss er eine Allianz mit Deutschland, die jedoch glücklos verlief. Schließlich wurde er in den Beylerbeyi-Palast (S. 148–149) verbannt, wo er sich der Tischlereikunst verschrieb.

Mehmet VI. (*reg.* 1918–1922): Im Dolmabahçe-Palast (siehe S. 126–128) geboren, verließ der Sultan 1922, als Atatürk auf eine moderne, unabhängige Türkei drang, mit einem britischen Kriegsschiff Istanbul. Er starb in San Remo.

IC
XC

ERLEBNIS: In alten Buchhandlungen stöbern

Haben Sie Lust darauf, sich in eine Beschreibung der Hamams und Harems von Istanbul aus dem 18. Jahrhundert zu vertiefen? Sind Sie auf der Suche nach vergilbten Straßenkarten vom Anfang des 20. Jahrhunderts? Geschichtlich Interessierte können ihren gesamten Istanbul-Aufenthalt in den historischen Buchläden von Beyoğlu zubringen:

Denizler Kitabevi *(İstiklal Caddesi 199, Tel. 0212/249 88 93, www.denizlerkitabevi.com):* Gut präsentierte Seekarten und Spezialliteratur zur Seefahrtsgeschichte.

Homer *(Yeni Çarşı Caddesi 12, Tel. 0212/249 59 02, www.homerbooks.com):* Auffällige, schöne Fotobücher und historische Texte unmittelbar am İstiklal Caddesi, dazu Bücher zu den Themen Essen & Trinken, Sprache und Kultur.

Librairie de Péra *(Galip Dede Caddesi 8, Tel. 0212/243 74 47, www.librairiedepera.com):* Eine grandiose Mischung aus im üblichen Handel vergriffenen Istanbul-Führern und Regalen voller Bücher zu türkischer Kunst, Kultur und Musik.

Robinson Crusoe *(İstiklal Caddesi 195, Tel. 0212/293 69 68, www.rob389.com):* Alte anatolische Reiseschilderungen und moderne türkische Geschichtsbücher, dazu viele Romane in Übersetzung und aktuelle Titel türkischer Autoren wie Yaşar Kemal (siehe S. 50).

erstreckte sich schließlich über Persien, Ägypten, Nordafrika, nahezu das gesamte Italien – inklusive Rom – und Südspanien, wobei Reichtümer nach Konstantinopel zurückflossen.

Da Justinian kinderlos starb, zerfiel sein Reich nach seinem Tod. Kaiser Heraklius (575-641) zog bei seiner Machtübernahme wie seinerzeit Konstantin eine Verlegung der Hauptstadt in Erwägung, diesmal nach Karthago im heutigen Tunesien. Unterdessen fegte ein weiterer Sturm über die byzantinischen Stellungen in Syrien, Ägypten und Anatolien hinweg: der Islam. Arabische Armeen belagerten Konstantinopel zweimal. Doch die Stadt konnte sich jedes Mal retten. Der Grenzsicherung schenkte man unter Leo III. (um 685–741) wenig Beachtung, da sich das Reich im Bilderstreit (siehe S. 66) entzweite. Aus der Hagia Sophia wurden Mosaiken und Ikonen entfernt, Adlige wurden auf die Prinzeninseln verbannt (siehe S. 160–163), und die Ikonenverehrer zogen sich wieder nach Kappadokien in den Untergrund zurück.

Unterdessen fegte ein weiterer Sturm über die byzantinischen Stellungen in Syrien, Ägypten und Anatolien hinweg: der Islam.

Gegen eine Bedrohung Konstantinopels wusste sich Basileios II. (958–1025) zur Wehr zu setzen. Der auch als Bulgarentöter bekannte Kaiser führte eine unermüdliche Jagd auf den bulgarischen Zaren Samuel und nahm 1014 eine 15 000 Mann umfassende bulgarische Streitmacht gefangen. Basileios ließ 99 von 100 Soldaten blenden und 150 Soldaten nur ein Auge ausstechen, damit diese die Armee zu Samuel zurückführten.

(Fortsetzung S. 30)

Das Deesis-Mosaik in der Hagia Sophia, früher eine byzantinische Kirche

Atatürk

Mustafa Kemal Atatürk wird als Staatsmann in der Türkei vergöttert und im Ausland geschätzt. Er schuf aus dem in Trümmern liegenden Osmanischen Reich einen erfolgreichen modernen Staat. Als Vaterfigur der Nation (er nahm den Namen „Atatürk" oder Vater der Türken an) schuf er die Ideologie, an der sich die türkische Politik bis heute orientiert.

Vielleicht sein bleibendstes Vermächtnis ist im berühmten Zitat zusammengefasst: »Friede daheim, Friede in der Welt.« Seit er 1923 erster Präsident der Türkei wurde, hat das Land in einer uneinigen Nachbarschaft einen neutralen Kurs gesteuert und ging den Schrecken des Zweiten Weltkriegs, den Konflikten zwischen Arabern und Israel und den jüngsten Kriegen in Afghanistan und dem Irak aus dem Weg.

Atatürk wurde 1881 in Thessaloniki im heutigen Griechenland geboren. In einem typischen Bruch mit den Familientraditionen schrieb er sich an der Militärhochschule ein, bevor er an der Harbiye-Militärakademie, in der heute das Militärmuseum von Istanbul (siehe S. 118) untergebracht ist, brillierte. 1908 schloss er sich der Revolte der Jungtürken (siehe S. 32) an, war dann aber in militärischer Funktion in Damaskus, Libyen, Bulgarien und Randgebieten des Reiches aktiv.

Doch als 1915 das Reich von der britisch-französisch-russischen Entente belagert wurde, brauchte man jeden Mann. In der blutigen Schlacht von Gallipoli (siehe S. 182–185) erhielt er eine Division zugeteilt. Am ersten Tag des Konflikts führte er einen Gegenangriff auf die Spitze eines erschöpften Zuges durch, um das erste Vordringen der Anzac (Australian and New Zealand Army Corps) zu vereiteln. Weitere Heldentaten führten zur Beförderung zum Oberst.

Als die Alliierten schließlich Istanbul besetzten und planten, den Rest des Reiches aufzuspalten, ging Atatürk nach Samsun, um die nationalistischen Rebellen zu sammeln. Mit Blitzangriffen wurden die Griechen und ihre Unterstützer bis

Die Philosophie des Kemalismus

Das politische Credo von Atatürk, der Kemalismus, beruht auf den Säulen Republikanismus, Etatismus, Populismus, Säkularismus, Nationalismus und Revolution. Diese Prinzipien stehen in der Türkei immer noch im Zentrum der politischen Philosophie, wobei verschiedene Gruppen, darunter auch die Streitkräfte, sich für die wahren Wächter des Kemalismus halten. Kemal Atatürk glaubte, dass nur der Republikanismus die echten Wünsche der Bürger ausdrücke und dass eine säkulare Gesellschaft – in der religiöse Körperschaften keinen Einfluss auf den Staat haben und umgekehrt – als Ideal zu gelten habe. Sein Nationalismus war kein enges ethnisches Konzept, sondern ein „Türkentum", das auf einer gemeinsamen Sprache und Geschichte sowie auf der Loyalität gegenüber der neuen Republik beruhte. Seine Politik des Etatismus konzentrierte sich auf die staatliche Lenkung der Wirtschaft, während seine Idee des Populismus den Stolz auf eine gemeinsame türkische Staatsbürgerschaft beinhaltete. Atatürk meinte, dass nur seine Revolution das korrupte, undemokratische Regime des alten Osmanischen Reiches beseitigen könne.

Präsident Atatürk, umgeben von seinen Generälen

nach İzmir und an die Ägäis zurückgedrängt. Das korrupte Sultanat wurde abgesetzt, das Kalifat aufgelöst und Atatürk in der neuen Hauptstadt Ankara zum Präsidenten ausgerufen.

Atatürk als Reformer

Die aufgeklärte Diktatur, die er errichtete, führte zu einer modernen, säkularen und schließlich auch demokratischen Türkei. Atatürk wehrte die alten Machteliten in Istanbul ab, überstand einen Anschlagsversuch und reiste durch Anatolien. 1925 wurde der Gregorianische Kalender übernommen, 1928 das lateinische Alphabet eingeführt, 1934 erhielten Frauen das Wahlrecht und einen gleichberechtigten Status. Atatürk verstaatlichte die Tabakindustrie, förderte die Baumwollindustrie, führte eine staatlich gelenkte Wirtschaftsplanung ein und errichtete die erste türkische Bank. Er schuf ein landesweites Eisenbahn- und Fernstraßennetz. Die Weltwirtschaftskrise (1929–31) brachte verschiedene Reformen, darunter die Einrichtung einer Zentralbank zur Kontrolle der Währungsparitäten. Atatürk bewies seine demokratischen Prinzipien, indem er die Gründung einer liberalen Partei befürwortete, die sich gegen Staatsmonopole wandte und ausländische Investoren ins Land locken wollte.

Auch in seinem Privatleben war Atatürk ein Mann der Moderne. Er besuchte gern Bälle und ging gerne tanzen, schwimmen und reiten. Seine letzten Tage verbrachte er im Ruhestand im Dolmabahçe-Palast. Er starb 1938 an den Folgen einer wohl durch übermäßigen Alkoholgenuss verursachten Leberzirrhose. Am 10. November wird alljährlich an seinem Todestag feierlich seiner gedacht.

Buchillustration aus dem 16. Jahrhundert mit den Truppen Süleymans I., die zur Eroberung Ungarns aufbrechen

Der Sage nach erlitt der Bulgarenherrscher, als er ihrer ansichtig wurde, einen Schock und stürzte tot zu Boden. Das Reich verlor vermehrt an Größe, erzielte jedoch durch die Beförderung von Kreuzfahrern von Konstantinopel in die nahöstlichen Gebiete bescheidene Einnahmen. Niemand ahnte jedoch, dass sich die Kreuzzüge auch gegen Konstantinopel richten könnten.

Der mehrmalige Fall Konstantinopels

Unter den schmählichen Kreuzzügen besaß der vierte Kreuzzug im Jahr 1204 mit Abstand die größte Tragik. Anstatt das Heilige Land zu befreien, ließen sich die europäischen Adligen und Söldner von den Reichtümern Konstantinopels in Versuchung führen. In den Straßen Konstantinopels richteten die Kreuzfahrer eine Orgie von Plünderungen und Morden an. Konstantinopel wurde schließlich von der Pest heimgesucht und blieb unterbevölkert, während die Dynastie der Osmanen 1326 die Stadt Bursa (siehe S. 166) einnahm.

Ein Jahrhundert später war der Einflussbereich von Byzanz, der einst von Persien bis zum Atlantik gereicht hatte, auf ein paar Inseln und einige Kilometer der Bosporusküste geschrumpft. Das „Reich" – mittlerweile eher Symbol als Wirklichkeit, doch immer noch von strategischer Bedeutung – war reif für den Fall. 1453 ließ der junge Sultan Mehmet II. die Festung Rumeli Hisar (siehe S. 131) errichten, um die Eroberung Konstantinopels vorzubereiten. Europa überließ Konstantinopel seinem Schicksal. Nach einer letzten sechswöchigen Belagerung strömten die Osmanen in die Altstadt. Eine große Zahl von Kirchen wurde zu Moscheen, wobei die Fresken bis heute erhalten geblieben sind (siehe Chora-Museum, S. 93). Kunsthandwerker und Händler waren aufgerufen, Flotten einzurichten sowie Häfen und Paläste zu bauen, nicht zuletzt den Topkapı-Palast (siehe S. 58–64). Die neue osmanische Hauptstadt erhielt den Namen Istanbul.

Die Osmanen

Das neue Reich dehnte sich unter den Sultanen Bayezid I. und Selim I. (siehe S. 25) aus. Unter der Herrschaft Süleymans des Prächtigen überstrahlte es den größten Prunk von Byzanz. 1529 standen die Türken sogar vor den Toren Wiens. Im Gefolge militärischer Erfolge entstanden fantastische öffentliche Bauwerke, viele nach Entwürfen des Hofarchitekten Sinan (siehe S. 90–91), darunter die Süleymaniye-Moschee (siehe S. 88–89), die Moscheen in Üsküdar (siehe S. 144–147) und die baulichen Veränderungen an der Hagia Sophia.

Haydarpaşa Garı (Bahnhof Haydarpaşa)

Die Fährfahrt über den Bosporus nach Haydarpaşa war früher eine der schönsten Pendlerverbindungen der Welt. Die Schiffe aus dem europäischen Teil Istanbuls legten an diesem klassizistisch gestalteten Bahnhof an. Von dort fuhren die Arbeiter mit dem Zug weiter nach Hause. Obwohl die meisten Reisenden nur bis in die Vororte des asiatischen Teils von Istanbul fuhren, nahmen doch einige den Nachtzug quer durch Anatolien. Früher gab es auch regelmäßigen Verbindungen, auf denen die Züge bis nach Aleppo in Syrien oder Teheran im Iran zuckelten. Um zu begreifen, wie diese Nachahmung einer deutschen Burg an den Bosporus kam, ist ein wenig Geschichtsunterricht erforderlich. Als sich das kränkelnde Osmanische Reich ins 20. Jahrhundert schleppte, verfolgten Briten und Franzosen in den nahöstlichen türkischen Besitzungen bereits ihr Ränkespiel. Sultan Abdülhamit II. schloss ein Bündnis seines Reiches mit dem des deutschen Kaisers Wilhelm II., der – als selbst ernannter „Schützer des Islams" – keine Gelegenheit ausließ, um sich bei einem möglichen antibritischen Partner einzuschmeicheln. Wilhelm schenkte daher dem türkischen Volk Haydarpaşa, und die Architekten Otto Ritter und Helmut Cuno brachten den Bau mit den beiden Ecktürmen 1908 zum Abschluss. Da sich der Erste Weltkrieg (1914–1918) bereits ankündigte, bauten die Türken und ihre deutschen Verbündeten Eisenbahnverbindungen von Istanbul nach Syrien, Saudi-Arabien und fast bis in den Irak – zu allen potenziellen Kriegsschauplätzen. Hundert Jahre danach sieht der Bahnhof immer noch erstaunlich aus. Doch wenn man das Gebäude in seiner Großartigkeit bewundert hat und um den Bahnhof herumläuft, stellt sich ein Gefühl der Verlorenheit ein. Haydarpaşa sollte der Kreuzungspunkt zwischen Orient und Okzident sein, doch durch das Projekt Marmaray wurde der Bahnhof vom Hauptverkehrsnetz abgehängt. Im Moment fahren hier keine Züge mehr ab. Das Bahnhofsrestaurant, die Bar, die Wartehallen und der Zeitungskiosk sind verlassen. Der Bahnhof aber bleibt bis heute ein grandioses Bauwerk.

Doch Süleymans Braut Roxelana (siehe Kasten S. 60) führte die Osmanen in einen 400 Jahre währenden Niedergang. In ihrem Auftrag wurden ein Großwesir und Süleymans Lieblingssohn, der ein fähiger Sultan geworden wäre, ermordet. Damit war der Thronbesteigung ihres schwachsinnigen Sohnes als Selim II. der Weg gebahnt. Nun regierten Wesire das Reich, dessen Macht durch die europäischen Handelspartner (die eine staatliche Handelskonzession erhielten) und Jahrzehnte von Palastintrigen geschmälert wurde.

Griechisch-türkischer Bevölkerungsaustausch

Nach der Niederlage im Ersten Weltkrieg wurde das Osmanische Reich im Vertrag von Sèvres 1920 zerschlagen. Griechenland schickte mit Unterstützung seiner Kriegsverbündeten (Großbritannien, Frankreich und Italien) Truppen nach Izmir mit dem Mandat, die christliche Bevölkerung zu schützen. Die griechischen Streitkräfte wurden von den türkischen nationalistischen Truppen unter Kemal Atatürk besiegt.

In einer daraus resultierenden Friedensvereinbarung, dem 1923 geschlossenen Vertrag von Lausanne, stimmten die Türkei, Griechenland und der Völkerbund einem Bevölkerungsaustausch auf der Basis der Religionszugehörigkeit zu. Man hoffte, durch diese Auswanderung einer halben Million Muslime aus Griechenland und von 1,3 Millionen orthodoxer Griechen aus der neu gegründeten Türkischen Republik die ethnische Landkarte Europas „bereinigen" und den Zündstoff für Konflikte beseitigen zu können. In einer für ihre Multikulturalität bekannten Gegend riss diese Tragödie Nachbarschaften, Familien und Freundschaften auseinander.

Zeiten des Niedergangs

Das Sultanat der Frauen, die Zeit, als im 16. und 17. Jahrhundert Valide Sultan (Sultansmütter) stellvertretend die Macht ausübten, während ihre Söhne sich den Genüssen der Harems hingaben (siehe S. 60–61), brachte das Reich wieder etwas ins Gleichgewicht. In der Tulpenzeit Anfang des 18. Jahrhunderts bescherte Sultan Ahmet III. dem Reich eine Blütezeit in der Literatur, den Buchdruck und eine Vorliebe für Blumen in Verbindung mit einer klugen Diplomatie. In der Tanzimat-Zeit Mitte des 19. Jahrhunderts, für die Persönlichkeiten wie Mahmud II. und Abdülmecid I. (siehe S. 25) stehen, wurden weitere Reformen in Militär, Verwaltung und Gesetzgebung durchgeführt. Das Herrscherhaus zog in den im europäischen Stil gestalteten Dolmabahçe-Palast um (siehe S. 126–128). Doch durch die um sich greifende Korruption und die lähmenden Auslandsschulden ging es dem Reich immer schlechter, das schließlich als „kranker Mann am Bosporus" bezeichnet wurde. Neue Ideen aus Europa fanden Befürworter in der Bewegung der Jungtürken, zu deren Mitgliedern auch der spätere Staatsführer Mustafa Kemal Atatürk (siehe S. 28–29) gehörte. Abdülhamit II. wurde 1909 infolge eines zivilen Putsches aus dem Amt vertrieben, als sich die dunklen Wolken eines drohenden Krieges über der Halbinsel Gallipoli zusammenbrauten (siehe S. 182–185) und an den arabischen und armenischen Reichsgrenzen Revolten aufflammten. Millionen von Menschen starben in kriegerischen Auseinandersetzungen und Hungersnöten; über die Massaker an den Armeniern wird bis heute politisch gestritten. Das einstmals mächtigste Reich der Welt wurde von ausländischen Mächten besetzt. Atatürk fiel die Aufgabe zu, die Saat für die moderne Türkei, wie wir sie heute kennen, zu legen.

Griechische Kultur in der modernen Türkei

Wer die Wurzeln der europäischen Kultur in der griechischen Antike entdecken möchte, tut dies am besten an der türkischen Küste in Troja (siehe S. 186–187), Ephesus, Priene, Milet und Didyma (siehe S. 198–205). In Istanbul selbst wurden alle Überreste vorrömischer Besiedlung in der Zeit von Byzanz, des Osmanischen Reichs und der modernen Türkei überbaut. Obwohl viele Grabsteine, Pfeiler und Säulen griechische Inschriften aufweisen, stammt die Mehrzahl von ihnen aus der Zeit der byzantinischen Herrschaft im 4. und 5. Jahrhundert, als der christlich-orthodoxe Glaube zur offiziellen Staatsreligion wurde und Griechisch Latein als *lingua franca* im Reich ablöste. Besonders viele Griechen lebten an den Häfen Istanbuls, in İzmir, Trabzon und an der Ägäisküste. Viele typisch griechische Steinhäuser und Schulen haben sich bis heute erhalten, etwa die griechische Schule in Fatih aus rotem Backstein. Istanbul hatte einst eine große griechische Bevölkerung, doch infolge des Griechisch-Türkischen Krieges (1919–22) und des nachfolgenden Bevölkerungsaustauschs zwischen Griechenland und der Türkei (siehe Kasten gegenüber) nahm die Zahl der in der Stadt lebenden Griechen drastisch ab. Vor dem Griechisch-Türkischen Krieg lebten noch etwa 120 000 Griechen in Istanbul, Mitte der 1950er Jahre waren es weniger als 65 000. Heute finden sich Spuren der glorreichen Vergangenheit griechischer Kultur vor

Gläubige entzünden in der griechisch-orthodoxen St. Georgskirche in Istanbul Kerzen

allem im Stadtteil Fener. Hier können Besucher die St. Georgskirche besichtigen, in der das Ökumenische Patriarchat einer orthodoxen Glaubensgemeinschaft seinen Hauptsitz hat.

Die ältesten Relikte tauchen wieder auf

Während die kleinen verbliebenen griechischen Bezirke Relikte Konstantinopels sein mögen, gibt es oftmals Entdeckungen in Istanbul, die auf eine noch fernere Vergangenheit zurückgehen – in die vorrömische Stadt Byzantion. Bei den Bauarbeiten für das Projekt des unter dem Bosporus hindurchführenden Marmaray-Tunnels (siehe Kasten S. 36) wurde in der Nähe von Yenikapı 2004 ein riesiger alter Hafen entdeckt, eine Handelsdrehscheibe am Rand der Altstadt. Die Ausgrabungen haben bis jetzt über 30 versunkene Schiffe, eine byzantinische Stadtmauer und Gräber mit 8000 Jahre alten Skeletten aus einer Steinzeitsiedlung zutage gefördert, die ältesten Relikte der Stadt. Die riesigen, 18 Meter langen Frachtschiffe, Lastkähne, Amphorenfrachter und Segelschiffe haben unsere Kenntnisse des Schiffbaus und damit die Geschichte des Seehandels auf den Kopf gestellt. Der Hafen selbst erscheint als eine Meisterleistung der Ingenieurtechnik. Derzeit befinden sich unaufbereitete Überreste von Yenikapı-Funden im Archäologischen Museum von Istanbul (siehe S. 64–65).

Türkisch à la française

Als Atatürk 1928 die lateinischen Buchstaben in der Türkei einführte und das Land sich für moderne Erfindungen wie Friseure, Taxis und Fahrstühle öffnete, übernahm man alle im Wörterbuch fehlenden Ausdrücke aus dem Französischen. Touristen werden überall in der Türkei auf solche Wörter treffen, zum Beispiel:

Deutsch	Französisch	Türkisch
Alkohol	*alcool*	*alkol*
Kartenschalter	*guichet*	*gişe*
Spiel	*match*	*maç*
Schock!	*choc!*	*şok!*
Büffet	*buffet*	*büfe*
Fahrstuhl	*ascenseur*	*asansör*
Eintrittskarte	*billet*	*bilet*
Schinken	*jambon*	*jambon*
komisch	*comique*	*komik*
Friseur	*coiffeur*	*kuaför*

Seit den 1980er Jahren sind viele neue Wörter hinzugekommen, diesmal aus dem Englischen. Können Sie mit den folgenden Begriffen etwas anfangen? *Kontakt lens, deesk, faks, flaş* (Contact lens/ Kontaktlinse, disc/CD, fax/Fax, flash/ Blitzlicht).

Europäische Kulturhauptstadt

Der alljährlich einer anderen Stadt verliehene Titel „Europäische Kulturhauptstadt" hat ein Prestige wie kaum ein anderer. Istanbul konnte als Europäische Kulturhauptstadt 2010 mehr zur Schau stellen als seine historischen Errungenschaften als Hauptstadt dreier gewaltiger Reiche oder seinen gegenwärtigen Status als viertgrößte und vielleicht trendbewussteste Stadt der Welt.

Zunächst einmal zeigt der Titel, dass Istanbul eine durch und durch moderne europäische Metropole ist. Besucher, die vor Kurzem hier waren, meinen, in Istanbul sei mehr los als in London, es gebe mehr innovative Restaurants als in Paris, und die Leute seien hundertmal freundlicher als in Berlin. Auch wenn sich die Istanbullus (so nennen sich die Stadtbewohner selbst) für ebenso europäisch

Der türkische Präsident Abdullah Gül (Mitte) 2009 zu Besuch bei der Europäischen Union

halten wie ihre Verwandten jenseits der Grenze zur Europäischen Union, ist es doch ermutigend für sie, zu erfahren, dass ihre Kunst, Mode, Architektur und Musikindustrie mit den westlichen Gegenstücken mindestens gleichgezogen hat.

Meist denkt man bei der Türkei als Reiseland an Sonnenschein, Essen, Strände und erstklassige Einkaufsmöglichkeiten und vergisst dabei, dass Istanbul 900 Jahre lang Hauptstadt des (Ost-)römischen Reichs war oder dass das Osmanische Reich einst die größte Macht auf unserem Globus war. Bis jetzt haben nur wenige Besucher das kulturelle Erbe der Türkei – die Ruinen, Tempel, Mosaiken, Moscheen und Amphitheater – als Hauptgrund für ihre Reise angesehen.

Als Europäische Kulturhauptstadt hat Istanbul eine ganz neue Schicht von Besuchern angelockt. Laut Yılmaz Kurt, dem Generalsekretär von Istanbul 2010, ist die Zahl der auf eigene Faust anreisenden Besucher nach oben geschnellt. Diese tragen viel zur Förderung der Wirtschaft vor Ort bei, indem sie in hochklassigen Hotels absteigen und in extravaganten Designerläden einkaufen, die aus dem Boden geschossen sind, um diesen neuen Markt zu bedienen. ■

Natur & Landschaft

Die Türkei ist beinahe eine kontinentale Landmasse für sich. Sie schlägt nicht nur eine Brücke zwischen Europa und Asien, sie ist auch mit Ökosystemen beider Erdteile gesegnet, von alpinen Tälern und Felswüsten bis zu palmengesäumten Inseln und endlosen fruchtbaren Ebenen.

Mit seinen 783562 Quadratkilometern ist die Türkei flächenmäßig deutlich größer als jedes andere europäische Land. Der westlich von Istanbul gelegene europäische Teil der Türkei besteht aus Ebenen und sanften, mit Nadelwäldern bestandenen Hügeln. Im Gegensatz dazu ist die asiatische Türkei, die 97 Prozent der Landfläche ausmacht, rauer und gebirgiger und weist eine große geographische Vielfalt auf. Die Landstriche jenseits des Bosporus und der Dardanellen werden als Kleinasien oder Anatolien bezeichnet.

Eine Nation der Unterschiede

Über die Jahrtausende haben tosende Flüsse und seismische Aktivitäten die Türkei in vier unterschiedliche geographische Gebiete aufgefaltet und

Die Untertunnelung des Bosporus

Nach langen Jahren der Planung begannen 2004 die Arbeiten am Marmaray-Projekt *(www.marmaray.com)*, einem Bahntunnel unter dem Bosporus, der den asiatischen und europäischen Teil Istanbuls miteinander verbindet. Eine solche Aufgabe in einer Stadt wie Istanbul, die 14 Millionen Einwohner beherbergt und auf einer tektonischen Verwerfung liegt, in Angriff zu nehmen ist kein leichtes Unterfangen. Ein Großteil des Tunnels musste aus erdbebensicheren Stahlbetonröhren erbaut werden, die dann in 130 Meter langen Abschnitten auf den Meeresboden herabgelassen wurden. 2008 war der Tunnel fertig, doch diverse Rückschläge – wie die Entdeckung, dass an einer wichtigen Stelle für das Projekt ein lange verloren geglaubter byzantischer Hafen lag (siehe S. 34) – führten dazu, dass die Marmaray-Verbindung erst 2013 eröffnet werden konnte. Die wenigen, die den Tunnel durchschritten haben, sprechen von einem schaurigen Ort: Direkt darüber verläuft eine vielbefahrene Seefahrtsstraße, doch unten ist es dunkel und still. Trotzdem haben Handys hier erstaunlicherweise einen exzellenten Empfang. Theoretisch wird es ab 2015, wenn die ersten Fernverkehrszüge unter dem Bosporus rollen, möglich sein, vom schottischen Aberdeen bis zur iranischen Hauptstadt Teheran mit dem Zug zu fahren, ohne je einen Bahnsteig zu betreten (die Fahrzeit beträgt sechs Tage). Der Marmaray-Tunnel ist Teil eines größeren, sich über 76 Kilometer erstreckenden Projekts, das eine Verbindung zu den Istanbuler Vororten und Flughäfen schafft und die Anzahl der Fahrzeuge auf den Straßen reduzieren soll. In Spitzenzeiten sollen hier jede Stunde 75 000 Pendler von Europa nach Asien gelangen können.

Gebirgslandschaft in Kappadokien, durchzogen von fruchtbaren Feldern und Tälern

geformt, mit jeweils einzigartigen Ökosystemen und Landschaften: das Mittelmeer, das Schwarze Meer, Zentralanatolien und die Osttürkei. Die Mittelmeerküste, an der die Ruinen aus der Antike liegen, war immer eine fruchtbare und angenehme Region. Milde, feuchte Winter und sonnige Sommer ermöglichen den großflächigen Anbau von Zitrusfrüchten, Wein und – in den Flussebenen des Landesinneren – Getreide. Natürlichere Vegetation wie Feigen, Oliven, Pinien und Zypressen gedeiht an den wilderen Stellen, insbesondere dort, wo das Taurusgebirge bis an die Küste reicht.

Die Schwarzmeerküste im Norden der Türkei ist vom Pontus- und Kaçkar-Gebirge gesäumt und war lange geographisch und kulturell vom übrigen Anatolien getrennt. Gebirgsbäche flossen durch dichte Bergwälder und ergossen sich dann in die im Allgemeinen feuchte Küstenregion. Hier gedeihen Tee und Tabak. Vor dem Bergbau (und kürzlichen Ölfunden) dominierte hier

Fahrt mit dem Heißluftballon über die „Feenkamine" von Kappadokien

Reise ins Landesinnere mit Stil und Tempo

Zwischen den großen europäischen Metropolen verkehrende Hochgeschwindigkeitszüge sind derzeit sehr in Mode. Eine Verbindung zwischen den 12,8 Millionen Istanbulern und den 5 Millionen Einwohnern von Ankara würde nicht nur den Verkehr auf einer vielgenutzten Flugstrecke verringern, sondern auch das Fliegen in puncto Komfort und Geschwindigkeit in den Schatten stellen: Von Stadtmitte zu Stadtmitte wird es mit dem Zug ab 2015 nur drei Stunden dauern. Die wichtige Trasse Istanbul-Ankara befindet sich noch im Bau. Bisher wurde nur die Teilstrecke Ankara-Eskişehir eröffnet. 2015 ist die endgültige Fertigstellung geplant und wird die Fahrzeit vom europäischen Teil bis nach Ankara auf drei Stunden verkürzen. Die Sitzplätze im Zug entsprechen der Business Class mit Mini-TV-Monitoren und Panoramafenstern, an denen die türkischen Landschaften vorbeiziehen.

Jeweils aktuelle Informationen über den Streckenausbau finden Sie auf http://railturkey.org.

die Fischereiwirtschaft. Die Gebirgszüge des Taurus und des Pontus umschließen Zentralanatolien, ein ausgedehntes Plateau auf einer Höhe zwischen 600 und 1200 Metern. Hier herrschen wenige Niederschläge, bitterkalte Winter und sengend heiße, trockene Sommer vor. Jenseits der Hauptstadt Ankara und der Feenkamine von Kappadokien liegt die Osttürkei, in der steile Berge aufeinandertreffen. Höchster Gipfel ist der majestätische Ararat (5137 m). Über die Hochebenen ziehen immer noch Nomaden, so wie hier Steinadler, Stachelschweine, Wildkatzen, Luchse, Braunbären, Hirsche und - sofern man der örtlichen Bevölkerung Glauben schenkt - auch Wölfe leben, die so groß wie Ponys sind. Hier lebte man immer schon eher von der Viehzucht als vom Ackerbau.

Mehreren Attraktionen, etwa Troja, Pamukkale, und Teilen Istanbuls kommt ihre Aufnahme in die Unesco-Welterbeliste zugute.

Der Schutz der Türkei

In der Türkei gibt es vieles, was geographisch einzigartig und von größter historischer Bedeutung ist. Mehr als 40 Nationalparks sorgen dafür, dass die Sehenswürdigkeiten des Landes bewahrt werden. Die Schlachtfelder der Halbinsel Gallipoli (siehe S. 182–184) und die Skistation auf dem Uludağ (siehe S. 169) sind durch die Eingliederung in das Nationalparksystem vor übertriebenen Entwicklungsprojekten geschützt. Mehreren Attraktionen, etwa Troja, Pamukkale und Teilen Istanbuls kommt ihre Aufnahme in die Unesco-Welterbeliste zugute.

In sich schnell entwickelnden Ländern ist die Umweltverschmutzung ein Dauerproblem und dies umso mehr, wenn es dort viele Raffinerien, Pipelines und petrochemische Fabriken gibt. Im Südosten des Landes und an der Schwarzmeerküste wächst zudem eine eigene türkische Ölproduktion heran, wobei das Schwarze Meer ohnehin schon schwer unter Verschmutzung zu leiden hat. ■

Essen & Trinken

Mit ihrem großen, landschaftlich unterschiedlichen Gebiet, zu dem Gebirgsterrassen, geschützte Obstgärten und Tausende Kilometer Küstenlinie gehören, hat die Türkei eine sehr abwechslungsreiche Küche – sogar den allgegenwärtigen Kebab gibt es in Hunderten von Varianten.

Viele Zutaten unserer täglichen Küche stammen ursprünglich aus Anatolien, z. B. Kichererbsen, Weizen, dicke Bohnen, Walnüsse und Äpfel. Für die heimischen Gerichte werden frische Zutaten der Saison verwendet, die es in den entsprechenden Jahreszeiten in Hülle und Fülle gibt; getrocknet, eingesalzen und konserviert kehren sie dann in den kargen Wintermonaten wieder.

Osmanische Küche

Als das Osmanische Reich auf dem Höhepunkt seiner Macht stand, waren in den Küchen des Topkapı-Palasts zahlreiche Köche beschäftigt, um täglich Zehntausende von Menschen zu verköstigen. Die osmanischen Gerichte, in denen exotische Zutaten und Zubereitungstechniken aus den Randgebieten dreier Kontinente Verwendung fanden, wurden kunstvoll aufgetürmt und dekoriert. Zu den Sultansbanketten gehörten Kreationen wie mit Pinienkernen, Minze und getrockneten Aprikosen gefüllte Tauben und Pilaw mit Kichererbsen. Osmanische Gerichte lassen sich in Istanbul im Tuğra im Çırağan-Palast kosten (siehe S. 125), wo Küchenchef Uğur Alparslan Rezepte nachkocht, die in der Bibliothek des Topkapı-Palasts gefunden wurden.

ERLEBNIS: Türkisch kochen lernen

Sind Sie der türkischen Küche verfallen? Möchten Sie minzige *ezogelin*-Suppe, zart dahinschmelzende *imambayıldı* oder süße Biskuits zubereiten? Die schon lange in Istanbul lebende Eveline Zoutendijk, eine gebürtige Niederländerin, kennt sich hier aus. Zusammen mit dem türkischen Koch Feyzi Yıldırım veranstaltet Eveline im kleinen Kreis Kurse, die einen halben Tag dauern. Sie finden im Cooking Alaturka *(Akbiyik Caddesi 72a, Sultanahmet, Tel. 0212/458 59 19, www.cookingalaturka.com, €€€€)* statt, ihrer Kochschule mit Restaurant. Alle packen mit an, und zum Abschluss des dreistündigen Kochunterrichts gibt es ein Fünfgängemenü (an dem auch Leute teilnehmen können, die nicht selbst mitgekocht haben).

Weitere Kurse in türkischer Küche werden im Istanbul Culinary Institute *(Meşrutiyet Caddesi 59, Tepebaşı, Çamlık Sokak, Tel. 0212/251 22 14, www.istanbulculinary.com.tr, €€€€)* angeboten.

Türkische Küche heute

Jede Region der Türkei hat ihre kulinarischen Besonderheiten – in Istanbul findet man sie alle. Nutzen Sie die Auswahl im Abschnitt Reiseinformationen (siehe S. 241–259) oder halten Sie Ausschau nach familienbetriebenen Restaurants mit dem Schild *yemekevi* (Hausmannskost). Vom Schwarzen Meer kommen *hamsi pilavı* (Anchovis-Pilaw) und Maisbrot.

Eine von unzähligen Dönerbuden in Istanbul

Zehn berühmte Gerichte

Zwar bietet jede türkische Region eine unendliche Vielzahl von typischen Gerichten, doch die folgenden sind im ganzen Land beliebt.

Çorba (Suppe): Die meisten Mahlzeiten beginnen mit *çorba. Mercimek çorbası* ist aus Linsen und Gemüse zubereitet; *ezogelin çorbası* ist eine Mischung aus Bulgur, roten Linsen und Minze. Die helle, auf Kuttelbasis gekochte *işkembe çorbası* soll gegen einen Kater schützen. *Corba* wird auch zum Frühstück gegessen.

Dolma (gefülltes Gemüse): Von *yaprak dolması* (gefüllte Weinblätter) bis zu *Imambayıldı* (Auberginen mit Tomaten, Zwiebeln, Knoblauch und Kräutern) werden diese Gerichte als Vorspeise oder Hauptmahlzeit gegessen. *Dolmasi*, die *etli* sind – also mit Fleisch gefüllt wie *soğan dolması* (Zwiebeln mit Lamm- und Rinderhackfüllung) –, werden als Hauptgang serviert.

***Pide*, eine Art türkische Pizza, gefüllt mit Käse und Fleisch**

Kebab: Kebab kann auf hundert verschiedene Arten zubereitet werden: am Spieß gebraten *(şiş kebab);* langsam an einem großen Drehspieß geröstet *(döner),* mit zerlassener Butter, Tomatensoße und Joghurt *(iskender),* mit Chili bestreut *(adana);* mit Auberginen zubereitet *(patlıcan)* oder mit Pistazien garniert *(fıstıklı).*

Köfte (Hackbällchen): Sie bestehen in der Regel aus Lamm- und Rinderhack, Eiern und Gewürzen. Verbreitete Abwandlungen sind *çiğ köfte* (rohes Rinder- oder Lammhack, mit Bulgur gemischt) und *mercimek köfte* (eine vegetarische Variante aus roten Linsen).

Lahmacun & Pide: Beide haben eine knusprige Teigbasis. *lahmacun* ist dünn, rund und mit Lammhack, Petersilie und Chiliflocken belegt, während *pide*, ein langes Rechteck mit einer Füllung aus *kaşar* (Käse) oder *sucuk* (pikante Wurst), dicker ist.

Lavaş: Das hauchdünne *lavaş*-Brot ist Bestandteil zweier sehr beliebter türkischer Snacks: *dürüm* (Teighüllen mit geröstetem und gewürztem *lavaş*, das um eine Füllung gerollt ist) und *gözleme* (bei dem *lavaş* mit Käse, Kartoffeln oder Spinat gefüllt, gefaltet und auf der heißen Platte gegart wird).

Mantı (gefüllte Pasta): *Mantı* besteht aus kleinen, mit Rinder- oder Lammhack gefüllten Nudelteigtaschen mit einer Knoblauch-Joghurt-Soße. Vegetarisch sind *patatesli mantı*, die mit Kartoffeln gefüllt sind.

Menemen: Eine Frühstücksspeise aus Rührei mit Tomaten, Zwiebeln und grüner Paprika. Häufig ist sie mit *peynir* (Käse) oder *sucuk* (pikanter Wurst) belegt.

Meze: Sie bilden bei vielen Mahlzeiten im Restaurant den ersten Gang. *Soğuk mezeler* (kalt) können *patlıcan salatası* (Auberginenpüree), *börülce salatası* (Augenbohnensalat) oder *lakerda* (marinierter Thunfisch) sein. *Ara slcaklar* (heiß) wie *kalamar tava* (gebratener Tintenfisch) kann man auch außerhalb eines Menüs bestellen.

Zeytinyağlılar: Gemüse der Saison, in *zeytinyağlı* (Olivenöl) mit Zitrone, Zucker und Salz gedünstet, abgekühlt und lauwarm serviert. Je nach Angebot findet man *enginar* (Artischocken), *taze fasulye* (grüne Bohnen), *kabak* (Zucchini), *bakla* (dicke Bohnen) und *patlıcan* (Auberginen). Mit Reis und Gewürzen gefülltes Gemüse fällt ebenfalls unter den Begriff *zeytinyağlılar.*

Die Spezialitäten der Ägäis konzentrieren sich auf Fisch und Meeresfrüchte, während bei den Angeboten aus Gaziantep *baklava* und süße Desserts ganz oben stehen. Im Norden wird der Fisch normalerweise im Maismehlmantel gebraten und mit einer Soße oder Joghurt serviert. Die Lokale an der Schwarzmeerküste bieten zum Abendessen gebratene Anchovis *(hamsi)* und Maisbrot. Der Südosten ist für seine scharfen Kebabs bekannt. Rund um Istanbul und Bursa sollten Sie das *iskender*-Kebab probieren. In Gaziantep im Osten bevorzugen Köche Pistazien und andere Nüsse in ihren Gerichten.

Lamm und Hühnchen sind die gebräuchlichsten Fleischsorten, und auch Rindfleisch ist beliebt. Da die Türkei ein muslimisches Land ist, findet sich Schweinefleisch nicht auf der Speisekarte.

Eine feine Küche

Die Türkei ist hinsichtlich der Versorgung mit Nahrungsmitteln nahezu autark. Im Süden werden Zitrusfrüchte, Melonen, Chili und Gemüse angebaut, während in manchen nördlichen Gebieten Tee und verschiedene Getreidesorten wachsen. Es gibt große Anbauflächen für Oliven, Feigen, Pistazien, Auberginen, Orangen und Zitronen, und auf den höher gelegenen Weiden grasen viele Schafe. Lamm und Hühnchen sind die gebräuchlichsten Fleischsorten, und auch Rindfleisch ist beliebt. Da die Türkei ein muslimisches Land ist, findet sich Schweinefleisch nicht auf der Speisekarte. Insbesondere im Westen und Süden wächst Wein. Das Meer der Ägäis, das Schwarze Meer, das Mittelmeer und das Marmarameer bieten Fisch im Überfluss. *Kılıç* (Schwertfisch), *kalkan* (Steinbutt) und *lüfer* (Blaufisch) sind ebenso beliebt wie Garnelen *(karides)*. Zum Frühstück gehören üblicherweise Brot, Honig, Joghurt, Käse und Tomaten. Mittags steht vielleicht *ev yemek* („heimisches Essen") auf dem Tisch, eine Mischung aus Gemüse und Schmorfleisch, oder Pilaw, ein Gericht auf Reis- oder Bulgurbasis, zu dem auch Erbsen, Bohnen oder Auberginen gehören können. Die Hauptmahlzeit wird abends eingenommen, und sie erreicht ihren Gipfel in einem Dessert aus verführerischen Früchten oder süßem Gebäck. Auch Salate spielen eine große Rolle auf der Speisekarte; gern gegessen werden Tomate und Gurke mit aromatischen Kräutern.

Getränke

Tagsüber wird gern starker, heißer schwarzer Tee getrunken. Abends oder nach dem Essen ist Kaffee in der Türkei das bevorzugte Getränk. Die Türken trinken starken, leicht bitteren Kaffee in kleinen Tassen, die in der Regel mit dem Dessert auf den Tisch kommen. Das Nationalgetränk ist *raki,* ein Schnaps mit Anisgeschmack, der mit Wasser verdünnt wird. Es gibt auch eine Auswahl guter, meist trockener türkischer Weine. Frisch gepresste Säfte wie Orangensaft, Granatapfel- oder Apfelsaft bieten eine alkoholfreie Alternative. Im Winter sind einige traditionelle Getränke erhältlich, z. B. *boza* aus fermentierter Hirse und der sehr süße *sahlep* aus Orchideenwurzeln, der heiß mit Zimt serviert wird. ■

Kunst & Kultur

Von antiken römischen Fresken bis zu abstrakten Videoinstallationen deckt die türkische Kunst das ganze Spektrum vom traditionellen Erbe bis zur zeitgenössischen Kultur ab.

Architektur

Zur heimischen Architektur gehören römische Amphitheater, byzantinische Kirchen, tausendjährige Karawansereien und überkuppelte osmanische Moscheen. Türkei-Besucher sind häufig überrascht, wenn sie die antiken Ruinen entdecken, die überall in der Landschaft verstreut liegen. Erinnerung an die hellenistischen Reiche (um 1000–250 v. Chr.) und die allumfassende römische Herrschaft (bis 334 n. Chr.) finden sich auf Schritt und Tritt. Schöne Theater, Agoren und Stadien finden sich in Ephesus (siehe S. 198–200), Hierapolis (siehe S. 205) und Aphrodisias (siehe S. 203).

Konstantinopel (das heutige Istanbul) wurde 334 n. Chr. zur römischen Hauptstadt erhoben, und nachdem kaum ein Jahrhundert später Rom gefallen war, wurde die Stadt bald zum Herrschersitz des Byzantinischen Reichs (6. Jahrhundert–1453). Typisch für die in dieser Epoche entstandenen großen Bauten sind Kuppeln, der verschwenderische Einsatz von Blattgold und kunstvolle Mosaike. Die Hagia Sophia (siehe S. 66–69) ist ein glänzendes Beispiel. Auch die Stadtmauern Istanbuls entstanden in dieser Zeit.

Damals entwickelten auch die Seldschuken – deren Stammesherrschaft um die Mitte des 12. Jahrhunderts von Persien bis weit nach Anatolien reichte – ihren eigenen Baustil. Zu ihren Hinterlassenschaften gehören Karawansereien (eine Kombination von Lagerhaus und Gasthaus, wo reisende Händler mit ihren Waren und Tieren über Nacht einkehren konnten), *medresen* (Religionsschulen), Moscheen und Hamams. Die meisten wurden um einen offenen Hof errichtet; ein weiteres auffälliges Merkmal sind die kunstvollen Steinschnitzereien rund um das Eingangstor des Gebäudes, etwa bei der Yeşil Cami in Bursa (siehe S. 167).

Im Jahr 1453 geriet Konstantinopel unter die Kontrolle von Mehmet II., dem Eroberer, der damit die Herrschaft des Osmanischen Reiches begründete. Seldschukische und byzantinische Architekturtraditionen verschmolzen und befruchteten sich gegenseitig; neue Elemente wie große Hängekuppeln

Mimar Sinans architektonische Wunderwerke

Das Genie des Hofarchitekten Mimar Sinan (siehe S. 46) ist überall in Istanbul zu entdecken. Zu den eindrucksvollsten Gebäuden gehören der Hamam der Roxelana (siehe Kasten S. 68) in der Nähe der Hagia Sophia, die Rüstem-Paşa-Moschee (siehe S. 88) in Eminönü, die Süleymaniye-Moschee in der Altstadt (siehe S. 88–89), die Kılıç-Ali-Paşa-Moschee in Tophane (siehe S. 120-121) und die Atik-Valide-Moschee in Üsküdar (siehe S. 146–147).

Kuppel und Deckengewölbe der Süleymaniye-Moschee, entworfen von Mimar Sinan

kamen hinzu. Mimar Sinan, Architekt des Hofes (1490–1588; siehe S. 90–91), gilt als der größte osmanische Baumeister aller Zeiten. Seine Arbeiten reichen von monumentalen Hofmoscheen bis zu bescheideneren Bauten wie öffentlichen Bädern, Schulen und seinem eigenen Mausoleum, das sich versteckt in einer Seitenstraße in der Nähe der Süleymaniye-Moschee befindet. In dieser Zeit entstand auch der Topkapı-Palast (siehe S. 58–64), das osmanische Machtzentrum. Zur späteren osmanischen Architektur (18. Jahrhundert) gehören die *yali*, private Holzvillen, die den Bosporus säumen. Im 19. Jahrhundert bahnten sich europäische Einflüsse den Weg nach Istanbul. Um den İstiklal Caddesi (siehe S. 110–111) im Viertel Beyoğlu stößt man auf Beispiele des Jugendstils. Der Umzug der Sultansfamilie in den Dolmabahçe-Palast (siehe S. 126–128) im Viertel Beşiktaş 1856 war ein Schritt in Richtung „Moderne", weg von der extravaganten Pracht des Topkapı-Palasts aus dem 16. Jahrhundert. Heute findet sich in Istanbul an allen Ecken und Enden zeitgenössische Architektur. Der neue Hauptsitz der einheimischen Modemarke

Kunst und Kunstliebhaber auf der 11. Istanbuler Biennale 2009

Vakko (2010) ist ein Kasten aus Glas und Stahl. Bei der Kanyon-Einkaufsmeile (2006, siehe Kasten S. 134) schaffen geschwungene Wände auf spielerische Weise Innen- und Außenräume. Die Şakirin-Moschee (2009) in Üsküdar auf der anderen Seite des Bosporus wurde in Teilen von der Architektin Zeynep Fadıllıoğlu (geb. 1955) entworfen. Werfen Sie auch einen Blick auf die Industriearchitektur von Santralistanbul (siehe S. 114) , ein ehemaliges Kraftwerk, das heute als modernes Ausstellungsgebäude fungiert.

In osmanischen Zeiten lagen die beliebtesten künstlerischen Ausdrucksformen in der Kalligrafie, der Teppichweberei und der Keramik.

Kunst & Fotografie

Herausragende Kunstwerke aus byzantinischer Zeit wurden z. B. in der Hagia Sophia kürzlich restauriert (siehe S. 66–69). In den Kirchen der Epoche hingen Ikonen mit Goldgrund wie die Kunstwerke, die heute in der griechisch-orthodoxen Theologischen Hochschule in Heybeliada (siehe S. 161–162) ausgestellt sind.
Die heiligen Schriften des Islams warnen eindringlich vor der künstlerischen Darstellung von Menschen und Tieren. Historisch bedeutete diese Beschränkung, dass in osmanischen Zeiten die beliebtesten künstlerischen Ausdrucksformen in der Kalligrafie, der Teppichweberei und der Keramik lagen. Osmanische Künstler brachten insbesondere die Kalligrafie zu einer atemberaubenden Schönheit und Komplexität; ihre Werke schmücken die schönsten Moscheen und Paläste in Istanbul. Das Istanbuler Museum für türkische und islamische Kunst (siehe S. 78–79) bietet einen Crashkurs in der nahöstlichen Kunst.

1937 verfügte Präsident Atatürk, dass die früheren Gemächer der Kronprinzen im Dolmabahçe-Palast in ein Museum der Malerei und Skulptur umgewandelt werden sollten (Resim ve Heykel Müzesi, siehe S. 124). Heute sind in dem Museum über 7000 Werke türkischer und internationaler Künstler untergebracht.

Den Anfang künstlerischer Fotografie machten die Brüder Abdullah, die offiziellen Fotoberichterstatter des Osmanischen Reiches. Im Museum Suna-İnan Kıraç Kaleiçi in Antalya (siehe S. 219) können Sie sich ihre Aufnahmen vom Stadtleben des 19. Jahrhunderts ansehen. Der in Istanbul lebende Ara Güler stellt in seinem Café Ara (siehe Reiseinformationen, S. 248) Fotos der modernen Türkei aus, während das Istanbul Modern (siehe S. 121–122) der Fotografie eine große Ausstellungsfläche widmet.

Mit über 250 Kunstgalerien zur zeitgenössischen Kunst ist die Stadt Gastgeber des alljährlichen Festivals **Contemporary Istanbul** *(Nov., www.contemporaryIstanbul.com)* sowie alle zwei Jahre der **Istanbuler Biennale** *(Sept.–Nov., ungerade Jahre, www.iksv.org)*. Bei Banken, prominenten ortsansässigen Unternehmen und Industrie- und Finanzmagnaten wie den Familien Koç und Sabancı steht die Kunstförderung auf der Prioritätenliste ganz oben. 2010 eröffnete die Vehbi-Koç-Stiftung das neue Zentrum für zeitgenössische Kunst **ARTER** *(İstiklal Caddesi 211, Tel. 0212/243 37 67, www.arter.org.tr, Montag geschl.)*. Auch ein Besuch des Privatmuseums **Proje4L** *(Elgiz Museum of Contemporary Art, Meydan Sokak, Beybi Giz Plaza B Blok, Maslak, Tel. 0212/290 25 25, www.proje4l.org, So–Mo geschl., Di nur nach vorheriger Anmeldung)* lohnt sich.

Musik & Tanz

Mit der Türkei verbindet man am ehesten tanzende Derwische und Bauchtanz, der sich vor allem unter osmanischer Herrschaft entwickelte. Doch die Musikszene hat viel mehr zu bieten. Beliebt ist neben türkischem Pop auch eine moderne Variante von *fasıl*, einer arabisch beeinflussten Musik. Auch heute noch werden Volksmusikinstrumente erlernt und viel gespielt. Dazu gehören *mey* (Flöte), *davul* (Trommel), *saz* (türkische Laute), und *kemençe* (byzantinische Lyra), die man in der „Musikstraße" Galip Dede Caddesi sehen kann. Heute sind Istanbuls Oper Süreyya (siehe S. 141) und das Atatürk-Kulturzentrum (siehe S. 117) großartige Orte, um Konzerte, modernen Tanz und Opern zu genießen, während türkische Tanzvorführungen am Dienstag- und Donnerstagabend im Hodjapasha-Kulturzentrum stattfinden *(Ankara Caddesi Hocapaşa Hamam Sok 3.B, Sirkeci, Tel. 0212/511 46 26, www.hodjapasha.com)*.

ERLEBNIS: Tanzende Derwische

Die Galata Mevlevileri bieten an vielen Abenden Aufführungen im Hodjapasha-Kulturzentrum *(Ankara Caddesi, Hocapaşa Hamam Sokak 5-9D, Tel. 0212/511 46 26, Di & Do geschl., www.Istanbuldervish.com)*, einem 500 Jahre alten Hamam in der Nähe des Bahnhofs Sirkeci in Sultanahmet. Donnerstagabends können Sie auch im Kulturzentrum Silivrikapı Mevlana *(Mevlânakapı Mah., Yeni Tavanlı Çeşme Sokak 8, Fatih, Tel. 0542/422 15 44, www.emav.org)* einer *sema*-Zeremonie beiwohnen. Zusätzlich präsentieren die Galata Mevlevihanesi (siehe S. 108) in ihrer *tekke* oder Religionshalle *sema*-Vorführungen.

Tanzende Derwische

Die in Trance agierenden Mitglieder des Mevlevi-Ordens, im Westen als „tanzende Derwische" bekannt, sind ein Synonym für die Türkei. Man findet sie auf den Plakaten der Tourismusbehörde, und in allen größeren Städten werden die Touristen dazu animiert, die mitunter mehrmals pro Woche stattfindenden Veranstaltungen zu besuchen. Mevlana Celaleddin Rumi (oder schlicht „Rumi") gründete im 13. Jahrhundert in seiner Heimatstadt Konya den Sufi-Orden der Mevlevi. Zu den wichtigsten Ritualen gehört der *sema* – ein Tag, an dem

Junge *mevlevi* führen in traditionellen Gewändern ihren berühmten Drehtanz auf

die Mevlevi-Ordensbrüder sich mit einem rituellen Drehtanz in Trance versetzen und so nach ihrer eigenen Vorstellung Gottes Geist näher kommen. Der Sufismus und seine mystischen religiösen Praktiken blieben während des Osmanischen Reiches beliebt, doch in den 1920er Jahren, mit der Gründung der betont säkularen Türkischen Republik, wurde der Mevlevi-Orden verbannt. Bis der Bann 1975 aufgehoben wurde, fanden die *sema*-Zeremonien im Untergrund statt. Heute sind die in langen weißen Röcken und einer Kopfbedeckung in Form eines verlängerten Fezes auftretenden Mevlevi ein unvergesslicher Anblick (siehe Kasten S. 48).

Literatur & Poesie

Vor dem Hintergrund byzantinischer Chroniken und kunstvoll zisilierter osmanischer Verse basiert die moderne türkische Lyrik und Prosa auf Volkstraditionen, mündlichen Erzählungen und von umherreisenden Barden *(aşık)* gesungenen Epen. Zu den berühmten türkischen Schriftstellern des 20. Jahrhunderts zählen Nazim Hikmet (1902–62), ein kommunistischer Agitator und Mentor von Orhan Kemal (siehe S. 123) und Mehmet Akif Ersoy (1873–1936), der Schöpfer des Textes der türkischen Nationalhymne. Der in Heybeliada geborene Satiriker Aziz Nesin (1915–95) ergoss in den 1950er und 1960er Jahren beißenden Spott über die türkische Gesellschaft und Politik. Heute sind der kurdische Schriftsteller Yaşar Kemal (geb. 1923), Autor von „İnce Memed" (1955, deutsch: „Memed mein Falke"), der Dichter und Autor Enis Batur (geb. 1952), Elif Shafak, aus deren Feder der Roman „The Bastard of Istanbul" (2007, deutsch: „Der Bastard von Istanbul") stammt, und Nobelpreisträger Orhan Pamuk (siehe Kasten S. 118) die berühmtesten literarischen Exporte des Landes.

Istanbul im Buch

Die folgenden großen historischen Bücher bieten eine farbige Schilderung verschiedener Epochen in Istanbul, von den byzantinischen Anfängen der Stadt bis in die 1970er Jahre. Einige der frühen europäischen Reisenden – wie Edmondo de Amicis und Pierre Loti – erlebten die Aufstände und Palastrevolutionen im Reich mit eigenen Augen. Andere, darunter John Julius Norwich und Lars Brownworth, widmen sich historischen Schlachten und Ereignissen aus moderner Perspektive.

„Seyahatname" von Evliya Çelebi: Auf Deutsch zuletzt 1988 unter dem Titel „Im Reiche des goldenen Apfels" erschienen; Celebis Schilderungen seiner Reisen von Istanbul nach Russland, Ungarn und Mekka machen ihn zum wichtigsten Chronisten des Lebens unter osmanischer Herrschaft im 17. Jahrhundert.

„Costantinopoli" von Edmondo de Amicis: Das 2010 auf Englisch in einer Neuausgabe erschienene Buch ist ein Streifzug durch das Istanbul des ausgehenden 19. Jahrhunderts mit eindringlichen Beschreibungen der Basilika-Zisternen (siehe S. 76–77) und der Galata-Brücke (siehe S. 102–103).

Hollywood . . . in der Türkei?

Lange bevor der Tonfilm die Welt eroberte, waren die Istanbuler schon begeistert von bewegten Bildern. Die ersten öffentlichen Vorführungen fanden in den 1890er Jahren statt, als die Filme nur ein paar Minuten lang waren. Die heimische Filmproduktion erreichte während der „Yeşilçam-Jahre" (1950er–1970er Jahre) ihren Höhepunkt. Die türkischen Filmstudios hatten damals rund um Yeşilçam Sokak in Istanbul ihren Sitz, und die Gegend erhielt den Beinamen „türkisches Hollywood". Damals entstanden hier jedes Jahr Hunderte von Filmen.

Innerhalb des letzten Jahrzehnts hat der türkische Film eine Renaissance erlebt. Die jüngsten Filme aus der Türkei ernteten überall in der Welt Beifall bei der Kritik und wurden zu Kassenschlagern. „Üç Maymun" („Drei Affen", 2008) des Regisseurs Nuri Bilge Ceylan erhielt eine Oscar-Nominierung, 2010 wurde „Bal – Honig", der dritte Film aus der Yussuf-Trilogie von Regisseur Semih Kaplanoğlu, mit dem Goldenen Bären, dem Hauptpreis der Berlinale, ausgezeichnet. In der Türkei selbst locken heimische Produktionen die Zuschauer in Scharen an. Die filmisch ausgestalteten Themen reichen von Slapstickkomödien wie „Recep İvedik" (2008) bis zu politischen Sagas wie „Büyük Adam Küçük Aşk" („Hejar – Großer Mann, kleine Liebe", 2001).

In Istanbul gibt es mittlerweile zwei Filmfestivals. Das neuere **!f Istanbul** *(www.ifIstanbul.com)* läuft zehn Tage im Februar, auf dem **International Istanbul Film Festival** (*Uluslararası Istanbul Film Festivali*, bekannt als IKSV, *www.iksv.org*) werden zwei Wochen lang im April Filme vorgestellt. Höhepunkt ist die Verleihung der Goldenen Tulpen, wie die Filmpreise hier heißen. Auf beiden Festivals werden die Filme mit Untertiteln in englischer Sprache gezeigt.

„Pierre Loti: Travels with the Legendary Traveler" von Lesley Blanch: Der Orientalist Loti, der meist in einem Panoramacafé in Eyüp schrieb, bewegt sich gelassen durch die Istanbuler Gesellschaft an der Wende des 20. Jahrhunderts; die englische Autorin Lesley Blanch hat ihm 1963 ein Buch gewidmet.

„Istanbul: Erinnerungen an eine Stadt" von Orhan Pamuk: Der Nobelpreisträger Pamuk spricht von der verlorenen Stadt seiner Jugend, eine Folge von endlosen Hochzeitsfeiern, Kindheitsfantasien und Geschichten vom Bosporus.

Beim von Hand gefertigten dekorativen Kunstgewerbe kommen Fertigkeiten und Werkzeuge zum Einsatz, die von Generation zu Generation weitergegeben werden.

„Strolling through Istanbul" von John Freely und Hilary Sumner-Boyd: Der englischsprachige Führer für Spaziergänge durch Istanbul. Freely, ein amerikanischer Wissenschaftler, der seit fünf Jahrzehnten immer wieder in Istanbul gelebt hat, ist der Autor von über einem Dutzend Bücher über die Türkei.

„Lost to the West" von Lars Brownworth: Ein Streifzug durch die Höhen und Tiefen von Byzanz. Auch Brownworths kostenlose Podcasts zur Geschichte von Byzanz *(www.12byzantinerulers.com)* sind sehr zu empfehlen.

„Byzanz" von John Julius Norwich: ein verständliches, gut lesbares dreibändiges Werk des meisterhaften Historikers; auf Deutsch auch in einer gekürzten einbändigen Ausgabe erhältlich. Es bietet einen überzeugenden Überblick über den Aufstieg und Fall des Reiches.

„Tales from the Expat Harem" von Anastasia M. Ashman und Jennifer Eaton Gökmen: Schilderungen aus erster Hand von mit Türken verheirateten Ausländerinnen, die Stereotype hinterfragen; nur auf Englisch erhältlich.

Viele Reisende sehen in Herodots „Historien" einen guten Begleiter. Homers „Ilias", ein Epos über die politischen Zustände und die Belagerung des antiken Troja, ist von ähnlichem Kaliber. Zwei Bücher aus jüngerer Zeit liefern eine ausgezeichnete Einführung in die moderne Türkei. In „Der Fez. Eine Reise durch die Türkei auf der Suche nach einem Hut" machte sich Jeremy Seal 1993 in der Türkei auf die Suche nach der traditionellen türkischen Kopfbedeckung.

Kunsthandwerk

Türken haben hochwertiges Kunsthandwerk geschaffen, und diese Tradition hat sich bis heute erhalten. Beim von Hand gefertigten dekorativen Kunstgewerbe kommen Fertigkeiten und Werkzeuge zum Einsatz, die von Generation zu Generation weitergegeben werden. Zu den bekanntesten kunsthandwerklichen Techniken in der Türkei gehört das Teppichknüpfen und -weben. *Kelims* sind mit dem Webstuhl hergestellte Läufer. In der Regel werden *Kelims* und Teppiche von Frauen gefertigt; sie folgen dabei bestimmten Dekorschemata, schaffen aber immer Einzelstücke. Nicht nur Kleidung und Taschen, auch Kissen und kleine Gegenstände werden aus Leder produziert. Emailkacheln mit Dekor und dicker Glasur werden in Iznik und Kutahya hergestellt. Arbeiten aus Holz haben eine reiche Tradition, von volkstümlichen Möbeln bis zu Kunstobjekten mit Intarsien, Vergoldungen und Schnitzereien. ■

Istanbul

رضي الله عنه
بسم الله الرحمن الرحيم

Das vielfältige historische Zentrum von Istanbul, der Metropole des Byzantinischen und des Osmanischen Reichs und Standort unzähliger antiker Stätten

Die Altstadt

Seiten 52-53: Mädchenturm bei Sonnenuntergang, dahinter die Silhouette der Stadt Istanbul
Links: In der Hagia Sophia

Die Altstadt

Die Altstadt (Sultanahmet), mehr als 1500 Jahre lang Istanbuls herrschaftliches Herzstück, wird im Norden vom Goldenen Horn, im Süden vom Marmarameer begrenzt. Der Bosporus reicht an ihren östlichen Ausläufer, die Serailspitze (Sarayburnu). Mauerfragmente aus dem 5. Jahrhundert umschließen die Halbinsel voller Luxushotels, Fischmärkte und Holzhäuser.

Fischmarkt am Bosporus in Istanbul; die frostige Winterluft hält die Ware frisch

In der Altstadt liegt ein halbes Dutzend Sehenswürdigkeiten, die man gesehen haben muss – einschließlich der **Hagia Sophia**. Mit der Vollendung unter dem Bauherren Kaiser Justinian im Jahr 537 wurde sie zur weltweit größten Kathedrale und blieb es fast 1000 Jahre.

Die perfekte Symmetrie der Blauen Moschee (Sultanahmet Camii), erbaut unter Sultan Ahmet I., beherrscht das Panorama so sehr, dass ihr die Altstadt ihren türkischen Namen, Sultanahmet, verdankt. Generationen osmanischer Prinzen aus dem nahen Topkapı-Palast (Topkapı Sarayı) kamen unter der gewaltigen Kuppel ihren religiösen Pflichten nach. Aber es sind nicht nur die wohlbekannten Sehenswürdigkeiten, die ins Auge fallen. Beim Bau des Marmaray-Tunnels (siehe S. 36) entdeckte man, dass Yenikapı auf der Südseite der Halbinsel über dem unter Theodosius angelegten Hafen von Konstantinopel liegt. Er war vom 4. bis zum 14. Jahrhundert ein Verkehrsknotenpunkt, und auf dem Gelände wurden verschiedenste Boote entdeckt. Außerdem legte man viele antike Gegenstände, von denen einige aus der Zeit um 4000 v. Chr. stammen, frei.

Die geplante Einrichtung eines Museums, in dem diese Schätze dauerhaft ausgestellt werden, steht außer Frage.

Gelegentlich kommt ein Touristenbus vorbei, dessen Passagiere die Mosaiken der Erlöserkirche in Chora (Chorakirche; Kariye Camii) besichtigen, oder eine Handvoll Ausländer genießt die Aussicht vom Hügel oberhalb von Eyüp. Ansonsten verirren sich Besucher selten in das Gebiet westlich von Sultanahmet am Südufer des Goldenen Horns. Dies ist umso bedauerlicher, als diese Gegend viele der ungewöhnlicheren Sehenswürdigkeiten von Istanbul birgt, darunter Teile der antiken Stadtmauern und die Bulgarische Kirche des hl. Stephan – eine gusseiserne Kirche, die in Österreich in Kisten verpackt und an den Bosporus verschifft wurde. Einige der Sehenswürdigkeiten sind allerdings schwer zu finden. ■

NICHT VERSÄUMEN

Topkapı-Palast: Istanbuls beliebteste Sehenswürdigkeit und jahrhundertelang Zentrum des Osmanischen Reichs 58–64

Sich im Caferağa Medresesi in der Kunst der Kalligrafie erproben 64

Hagia Sophia mit ihren restaurierten Innenräumen, in denen vergoldete Mosaiken schimmern 66–69

Die Blaue Moschee mit ihren sechs Minaretten und der Empore, die İznik-Kacheln schmücken 70–71

Im Dampf eines der historischen Hamams der Altstadt Energie tanken 74–75

Im Großen Basar und auf dem Gewürzmarkt nach Mitbringseln und Schätzen stöbern 81–87

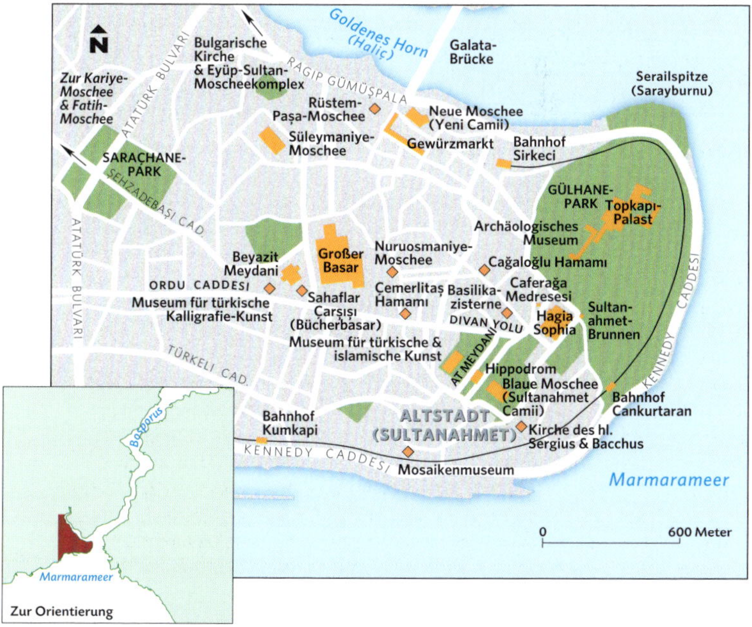

Topkapı-Palast & Archäologisches Museum

Istanbuls meistbesuchte Attraktion - der Topkapı-Palast - gehört zum Unesco-Weltkulturerbe. Über vier Jahrhunderte war er der ansehnliche Mittelpunkt des Osmanischen Reichs. In der historisch bedeutsamen Hauptstadt beherbergte er die Kaiserliche Schatzkammer, die Kaiserliche Münze und einen Harem. Nebenan birgt das Archäologische Museum faszinierende Funde.

Blick vom natürlichen Hafen des Goldenen Horns auf den majestätischen Topkapı-Palast

Topkapı-Palast Sultan Mehmet II. der Eroberer (1432-81) begann 1459 mit dem Bau des Palastes *(sarayı)*. Topkapı wurde über die Jahre erweitert und verändert, vor allem dank der siegreichen Eroberungen Süleymans des Prächtigen (1495-1566) und der Fähigkeiten des unermüdlichen Hofarchitekten Sinan (siehe S. 90-91). Zugänglich ist die Anlage durch das eindrucksvolle **Reichstor** (Bab-ı Hümâyûn). Traditionell durfte kein Gemeiner diesen Punkt überschreiten. Im **ersten Hof** liegen der **Gülhane-Park** (siehe Kasten S. 63), die Kirche Hagia Eirene, die Ruinen der Kaiserlichen Münze und Istanbuls Archäologisches Museum (siehe S. 64-65). Neben dem **Scharfrichterbrunnen** (Cellat Çeşmesi) - in dem der Henker nach einer Enthauptung seine Hände reinigte - befindet sich das Ticket-Büro des Topkapı. Der **zweite Hof** beherbergte einst Tausende von Höflingen,

INSIDERTIPP

Um gleich zum Wesentlichen zu kommen, sollte man einen Führer für den Topkapı-Palast anheuern. Führer bieten ihre Dienste vor dem zentralen Ticketbüro am Mitteltor an, kosten etwa 50 TL (ca. 17,50 €) pro Stunde und Person und können die langen Schlangen am Kartenschalter umgehen.

CLIVE CARPENTER
NATIONAL GEOGRAPHIC-Mitarbeiter

darunter die Berater des Sultans, und seine Leibwache, die Janitscharengarden. Er umfasst außerdem die Palastküchen und die kaiserlichen Stallungen. Der **dritte** und der **vierte Hof** waren der private Bereich des Sultans und seiner Familie.

Der zweite Hof: Das **Mitteltor** (Bab-üs Selâm) mit seinen Zwillingstürmchen führt in den baumbestandenen zweiten Hof. Ursprünglich konnten nur Personen, die offiziell im Palast zu tun hatten, das riesige Portal passieren. Alle Besucher mussten absitzen, nur der Sultan durfte einreiten. Rechts vom Eingangstor befinden sich zwei **maßstabgetreue Modelle** des Palasts. Sie helfen dabei, sich angesichts der überwältigenden Größe des Areals einen Überblick zu verschaffen. Der zweite Hof hat sich seit der Zeit, als Mehmet II. der Eroberer den Komplex anlegen ließ, im Aussehen wenig verändert.

Auf der rechten Seite des Hofs liegen die **Palastküchen** (Saray Mutfakları, siehe Kasten auf dieser Seite). Sie sind an den Reihen von Rauchabzügen auf dem Dach zu erkennen. In der goldenen Ära des Topkapı mussten die Küchen pro Tag bis zu 4000 Menschen versorgen, bei einem Bankett doppelt so viele.

Heute ist in den Küchen eine bemerkenswerte Sammlung fernöstlichen Porzellans zu sehen. Die Osmanen schätzten es, weil die bei der Herstellung benutzten Farbstoffe angeblich Gift neutralisieren konnten. Daher wurde über die Seidenstraße chinesisches Geschirr importiert. Zu finden sind hier Tausende

Die Speisung der Tausenden

Die Küchen des Topkapı-Palasts waren mit bis zu 1000 Köchen besetzt, die auf Abruf bereitstanden, um den Sultan und seinen inneren Kreis rund um die Uhr zu verköstigen. Die Palastküchen besaßen verschiedene Unterabteilungen, darunter eine Molkerei, die Getränkeküche und die Haremsküche, die Gerichte für die Familie und die Konkubinen des Sultans zubereitete.

Topkapı-Palast

- ✉ Bab-ı Hümâyûn Caddesi, Gülhane
- ☎ 0212/512 04 80
- 🕒 Di geschl.
- $ €€€€ (Harem zusätzlich €€€)
- 🚌 Gülhane

www.topkapisarayi.gov.tr

Stücke aus den Dynastien Song, Yuan, Ming und Qing neben Porzellan aus den französischen Produktionsstätten Limoges und Sèvres. Ein Raum in den Küchen präsentiert elegante Silberservices, ein anderer zeigt, wie die Küche in ihrer Glanzzeit ausgesehen haben muss.

Auf der anderen Seite des Hofes, in der **alten Schatzkammer**, sind heute Waffen ausgestellt. Die hier angehäufte Kriegsbeute umfasst Schwerter, Bogen und Rüstungen, die im Vorderen Orient, Europa und Asien geraubt wurden. In der Nordecke des Hofes liegen die **Kaiserlichen Stallungen** (Istabl-ı Âmire). Hier standen die Pferde des Sultans und der Prinzen. 2010 wurden die Stallungen umgebaut und zeigen nun neben den verschiedenen Pferdekutschen auch wechselnde Ausstellungen

Der Harem: Der Besuch des Harems kostet extra (*€€€, Winter 9–16.45 Uhr, Sommer bis 18.45 Uhr*); aber die Gelegenheit, zu sehen, was mehr als vier Jahrhunderte *haram* (verboten) war, ist jeden Cent wert. Im Harem lagen die Privatgemächer des Sultans und seiner engsten Familie.

Die große Zahl kleiner Räume, feines Gitterwerk und Buntglasfenster erzeugen den Eindruck eines vergoldeten Käfigs. Und genau das war es auch für etliche Anwärter auf die Herrscherwürde: Sie wurden festgesetzt, damit sie den Thron des aktuellen Sultans nicht gefährdeten. Der schmale **Goldene Weg** (Altınyol) verbindet die Haupträume des Harems, darunter der **Kaiserliche Saal**

Roxelane & die Haremsfrauen

Zusätzlich zu den vier Ehefrauen, die das islamische Recht erlaubt, gestatteten sich die osmanischen Sultane eine Vielzahl an Konkubinen. Die schönsten Mädchen aus dem ganzen Reich – die meisten von ihnen Christinnen von der Krim, aus Griechenland und dem Kaukasus – wurden auf Sklavenmärkten gekauft, um den Harem des Sultans zu bestücken. Die beiden mächtigsten Frauen im Harem waren die Mutter des Sultans, die Valide Sultan, und seine Hauptfrau, die erste Kadın.

Viele Haremsfrauen erlangten große Macht, nicht zuletzt Roxelane (1510–58), eine russische Sklavin, die in der heutigen Ukraine festgesetzt worden war. Als Hauptfrau von Süleyman dem Prächtigen unternahm sie jede Anstrengung, um in turbulenten Zeiten die Macht zu erhalten. Sie überredete Süleyman sogar, sich von seinem Großwesir und lebenslangen Freund İbrahim Paşa (siehe S. 78–79) zu trennen, indem sie Gerüchte über seine Herrscherambitionen streute.

Nachdem İbrahim im Schlaf erdrosselt worden war, wurden ihre ehrgeizigen Pläne in Person Mustafas, Süleymans geliebtem Sohn aus einer anderen Ehe, erneut überschattet. Um ihrem eigenen Sohn Selim den Weg zum Thron zu ebnen, entfachte Roxelane eine Hasskampagne gegen Mustafa, die zu seiner nächtlichen Ermordung führte.

INSIDERTIPP

Der Harem im Topkapı-Palast ist sehr beliebt und schnell ausgebucht. Am besten kauft man gleich beim Betreten des Geländes ein separates Ticket für den Harem am Kiosk vor dessen Eingang. Beim Warten auf die vorgesehene Zutrittszeit kann man sich einige der anderen Sehenswürdigkeiten des Palastes anschauen.

SALLY MCFALL
National Geographic-Mitarbeiterin

Traditionell gekleidete Wachen im Harem des Topkapı-Palasts

(Hünkâr Sofası), und die wunderschönen **Gemächer der Königinmutter des Sultans** (Valide Sultan Dairesi), die in der osmanischen Palastgesellschaft eine zentrale Rolle spielte. Von großer historischer Bedeutung ist der **Hof der (schwarzen) Eunuchen** (Harem Ağaları Taşlığı). Die kastrierten Männer verwalteten den Harem und waren Anstifter vieler Verschwörungen in der buchstäblich halsabschneiderischen Welt mehrerer Hundert Frauen, die alle um eine höhere Stellung und Macht wetteiferten.

Der dritte Hof: Der Zugang zum dritten Hof, oder „inneren Palast", wie er oft genannt wurde, war streng überwacht. Sogar der Großwesir, der wichtigste Berater des Sultans, durfte nur mit einer Sondererlaubnis das reich verzierte **Tor der Glückseligkeit** (Bab-üs Saadet) ins geheime Privatgemach durchschreiten. Ein Stein vor dem Portal markiert die Stelle, an der einst das Banner des Propheten Mohammed wehte. In Kriegszeiten wurde die Flagge dem Großwesir anvertraut, der sie in die Schlacht trug.

Die Sultane verbrachten ihre Tage in den üppigen Gärten und reich verzierten Gebäuden des dritten Hofes.

Kacheln an der Außenwand des Beschneidungszimmers im Topkapı-Palast

INSIDERTIPP

Für müde Touristen ist der Gülhane-Park der ideale Ort zum Ausruhen auf der langen Besichtigungstour rund um den Topkapı-Palast und das Archäologische Museum.

CLIVE CARPENTER
National Geographic-Mitarbeiter

Hinter dem Tor liegt der **Thronsaal** (Arz Odası), auch Audienzsaal genannt. Hier machten Militärführer und kaiserliche Berater Eingaben an den Sultan. Dieser nahm hier Nachrichten aus seinem ausgedehnten Reich entgegen. Ausländischen Botschaftern wurde hier Audienz gewährt.

Hinter dem Thronsaal liegt die **Bibliothek Ahmets III.** (Enderûn Kütüphanesi). Ihre hohe Kuppel zeigt Fresken mit einem kunstvollen Gewebe aus orangefarbenen und blauen Blüten. Licht fällt durch Glasscheiben, die mit Koranversen beschriftet sind, darüber prangen İznikkacheln mit zarten Tulpen. Schlüsselhandschriften zu Religion, Gesetz und Geschichte wurden hier einst verwahrt.

Auf der linken Seite der Bibliothek befindet sich die **Kammer der heiligen Reliquien** (Kutsal Emanetler Dairesi). Der Pavillon birgt einige der bedeutendsten Reliquien der islamischen Welt, die meisten wurden von Sultan Selim I (Selim der Gestrenge, 1465–1520) von seinem Feldzug zur Unterwerfung Arabiens 1517 hierhergebracht. Zu den Reliquien zählen ein Zahn und ein Fußabdruck des Propheten, die antiken Schlüssel der

Ka'aba – der heiligsten Stätte des Islam in Mekka – und eines der gravierten Schwerter Mohammeds. Das herausragende Exponat ist der Mantel des Propheten.

Die **Kaiserliche Schatzkammer** (Hazine-ı Âmire) nimmt die gesamte Ostseite des inneren Hofs ein. Die Sammlung von Diamanten, Smaragden und Gold hat weltweit kaum ihresgleichen. Hinter jedem mit Smaragden überzogenen Schwert und jedem Diamant-Kopfputz steckt eine faszinierende Geschichte. Das wertvollste Ausstellungsstück ist der Löffelmacher-Diamant, ein Juwel von 86 Karat, das mit einer Doppelreihe aus 49 weiteren Diamanten eingefasst ist.

Kaiserliche Gewandsammlung: Die Dauerausstellung neben der Schatzkammer zeigt ein riesiges Kleidungsstück aus italienischem Samt, das für Süleyman den Prächtigen angefertigt wurde. Der kurze Umhang Murats III., der mit islamischen Versen bedeckt ist, befindet sich gleich neben dem weißen Seemannsgewand von Mahmud II., der eleganten Interpretation einer europäischen Admiralsuniform.

Der vierte Hof: Dieser begrünte Bereich war ein Rückzugsort für den Sultan und seine Familie. Hier gibt es aufwendig gestaltete Kioske und Parks sowie weite Ausblicke zu entdecken – eine willkommene Atempause nach dem Pomp des dritten Hofs.

Das **Beschneidungszimmer** (Sünnet Odası) ist mit chinesisch inspirierten Kacheln geschmückt. Sie zeigen Fasane, die an eine Vase der Ming-Dynastie erinnern. Die Vogelaugen waren einst mit echten Diamanten besetzt. Einer der letzten Initianden war 1870 Mehmet VI. (1861–1926). Er verließ Istanbul, als das Sultanat 1922 abgeschafft wurde.

Museum für Geschichte der Wissenschaft & Technik im Islam

- ✉ Gülhane-Park
- 🕒 Di geschl.
- $ €
- 🚋 Gülhane

Gülhane-Park

Gülhane, übersetzt der „Rosenhaus-Park", ist Istanbuls ältester öffentlicher Park. Er schließt sich östlich an den Topkapı-Palast an und ist durch dasselbe Eingangstor zugänglich wie der Palast und das Archäologische Museum. Der schattige Garten lädt zu einem Spaziergang ein, die weitläufige Landschaft mit Bäumen und Blumenbeeten ist seit Langem ein Lieblingsort für ein Familienpicknick und für Verliebte. Die Sultane nutzten den Park als privaten Bereich und bauten Bootshäuser, Kioske und Aussichtsplattformen, um den Schiffen zuzusehen, die mit Handelswaren aus allen Teilen des Reiches einliefen. Einige Teehäuser stehen heute dort, wo einst die Sultane plauderten.

Am Westrand des Parks befindet sich das Museum für Geschichte der Wissenschaft & Technik im Islam, das Nachbauten von Erfindungen u. a. aus den Bereichen Astronomie, Physik und Geographie vom 8. bis zum 16. Jahrhundert zeigt.

Archäologisches Museum

- ✉ Osman Hamdi Bey Yokuşu, Topkapı Sarayi, Gülhane
- ☎ 0212/520 77 40
- Mo geschl.
- €€€
- Gülhane

www.istanbularkeoloji.gov.tr/archaeological_museum

Unweit des Beschneidungszimmers steht der goldene **İftar-Pavillon**. Hier brachen die Sultane zum Abschluss des Ramadan ihr Fasten. Die Aussicht ist atemberaubend. Der **Bagdad-Kiosk** in der Nähe erinnert an Murats IV. Bagdad-Feldzug und die Einnahme der mesopotamischen Stadt im Jahr 1638. Der silberne Ofen in der Raummitte war ein Geschenk des französischen Königs Ludwig XIV.

Zu den übrigen Gebäuden im vierten Hof, von denen die meisten öffentlich nicht zugänglich sind, zählen die **Kammer des obersten Leibarztes** (Hekimbaşı Odası), die als Hofapotheke diente, und ein schöner europäischer Pavillon, der sogenannte **Große Kiosk** (Mecidiye Köşkü). Dieser beherbergt das osmanisch inspirierte Restaurant **Konyalı** *(Tel. 0212/513 96 96, www.konyalilokantasi.com, Di geschl.; siehe Reiseinformationen S. 243-244).*

ERLEBNIS: Einen Kurs im Caferağa Medresesi belegen

Eingezwängt zwischen dem Topkapı-Palast und der Hagia Sophia liegt das Caferağa Medresesi *(1. Küçük Ayasofya Mah. Akburçak Sokak No.11 Sultanahmet, Tel. 0212/259 3101, http://tkhv.org, Mo geschl.)*, ursprünglich eine von Sinan erbaute Religionsschule. Die Unterrichtsräume und 15 ehemaligen Schlafräume rund um einen schönen Innenhof mit Garten wurden 1989 in eine Werkstatt für osmanisches Kunsthandwerk umgewandelt. Heute werden hier Tages- und Wochenkurse u. a. für Mosaiken, Kalligrafie, Musik, Fotografie, Keramik, Vergolden und Marmorieren angeboten. Anleitungen gibt es auf Englisch und Türkisch. Der Stundenplan des Zentrums ist sehr flexibel, Interessenten kommen am besten persönlich vorbei, um den Unterricht zu verabreden.

Archäologisches Museum

Das Archäologische Museum (Arkeoloji Müzesi, erbaut 1881) besitzt zwei Eingänge (einer liegt im ersten öffentlichen Hof des Topkapı-Palasts, der andere am Gülhane-Park): Sie führen in Marmorhallen, Durchgänge und große Räume voll antiker Artefakte, römischer Pracht und der schönsten Schätze der osmanischen Welt außerhalb des Topkapı-Palasts. Auf dem Gelände gibt es zwei weitere Museen: Der **Fliesenpavillon** (Çinili Köşk), der das **Museum für Islamische Kunst** beherbergt, wurde 1472 von Mehmed II. dem Eroberer als Lustschloss erbaut. Er birgt eine konkurrenzlose Sammlung von osmanischer Keramik, Buntglas, Teppichen und Porzellan. Das **Museum des Alten Orients** wurde 1883 als Kunstakademie gegründet. Es ist bekannt für seine Sammlung aus dem präislamischen Arabien und viele Tontäfelchen mit Keilschrift. Beachtenswert ist der Vertrag von Kadesch, das älteste Friedensabkommen

Der Alexander-Sarkophag, der fälschlicherweise Alexander dem Großen zugeschrieben wurde

der Welt. Selbst eine kurze Museumstour im Hauptgebäude dauert zwei Stunden. Letzte Schätze wurden vom Kurator Osman Hamdi Bey zusammengetragen, dessen Büste im Eingangsbereich des Museums steht.

Sarkophage: Die lykischen, ägyptischen und phönizischen Grabstätten sind allesamt von einer schier unfassbaren Größe. Einige davon bestehen aus massivem poliertem Stein; andere sind mit Szenen von Jagd, Krieg und dem Alltagsleben aus der Zeit vor ungefähr 2000 Jahren verziert. Der eindrucksvollste ist der **Alexander-Sarkophag.** Seine Pracht blendete einst die Kuratoren so sehr, dass sie ihn fälschlicherweise Alexander dem Großen zuschrieben. Heute gilt er als letzte Ruhestätte eines Provinzregenten.

Auf drei weiteren Stockwerken erschließt das Museum hethitische Geschichte, römischen Schmuck und eine Auswahl von Fundstücken des Entdeckers von Troja, Heinrich Schliemann (siehe Kasten S. 188). Die jüngste Ausstellung zeigt 30 Boote, die bei Grabungen mit den Überresten eines byzantinischen Hafens freigelegt wurden. Es lohnt sich, etwas Zeit für eine Tasse Tee auf dem Gelände mit den Sarkophagen einzuplanen. ■

Hagia Sophia

Seit ihrer Vollendung unter Kaiser Justinian im Jahr 537 beherrschte die Hagia Sophia Geschichte und Politik der Altstadt. Ihre Schönheit ist unbestritten, und die Tatsache, dass ihre Kuppel nicht mehr mit Blattgold überzogen ist und dass einige Mosaiken verloren gegangen sind, zeugt von ihrer turbulenten Historie.

Überwältigend: Blick auf die Hagia Sophia inmitten einer Gartenanlage mit dem Bosporus im Hintergrund

Hagia Sophia

✉ Ayasofya Meydanı, Sultanahmet

☎ 0212/522 17 50

🕒 Mo geschl.

$ €€€

🚌 Gülhane

www.ayasofyamuzesi.gov.tr

Die Hagia Sophia (Aya Sofya) – ein Gebäude, das die Skyline von Istanbul seit bald 1500 Jahren krönt – weist hier und da Zeichen von Schäden und Abnutzung auf. Erstere entstanden, als eine religiöse Auseinandersetzung, der byzantinische Bilderstreit, das Reich spaltete. Der ikonoklastische Kaiser Leo III. (ca. 685–741) untersagte Ende der 720er Jahre die Anbetung von Götzenbildern, und die faszinierend schönen Mosaiken wurden aus der Hagia Sophia entfernt. Dank Kaiserin Eirene (752–803) kehrten sie für kurze Zeit zurück. Ein weiterer Fall von Bilderstürmerei, mehrere Erdbeben und eine verfehlte Finanzplanung im ganzen Byzantinischen Reich richteten weitere Schäden an. Dies alles verblasst jedoch im Vergleich mit der Plünderung der Hagia Sophia durch christliche Kreuzfahrer im Jahr 1204. Blattgold und Silberzeug wurden als Kriegsbeute geplündert und Reliquien zu anderen Kirchen in ganz Europa verschifft. Vor allem der venezianische Doge Enrico Dandolo (1107–1205) überzeugte die Kreuzfahrer, Konstantinopel für seine erlauchte Republik einzunehmen. Angeblich liegt er in der Kirche begraben.

Der letzte byzantinische Kaiser, Konstantin XI. Dragases (1404–1453), las am 28. Mai 1453 die letzte christliche Liturgie in der Kathedrale, als osmanische Streitkräfte die Stadtmauern durchbrachen. Der kultivierte Führer der Invasion, Mehmet II. der Eroberer, ritt am Tag nach dem Fall Konstantinopels direkt zur Hagia Sophia. Am folgenden Freitag war die Kathedrale bereits in eine Moschee umgewidmet. Die Osmanen erhielten sie und passten sie an ihre Religion an, ohne die ursprüngliche Konstruktion oder ihr prächtiges Dekor anzutasten. Die Mosaiken wurden überdeckt, aber nicht zerstört, Anbauten wie die Minarette wurden auf den Stil des Gebäudes abgestimmt. Die Kuppel sorgt mit 40 Fenstern im höhlenartigen Innenraum für ein übernatürliches Licht.

INSIDERTIPP

Schauen Sie sich die Gesichter der Seraphim – sechsflügelige Engel – an. Nach der 17-jährigen Restaurierung der Hagia Sophia sind sie erstmals seit Jahrhunderten wieder zu sehen.

RÜYA KÖKSAL KUDU
National Geographic Expeditions

Rundgang durch die Hagia Sophia

Die meisten Besichtigungen beginnen im langen **Narthex mit Golddecke**. Oben ist das **Mosaik des Kaisers Leo VI.** zu sehen, der sich vor Christus Pantokrator verneigt. Um einen Eindruck von den gewaltigen Ausmaßen der Hagia Sophia zu gewinnen, lohnt es, direkt die **obere Empore** anzusteuern. Hier zeigt eine Übersichtstafel die Lage aller

Einen Führer für die Hagia Sophia nutzen

Als einer der bedeutendsten Bauten der letzten 1500 Jahre steckt die Hagia Sophia voller Geschichte, Anekdoten und geheimer Ecken.

Einen Führer anzuheuern, zusätzlich zum Führer in Buchform, kann sehr nützlich sein. Museumsführer (die eine offizielle Ausweiskarte tragen) bieten ihre Dienste direkt vor dem Gebäude an und scheinen sich in jeder Sprache verständigen zu können.

Die Preise liegen in der Regel um €€€€ bis €€€€€ für 45 Minuten, aber es werden auch ausführlichere Führungen angeboten.

Geheime Stätten rund um die Hagia Sophia

Vier kostenlose, wenig besuchte Stätten umringen den eingezäunten Hagia-Sophia-Komplex. Innerhalb der eigentlichen Anlage, aber nur durch einen anderen Eingang 100 Meter westlich des Haupteingangs zugänglich, befinden sich das von Sinan gestaltete **Mausoleum von Selim II.** (16. Jh.) und die Gräber seines Sohns Murat III. (1546–95), seines Enkels Mehmet III. (1566–1603) und seines Urenkels Mustafa I. (1591–1639).

Keiner von ihnen war ein vorbildlicher Führer: Selim war ein Trunkenbold, Mehmet ein Tyrann (er ließ mindestens 39 Familienmitglieder ermorden) und Mustafa war ein neurotischer Schwächling. Aber die exquisiten Kacheln und die schaurigen Gräber für die Mitglieder der Sultansfamilie (allein Selims ist von 44 umgeben) sorgen für ein faszinierendes Erlebnis. Der nahe gelegene **Hamam der Roxelane,** der stets Intrigen spinnenden Frau des Sultans Süleyman der Prächtige (siehe Kasten S. 60), ist ein weiteres kleines Meisterwerk des berühmten Baumeisters Sinan. In früheren Zeiten nutzte das Personal der Hagia Sophia den Hamam, denn die mächtigste Frau der Welt besaß ihr eigenes Bad im Topkapı-Palast.

Ebenfalls in dem Komplex befindet sich die **Çeşme Sultan Ahmets III.,** ein mit Kalligrafie verzierter Brunnen, der sich stolz „der schönste Straßenbrunnen in Istanbul" nennt. Schließlich geht es links herum eine Straße mit Kopfsteinpflaster hinunter. Dort kann man einen kurzen Blick auf das **Caferağa Medresesi** (*Tel. 0212/513 36 01, www.caferagamedresesi.com;* siehe S. 64) werfen.

bedeutenden Mosaiken des Gebäudes mit Erläuterungen. Ein grüner Kreis vor der Übersichtstafel markiert die Stelle, an der die byzantinischen Kaiserinnen ihren Platz einnahmen.

Von hier geht es zur Südempore mit einem Pantheon leuchtender Mosaiken. Das erste ist das **Deësis-Mosaik**: Es zeigt eine demütige Jungfrau Maria und Johannes den Täufer, die vor Christus die Augen niederschlagen. Hinter dem kleinen Grabmal des Dogen Dandolo befinden sich zwei ebenso prachtvolle Arbeiten.

Das **Kaiserin-Zoe-Mosaik** porträtiert den Welterherrscher Christus. Ihm zur Seite stehen vermutlich Kaiser Konstantin IX. Monomachus (1000–55) und Kaiserin Zoe (978–1050). Das **Komnenus-Mosaik** zeigt die Jungfrau mit dem Kind, flankiert von Kaiser Johannes II. Komnenus (1087–1143) und seiner Frau Kaiserin Irene (1088–1134). Beider Sohn, Alexius Komnenus (1106–42), ist auf einer Tafel abgebildet. Von beiden Seiten der oberen Empore ergibt sich ein schöner Blick auf das Mosaik **Jungfrau und Kind**, das die Apsis schmückt.

Das **Erdgeschoss** mit sieben Reliefsäulen, Grabkammern und Mosaiken ist nicht minder sehenswert. Beachtenswert ist die **schwitzende Säule**. Es heißt, wenn man mit dem Daumen um das Loch im feuchten Stein fahre, gehe ein Wunsch in Erfüllung.

Als Moschee: Spuren der 500-jährigen Geschichte der Hagia Sophia als Moschee sind überall sichtbar. Man beachte den marmornen Minbar (von dem der Imam predigte), den verzierten Reinigungsbrunnen, riesige Kronleuchter und acht hängende Scheiben, die mit den Namen Allahs, des Propheten Mohammed, der ersten vier Kalifen und Mohammeds ersten beiden Enkeln beschriftet sind. Die beiden riesigen Marmorurnen in der Nähe des Eingangs wurden wahrscheinlich von Sultan Murat II. (1404–51) aus der antiken Stadt Pergamon, 500 Kilometer südwestlich von Istanbul, hierhergebracht. Über fünf Millionen Besucher werden hier jedes Jahr gezählt. Deshalb empfiehlt es sich, möglichst früh oder kurz vor der Schließung zu kommen.

Nach dem Zusammenbruch des Osmanischen Reichs und vor dem Friedensvertrag war die Hagia Sophia Gegenstand widersprüchlicher Bestrebungen. Griechenland und Italien beanspruchten beide einen Titel auf die Kirche. Aber da die Abtrennung der westlichen Türkei, die den Westalliierten vorgeschwebt hatte, unterblieb, blieb sie weiterhin türkisch. Forderungen von orthodoxen und katholischen Gemeinden bestanden fort, aber das Gebäude wurde 1934 entweiht und zu einem Museum umgewandelt. ■

Von der Empore der Hagia Sophia aus lassen sich kunstvolle Details bewundern

Blaue Moschee & Umgebung

Die sechs Minarette der Blauen Moschee verleihen der Skyline Istanbuls ein magisches Flair. Ägyptische Obelisken und römische Säulen machen das angrenzende antike Hippodrom kenntlich. Heute stehen sie am At Meydanı, dem Pferdeplatz. Nach Westen geht die Prachtstraße Divan Yolu ab, die unzählige Läden und einen der Haupteingänge zum Großen Basar zu bieten hat.

Enge Gassen öffnen sich zur majestätischen Blauen Moschee

Blaue Moschee

Der Name **Sultanahmet Camii** (Blaue Moschee) leitet sich von Sultan Ahmet I. (1590–1617) ab, dem frommen, glücklosen Sultan, während dessen Herrschaftszeit die Moschee erbaut wurde. Der Bau war wohl auch ein Versuch, Allah zu besänftigen, denn Ahmet I. hatte an der Ost- wie an der Westflanke des Osmanischen Reichs Verluste gegen die Armeen der Ungläubigen erlitten. Ein Schüler des großen Sinan, Sedefhar Mehmet Ağa (1540–1617), wurde auserwählt, den siebenjährigen Bau zu überwachen. Die Moschee war gerade vollendet, als Ahmet I. im Alter von 27 Jahren an Typhus starb.

Man kann sich die Blaue Moschee leicht als zwei fast perfekte Quadrate vorstellen:

INSIDERTIPP

Die Blaue Moschee in einer anderen Dimension präsentiert die Licht-und-Ton-Schau, die von Mai bis Oktober täglich nach Sonnenuntergang veranstaltet wird.

SALLY MCFALL
NATIONAL GEOGRAPHIC-Mitarbeiterin

Eines umfasst den Innenraum, das andere den Hof. Der Komplex umfasste früher Schule, Markt, theologisches Kolleg, Karawanserei und Suppenküchen. Bemerkenswert sind der Reinigungsbrunnen und die Kuppeln des Dachs. Im Inneren wird der Blick aufwärts auf die große Kuppel und die Kaskade von Halbkuppeln gelenkt, von denen jede mit faszinierenden geometrischen Fresken bedeckt ist. Die Konstruktion ruht auf vier wuchtigen Säulen. Die Empore, nur ein kleines Stück über dem großzügig mit Teppichen belegten Boden, ist mit über 20 000 İznikkacheln verkleidet.

Von überragender Bedeutung sind der *mihrab*, die Gebetsnische, die die Richtung nach Mekka anzeigt, und der *minbar*, die Kanzel, die für die Freitagsgebete genutzt wird. Beide sind aus fein behauenem weißen Marmor. Die obere Empore links des *mihrab* birgt die Herrscherloge, in der die Sultane beteten.

Besucher sollten daran denken, dass die Moschee als solche genutzt wird. Sie werden daran erinnert, sich leise und respektvoll zu verhalten und keine Betenden zu fotografieren. Alle Besucher müssen die Schuhe ausziehen und Frauen müssen ein Kopftuch aus der erstaunlich vielfältigen Sammlung der Moschee umlegen, wenn sie das innere Heiligtum betreten.

Blaue Moschee

- At Meydanı 17, Sultanahmet
- 0212/458 07 76
- Fr vormittags geschl.
- Spende von €€ empfohlen
- Sultanahmet

www.sultanahmetcami.org

Die sechs Minarette der Blauen Moschee

Eine Moschee mit sechs Minaretten – der gleichen Anzahl wie bei der Großen Moschee in Mekka, dem heiligsten Ort des Islam – in Auftrag zu geben, wurde als Anmaßung Ahmets I. empfunden. Zwei Gerüchte ranken sich um den Bau. Das erste lautet, dass der Sultan tatsächlich Goldminarette *(altın)*, nicht sechs Minarette *(altı)* verlangte, bei der Übermittlung habe sich ein Fehler eingeschlichen – obwohl es schwerfällt zu glauben, dem Sultan sei der Bau von ein, zwei zusätzlichen Minaretten direkt vor der eigenen Haustür entgangen. Eine andere Legende besagt, Ahmet I. – als Kalif der muslimischen Welt – sei so beschämt über seine Bausünde gewesen, dass er der Großen Moschee in Mekka ein siebtes Minarett hinzufügen ließ. Dieses siebte Minarett könnte allerdings auch schon einige Jahre früher vollendet worden sein.

Das Hippodrom

Die Hagia Sophia war Konstantinopels heiligstes Gebäude, aber das Hippodrom war stets das beliebteste. Als Kaiser Konstantin im Jahr 324 seine Hauptstadt von Rom an die Ufer des Bosporus verlegte, setzte er einen Bebauungsplan von grandiosen Ausmaßen in Gang. Der neue Mittelpunkt des Imperiums benötigte Pomp und Prunk – beides lieferte in höchstem Maße das Hippodrom, eine 450 Meter lange Rennstrecke. Bis zu 100 000 Leute konnten hier die Teilnehmer anfeuern. Nach dem Vorbild des Circus Maximus in Rom manövrierten die Wagenlenker um den Kurvenbau, den *sphendone*, über dem der Herrscher thronte. Die Rennstrecke verlief grob wie die U-förmige Straße am heutigen At Meydanı.

Der Kaiser konnte sich durch einen Tunnel vom angrenzenden Großen Palast direkt in seine private Loge begeben, um das Schauspiel zu besuchen. Die alte byzantische Herrscherresidenz wurde anderthalb Jahrtausende später mit der Blauen Moschee überbaut. Schließlich wurde das Hippodrom dazu genutzt, große Siege zu feiern. Der byzantinische General Belisarius wurde 534 mit einem solchen „Triumph" belohnt. Er zog mit seiner Kriegsbeute und den gefangenen vandalischen Soldaten durch die Hauptstadt.

INSIDERTIPP

Bewundern Sie die Kuppel der Kleinen Hagia Sophia – der früheren Kirche Sergius und Bacchus, erbaut 526.

RÜYA KÖKSAL KUDU
National Geographic Expeditions

Die Million

Am Beginn des Divan Yolu, wenige Schritte vom Eingang der Basilikazisterne am Caferiye Sk., steht der winzige Million Taşı (Millionenstein). Die kleine Säule war einst die Stelle, von der aus Entfernungen von der neuen Hauptstadt des Römischen Reichs zu Zielen im gesamten Imperium gemessen wurden. Dies machte Konstantinopel buchstäblich zum Zentrum der Welt. Die Idee war nicht neu: Kaiser Augustus hatte einige Jahrhunderte zuvor in Rom ein Milliarium Aureum, einen „goldenen Meilenstein", mit derselben Funktion errichten lassen.

Kriegsbeute im Hippodrom: Verschiedene Statuen und Beutestücke wurden in der Zentralachse des Hippodroms, der *spina*, aufgestellt. Etliche sind bis heute erhalten. Der **Theodosius-Obelisk** wurde im Jahr 390 aus dem ägyptischen Luxor entwendet. Die Hieroglyphen, noch immer fast wie neu, feiern den Sieg des Thutmosis III. (gest. 1425 v. Chr.) am fernen Euphrat vor etwa 3500 Jahren. Darstellungen von Theodosius und seinem Gefolge sind in den Steinsockel darunter gemeißelt.

Relief des Kaisers Theodosius am Sockel des Obelisken im Hippodrom

Die **Schlangensäule** war einst eine Statue mit Schlangenkopf, die von Konstantin aus Delphi in die Stadt gebracht wurde. Einer der Köpfe liegt heute in Istanbuls Archäologischem Museum (siehe S. 64–65), einen zweiten hat angeblich vor mehreren Jahrhunderten ein betrunkener polnischer Diplomat abgeschlagen. Der **Gemauerte Obelisk**, heute wenig mehr als ein extrem hoher Ziegelturm, war einst mit wertvollen Bronzetafeln verkleidet. Wie vieles andere in der Stadt wurden sie 1204 während des Vierten Kreuzzugs geraubt, als auch der Große Palast geplündert wurde. Wer kennt nicht die vier vergoldeten Pferde am Portal des Markusdoms in Venedig? Sie schmückten vor langer Zeit das Südende des Hippodroms.

Kirche der Heiligen Sergius & Bacchus

Diese kleine ehemalige Kirche, von der Blauen Moschee nach Süden hügelabwärts in fünf Minuten zu erreichen, wird treffend Küçük Ayasofya oder Kleine Hagia Sophia genannt. Die Kirche ähnelt nicht nur ihrer großen Schwester, auch ihre Geschichte ist ein Spiegelbild derjenigen der Hagia Sophia. Kaiser Justinian widmete die kleinere (und ältere) der beiden Kirchen Sergius und Bacchus. Die frühchristlichen Soldaten-Märtyrer erschienen

(*Fortsetzung auf S. 76*)

Kirche der Heiligen Sergius und Bacchus

- ✉ Küçük Ayasofya Caddesi
- 🕒 Fr vormittags geschl.
- $ Spende von € empfohlen
- 🚌 Sultanahmet

Hamams – traditionelle türkische Bäder

Die genaue Herkunft des Hamams liegt im Unklaren. Man nimmt jedoch an, dass es sich um eine Adaption der römischen und byzantinischen Thermalbäder handelt. Im Islam wird körperliche Sauberkeit mit spiritueller Reinheit gleichgesetzt. Die Türken entwickelten das schlichte Dampfbad weiter und verwandelten ihre Badehäuser zum beliebten sozialen Treffpunkt, ideal, um auf dem Laufenden zu bleiben, Klatsch auszutauschen und Freunde zu treffen.

Männer entspannen sich in einem türkischen Hamam

Jeder Meilenstein des Lebens wurde traditionell im Hamam gefeiert, z. B. das Bad der Braut, das Bad des Bräutigams, die Beschneidung und die Geburt eines Kindes. Jeder Hamambesucher brachte seine eigenen Utensilien mit, beispielsweise einen rauen Handschuh zum Abrubbeln *(kese)*, eine Metallschüssel zum Waschen, Baumwollhandtücher und Holzclogs. Auf dem Zenit der osmanischen Herrschaft war das Reich mit Tausenden Hamams übersät, ob nun königlich, privat oder öffentlich. Die faszinierenden Rituale in den Badehäusern, über die Europäer in ihren Reisetagebüchern berichteten, machten Hamams auch im Westen beliebt.

Moderne Hamams

Heute sehen Hamams überall in der Türkei noch etwa genauso aus. Die meisten Besucher betrachten einen Besuch weiterhin als soziales Event und kommen in großen gleichgeschlechtlichen Gruppen.

Es ist jedoch nicht ungewöhnlich, dass Stadtmenschen noch nie einen Hamam besucht haben, da viele sie für antiquiert halten. Ein Hamam hat drei miteinander verbundene Räume. Der erste, der *sıcaklık,* ist der Heißraum mit einer großen Kuppel, die von kleinen Fenstern durchbrochen ist. Der Marmorstein in der Mitte, der *göbek taşı,* ist die Stelle, um sich im Dampf aufzuheizen und sich massieren zu lassen. Dahinter liegt ein Waschraum mittlerer Hitze. Die letzte Kammer, die *soğukluk,* ist kühl - ein Ort, um zu entspannen und ein kaltes Getränk zu genießen.

INSIDERTIPP

Ein Besuch im Hamam Çemberlitaş (siehe Kasten), außerhalb des Großen Basars, ist himmlisch. Männer und Frauen verteilen sich auf moscheeartige Räume zu einer spirituellen Reinigung, die umgerechnet etwa 20 Euro aufwärts kostet.

MARLEY GIBBONS
NATIONAL GEOGRAPHIC-Mitarbeiter

ERLEBNIS: Sultanahmets Bäder besuchen

Der Besuch in einem türkischen Hamam steht auf der Liste vieler Touristen ganz oben. Ob nun unerfahren in Sachen Hamam oder dem Dampf verfallen - Folgendes erwartet Besucher in einem der beliebten Badehäuser von Sultanahmet:

Trotz gegenteiliger Website-Fotos sind in traditionellen türkischen Hamams die Bäder für Männer und Frauen immer getrennt (außer in Hotels). Viele haben sogar für jedes Geschlecht einen gesonderten Eingang.

Eine „Karte" listet die Gebühren für den Eintritt ohne Extras auf, oft ist darin ein rauer Waschhandschuh *(kese),* Seifenmassage und Ölmassage enthalten.

Besucher erhalten ein Handtuch (ein leichtes, rechteckiges Badetuch) und Clogs und werden (nach Geschlechtern getrennt!) in den gemeinschaftlichen Umkleideraum mit Schränken oder eine kleine abschließbare Kabine geführt. Hier zieht man sich ganz aus (auch die Unterwäsche) und wickelt sich in das Badetuch. Dann geht es in die Bäder. Achtung: Die meisten Frauen entblößen sich im eigentlichen Hamam vollständig, während die Männer das Badetuch immer umbehalten müssen. Drinnen gießt man sich mit den Schalen, die an den Brunnen entlang der Wände stehen, kühles Wasser über den Körper und benutzt die *kese,* um die Haut abzurubbeln. Dann legt man sich auf den heißen Marmor *göbek taşı* (Nabelstein) in der Raummitte. Wer entsprechend gebucht hat, wird hier von einem Masseur mit Seife abgerieben und massiert. Danach kann man so lange entspannen, wie man möchte. Eventuelle Ölmassagen werden außerhalb der Dampfräume verabreicht.

In Sultanahmet buhlen zwei historische Hamams um (überwiegend touristische) Kundschaft. Hofarchitekt Sinan (1490–1588) entwarf 1548 unter der Schirmherrschaft von Nurbanu Sultan, der Frau Selims, II **Çemberlitaş Hamamı** *(Vezirhan Caddesi 8, Tel. 0212/522 79 74, www.cemberlitas hamami.com.tr, €€€€€).* **Cağaloğlu Hamamı** *(Kazım İsmail Gurkan Caddesi 34, Tel. 0212/522 24 24, www.cagalogluhamami.com.tr, €€€€€),* erbaut 1741, zählte schon Kaiser Wilhelm II., Florence Nightingale, Tony Curtis, Rudolf Nurejew und Kate Moss zu seinen Gästen.

Weitere Hamams in der Innenstadt sind u.a. Beyoğlus **Galatasaray Hamamı** *(www.galatasarayhamami.com)* und Üsküdars **Çinili Hammam** (siehe S. 147).

Basilikazisterne
Yerebatan Caddesi 13
0212/522 12 59
€€
Gülhane
www.yerebatan.com

seinem Onkel Justin im Traum und forderten Gnade für Justinian, der zu diesem Zeitpunkt in Kerkerhaft saß. Beide Kirchen wurden reich mit Mosaiken und Blattgold ausgeschmückt. Erhalten ist ein grober Fries, der den heiligen Sergius, Justinian und seine Frau Theodora zeigt. Beide Bauten wurden später in Moscheen umgewandelt, diese im frühen 16. Jahrhundert.

Basilikazisterne

Das riesige unterirdische Gewölbe, eine der erstaunlichsten Sehenswürdigkeiten in Istanbul, kennt in der ganzen Welt kein Pendant. Obwohl die Zisterne einen Raum von 9500 Quadratmetern fast direkt unterhalb der Hagia

INSIDERTIPP

Es ist schwer zu glauben, dass eine Zisterne zu den Sehenswürdigkeiten zählt, die man nicht verpassen sollte, aber die Basilikazisterne ist anders als alles, was Sie je gesehen haben. Sie verströmt in höchstem Maße Atmosphäre – Sie werden froh sein, die Reise in den Untergrund angetreten zu haben!

SALLY MCFALL
National Geographic-Mitarbeiterin

Ein umgedrehter monumentaler Medusenkopf in der byzantinischen Basilikazisterne

Sophia einnimmt, geriet sie über Jahrhunderte in Vergessenheit.

Wie die Hagia Sophia wurde die Basilikazisterne (Yerebatan Sarnici) auf Anordnung von Kaiser Justinian (483–565) erbaut. Etwa 7000 Sklaven waren jahrelang mit dem Bau beschäftigt. Nach ihrer Vollendung fasste die Zisterne 100 000 Tonnen Wasser und wurde von einem Aquäduktsystem gespeist, das sich bis zum Waldgebiet Belgrad Orman erstreckte (siehe S. 132–133). Wegen der 336 Säulen, die sich aus dem Wasser erhoben, um das Dach zu stützen, wurde die Zisterne „versunkener Palast" genannt. Nach der Eroberung durch die Osmanen 1453 wurde die Zisterne kaum noch genutzt, weil die Türken in ihren Palästen fließendes Wasser den Staubecken vorzogen. Immerhin nutzten die Osmanen das Zisternenwasser noch für die Palastgärten.

Allmählich verlor sich das Wissen um die Zisterne. Im Westen wurde sie durch den Forschungsreisenden Petrus Gyllius (1490–1555) bekannt, der Mitte der 1540er Jahre die byzantinischen Ruinen der Stadt dokumentierte. Gyllius traf auf Ortsansässige, die Frischwasser aus der Erde schöpften und, weit bizarrer, unter ihren Kellern frische Fische fingen. Ebenso erstaunt war er, als er mit einer Fackel in den faszinierenden unterirdischen Abgrund hinabstieg und dort einen respekteinflössend riesigen Hohlraum entdeckte, in dem nur das Tropfen des Wassers zu hören war. Genau diese unheimliche Stille empfängt die heutigen Besucher. Ein hölzerner Laufsteg führt zwischen den Säulen hindurch – einige sind schlicht, andere verziert, einige krümmen sich sichtlich unter der Last –, und die Atmosphäre ist vollkommen unwirklich. Karpfenschwärme ziehen durch die Anlage. Am anderen Ende der Zisterne liegen zwei riesige Medusenköpfe aus Stein, die zwei große Säulen tragen.

Die Zisternen auf Zelluloid

Vielen Besuchern wird die Basilikazisterne dank des James-Bond-Films *Liebesgrüße aus Moskau* (1963) bekannt vorkommen. In dem Film paddelt ein junger Sean Connery durch die gespenstischen Zisternen, um die sowjetische Botschaft auszuspionieren – die in Wirklichkeit auf der anderen Seite der Galatabrücke an der İstikal Caddesi im europäischen Bezirk Beyoğlu lag. Der Film ist nicht nur der Lieblings-Bond vieler Zuschauer, er fängt auch Bilder und Atmosphäre des Istanbuls der 1960er Jahre ein. Der Streifen zeigt außerdem eine Bootsfahrt vorbei am Dolmabahçe-Palast und den Sirkeci-Bahnhof, wo Bond und ein russischer Attentäter den Orientexpress besteigen.

Sogukçeşme Sokak

Nördlich der Hagia Sophia, zwischen dem Reichstor und dem Eingang zum Gülhane-Park, verläuft die zauberhafte Straße Sogukçeşme Sokak,

Museum für türkische und islamische Kunst

İbrahim Paşa Palace, At Meydanı Sokak 46
0212/518 18 05
Wegen Renovierungsarbeiten geschl., Wiedereröffnung bitte telefonisch erfragen
€€€
Sultanahmet

die wie eine Filmkulisse wirkt. Man mag überrascht sein, wie so eine historische Nebenstraße in dieser zentralen, hektischen Lage überlebt hat. Doch das Ganze ist eine Illusion: In den 1980er Jahren wurde hier eine heruntergekommene Reihe traditioneller Holzhäuser abgerissen und durch eine moderne Betonkonstruktion ersetzt, auf deren Fassade Nachbildungen der alten Holzschnitzereien und die Pastellfarben der neun früheren Behausungen angebracht wurden. Die Rekonstruktion beherbergt heute ein Boutique-Hotel, das Ayasofya Pansiyonlari (siehe Reiseinformationen S. 242–243).

Museum für türkische & islamische Kunst

Das Museum für türkische und islamische Kunst (Türk ve Islam Eserleri Müzesi, wegen Renovierungsarbeiten geschl., Wiedereröffnung bitte telefonisch erfragen) – das erste Museum in der Türkei, das neben Kunstwerken aus dem Vorderen Orient auch solche aus der unmittelbaren Umgebung zeigte – öffnete 1914. Die reichhaltige Sammlung von über 40 000 antiken Keramiken, kalligrafischen Kunstwerken und Teppichen war ursprünglich in den Suppenküchen der Süleymaniye-Moschee untergebracht (siehe S. 87–88). 1983 wurde sie an ihren heutigen Standort verlegt, in den renovierten **İbrahim-Paşa-Palast** (İbrahim Paşa Sarayı) gegenüber dem Hippodrom von Sultanahmet.

Der İbrahim-Paşa-Palast aus dem 16. Jahrhundert trägt den Namen des ersten Großwesirs von Sultan Süleyman dem Prächtigen. İbrahim, ein griechischer Sklave, der als Kind an das osmanische Herrscherhaus verkauft worden war, wuchs mit Süleyman auf und war ihm ein guter Freund. Als Süleyman 1520 zum Sultan gekrönt wurde, ernannte er İbrahim zu seinem Großwesir. Er wurde

Türkische zeitgenössische Kunst

In Istanbul geht es nicht nur um längst Vergangenes. So bezaubernd die traditionellen Stücke sind, schiebt sich die Türkei auch in die vorderste Reihe der aktuellen internationalen Kunst. Die örtliche Szene wächst stetig, während wohlhabende Mäzene, wie die Familie Koç, versprechen, die Istanbuler Biennale – eine zweijährliche zeitgenössische Kunstschau – bis 2017 finanziell zu unterstützen. Da gibt es z. B. den Dokumentarfilmer Kutluğ Ataman, dessen Installationen 2010 in der Londoner Whitechapel Gallery präsentiert wurden, die faszinierenden weiblichen Figuren, die Kezban Arca Batibeki malt, Hale Tengers' umstrittene Skulpturen, Videos des kurdischen Künstlers Fikret Atay oder Taner Ceylans fotorealistische Gemälde. Das Beste an zeitgenössischer Kunst ist bei einem Besuch im Istanbul Modern (siehe S. 121–122) oder einer Handvoll der 250 Galerien der Stadt zu sehen.

mit der Schwester des Sultans verheiratet und erhielt einen prächtigen Palast zum Geschenk. İbrahim Paşa hatte seine prestigeträchtige Position 13 Jahre lang inne, dann bewies die Welt des Hofes ihre Unbeständigkeit. Ob nun der Großwesir zu mächtig geworden war oder aufgrund von Palastintrigen – İbrahim Paşa wurde 1536 des Hochverrats angeklagt und erdrosselt. Sein gesamter Besitz mitsamt seinem Haus fiel an den Sultan zurück. Teile des prunkvollen Palastes wurden zerstört, da sie als zu extravagant galten. Heute ist ein kleiner Teil des İbrahim Paşa-Palasts dem Museum für türkische und islamische Kunst gewidmet. Kunstwerke sind rund um einen der vier Innenhöfe der Anlage ausgestellt. Beim Betreten des Museums werden die Besucher direkt in einen begrünten Innenhof geleitet. Hier befindet sich ein gemütliches Café, das von duftenden Rosenbüschen umrahmt wird, und eine kleine Terrasse mit einem schönen Blick auf Hippodrom und Blaue Moschee.

Im Obergeschoss finden sich in kleinen Räumen sorgfältige Präsentationen islamischer Kunst, angefangen bei Elfenbeinschnitzereien und Mosaikfragmenten aus der Umayyaden-Dynastie in Damaskus, die aus der Zeit um 700 bis 800 stammen. Zu den verschiedenen kunstvollen Holztüren und Fensterläden zählen die schönen Türen und der Türklopfer in Form zweier Drachen aus der Moschee von Cizre. Kunstvolle Blumenmuster schmücken İznikkacheln aus dem 16. und Glaswaren aus dem 19. Jahrhundert.

Bestätigung einer Pilgerfahrt nach Mekka von 1193, ausgestellt im Museum für türkische & islamische Kunst

Die umfassende Teppichsammlung im und um den **Empfangssaal** ist das Prunkstück des Museums. Hier sind Knüpfteppiche aus Konya (13. Jh.) zu bewundern, Teppiche des 16. Jahrhunderts aus Uşak, dem Zentrum der Revolution im Teppichdesign, die achteckige

Ein Bummel durch Istanbuls Großen Basar (Kapalıçarşı) ist ein Muss für jeden Besucher

Sterne oder drei Kreise und zwei Wellenlinien (ursprünglich ein buddhistisches Symbol) zeigen, iranische Teppiche, die mit Blumen, Vögeln und dem Lebensbaum geschmückt sind, und kaukasische Teppiche mit auffällig kontrastierenden Farben. Im Erdgeschoss ist ein letzter Saal der **ethnografischen Abteilung** des Museums gewidmet. Hier sind Rekonstruktionen einer Nomadenjurte und Dioramen zum Dorfleben zu sehen.

INSIDERTIPP

Hamamzubehör von Derviş oder Abdulla, zu finden im Großen Basar, ist ein Geschenk. Seifen mit Lorbeerduft, handgewebte *peştemal*-Handtücher und Kupferbadeschalen sind traditionelle Luxusartikel.

ANASTASIA ASHMAN
NATIONAL GEOGRAPHIC TRAVELER MAGAZINE-Autorin

Großer Basar

Der Große Basar – Kapalıçarşı, zu Deutsch überdachter Markt – ist eines der ältesten Einkaufszentren der Welt. Er wurde 1461 unter der Herrschaft Sultan Mehmets II. des Eroberers erbaut und durch Sultan Süleyman den Prächtigen erweitert. Der Basar ist eine aufregende Mischung aus Teppichen und *kelims*, Kütahya- und İznikkeramiken sowie Antiquitäten aus dem Vorderen Orient.

Großer Basar

✉ Verschiedene Eingänge, darunter die Haupttore Nuruosmaniye Kapısı (Nuruosmaniye Caddesi) und Çarşı Kapısı (nördlich von Beyazıt Meydanı)
☎ 0212/519 12 48
🕒 So geschl.
🚌 Beyazıt

www.kapalicarsi.org.tr

Etikette beim Handeln

Wenn Sie im Großen Basar etwas kaufen, gehen die meisten Händler davon aus, dass Sie handeln möchten, besonders wenn Sie vorhaben, mehr als ein Teil zu erstehen. Beim erfolgreichen Handeln helfen die folgenden Tipps.

- Fragen Sie zunächst nach dem Preis der Ware *(ne kadar?)*. Selbst wenn Sie schon zum Kauf entschlossen sind, lassen Sie sich das nicht anmerken. Allzu offenkundige Begeisterung hat normalerweise eine Preissteigerung zur Folge. Lassen Sie sich unter keinen Umständen zuerst zu einer Aussage drängen, was das Teil nach Ihrer Meinung wert ist. Der Preis des Verkäufers gibt Ihnen einen Hinweis. Der Endpreis wird wahrscheinlich irgendwo zwischen einem und zwei Dritteln des zuerst geforderten Preises liegen.
- Überlegen Sie, wie viel Ihnen Ihr Wunschobjekt wert ist. Beziehen Sie in die Rechnung mit ein, wie viel Arbeit für die Herstellung aufgewendet werden musste, sein Alter und seine Seltenheit – und vergessen Sie nicht, dass es im Basar von spottbilligen Chinaimporten bis zu 300 Jahre alten Läufern so ziemlich alles gibt.
- Kontern Sie mit einem Preis, der halb so hoch ist wie der, den Sie zu zahlen bereit sind. Die Händler sind polyglott, ansonsten vollzieht sich das Feilschen durch das Eingeben von Zahlen in einen Taschenrechner. Keine Angst, wenn Sie die türkischen Zahlen noch nicht parat haben.
- Erhöhen Sie Ihren Preis in kleinen Schritten. Ihr Endpreis sollte ungefähr bei der Hälfte des Händlerpreises liegen.
- Scheuen Sie sich nicht zu gehen. Wenn der Händler bereit ist, seinen Preis noch weiter zu senken, wird er Sie zurückrufen. Falls er das nicht tut und Sie bereit sind, den letztgenannten Preis zu zahlen, ist es auch keine Schande, nach ein paar Minuten zurückzukommen.
- Vor allem bleiben Sie immer ruhig und freundlich. Aggressives Gefeilsche führt zu nichts, besonders in der Türkei. Der Austausch sollte vielmehr einem spielerischen Tanz ähneln.

Im Großen Basar gibt es auch einige Läden, in denen die Preise feststehen. Respektieren Sie die Entscheidung des Händlers für den ausgewiesenen Fixpreis, obwohl es nie schaden kann, nach einem Nachlass zu fragen!

ERLEBNIS: Ein Einkaufsbummel im Großen Basar

Die Journalistin Kathy Hamilton, die inzwischen zur Profi-Shopperin geworden ist, lebt seit 1998 in Istanbul. Sie bietet einzigartige Touren durch den Großen Basar an. Welcher Leidenschaft Sie auch anhängen: Kathys Marktkenntnis, ihr fließendes Türkisch und ihre guten Beziehungen ermöglichen es Kauflustigen, komplikationslos ins brodelnde Innere des Basars einzutauchen.

In der Hochsaison von April bis Oktober verbringt Kathy Hamilton *(Tel. 0536/884 9226, www.İstanbulPersonal Shopper.com, €€€€€)* jede Woche einige Tage im Großen Basar. Ihre individuellen Einkaufsbummel sind beliebt bei Popstars, Mitgliedern orientalischer Herrscherhäuser und amerikanischen Fernsehpersönlichkeiten, aber auch bei hier ansässigen Ausländern. Das Geschäft läuft so gut, dass Kathy sich inzwischen von zwei Kollegen unterstützen lässt. Kathy schlängelt sich geschickt durch das Gewirr von Antiquitäten- und funkelnden Schmuckläden und lenkt die Besucher zu einigen ihrer Lieblingsstellen, darunter **Nick Merdenyans Kalligrafie-Laden** *(İç Bedesten 24, Tel. 0212/513 54 73, www.lordoftheleaves.com)*. Nick verwendet Pinsel aus Katzenhaar, um jüdische Symbolik auf religösen Dieffenbachia-Blättern zu verewigen.

Keramik und Textilien sind beliebte Mitbringsel. Kathy empfiehlt **EM-ER** *(Takkeciler Sokak 100, Tel. 0212/514 22 65, www.em-er.com)*, für handbemalte Keramik. Ganz in der Nähe verkauft **İgüs** *(Yağlıkçılar Caddesi 80, Tel. 0212/512 3528, www.igustekstil.com)* weiche Badetücher.

Textilsammler sollten sich zu Osmans Schatztruhe im **Semerkand** *(Yağlıkçılar Caddesi, Astarcı Han 25–32, Tel. 0212/526 2269)* begeben. Hier findet man osmanische Kaftane, Batikschals, alte Geldbeutel und abgetragene Lederschühchen. Kathy biegt in eine Gasse in der Nähe des Çarşıkapı-Tors ein und besucht den **Pillows Store** *(Çarşıkapı Caddesi 13, Tel. 0212/528 99 73, www.pillowsstore.com)*, in dem Stoffballen in hübsche Kissenbezüge, Bettüberwürfe und Tischdecken verwandelt werden.

Individuell gestaltete Einkaufsbummel können von Montag bis Samstag jeweils von 10 bis 15 Uhr gebucht werden. Die Gruppengröße sollte bei vier Personen liegen.

Im Großen Basar zum Verkauf ausgelegte türkische Teppiche

Die berauschenden Aromen in Istanbuls Gewürzmarkt – ein Füllhorn an Kräutern und Gewürzen

INSIDERTIPP

Beim Einkaufen in den Basars sollte man sich nicht hetzen lassen, sondern sich Zeit nehmen, um die besten Angebote zu vergleichen und mit dem Taschenrechner den Wechselkurs zu prüfen.

CLIVE CARPENTER
NATIONAL GEOGRAPHIC-Mitarbeiter

Auf 45000 Quadratmetern umfasst er mehr als 3500 Geschäfte, die sich über 64 Gassen verteilen. Er ist eine Stadt für sich, mit Restaurants, Banken, eigener Polizeitruppe, Postamt und Moschee. 22000 Menschen arbeiten hier. Mindestens eine Viertel Million Besucher strömt jeden Tag durch die 22 Tore herein, im Sommer reicht die Zahl an eine halbe Million heran.

Der riesige Markt ist in Bereiche unterteilt, in denen jeweils Geschäfte mit ähnlichem Warenangebot zusammengefasst sind. So gibt es z. B. „Viertel" für Schmuck, Teppiche, Kleidung, Antiquitäten, Lederwaren, Souvenirs und Stoffe. **Sandal Bedesteni** und der byzantische **İç** (oder Cevahir) **Bedesten** – die ursprünglichen Hallenbauten des Basars, in

Sahaflar Çarşısı
Beyazit Mh., nahe Kalpakçilarbasi Caddesi
Beyazıt Meydanı

denen hochwertige Waren ge- und verkauft und die bei Anbruch der Dunkelheit verschlossen werden – liegen im Herzen des Markts. Letzterer ist über der römischen Agora der Stadt erbaut, und es heißt, er sei durch unzählige unterirdische Tunnel mit dem Gewürzmarkt (siehe S. 85–86) verbunden. Am Ostrand des Marktes befindet sich die **Nuruosmaniye Moschee** (Nuruosmaniye Camii, 1748–55). Der Große Basar ist der ideale Ort, um hochwertige Souvenirs zu erstehen, neben vielen anderen Schätzen z. B. Silberarmreifen, Pashmina-Schals, geschnitzte Druckmodelle aus Holz, Hamam-Badetücher und osmanische Kaftans. Da die Beschilderung der Hauptstraßen zuweilen verwirrend ist, empfiehlt es sich, von einem der Ladenbesitzer einen Plan zu erstehen oder jemanden um Auskunft zu bitten. Einkauflustige sollten sich nicht auf den eigentlichen Basar beschränken. Das Gewirr von Gassen rund um den Großen Basar und den Hügel hinab Richtung Eminönü steckt voller Läden, die aus allen Nähten platzen. Diese „Aladin-Höhlen" bieten alles von bedruckten Stoffen bis zu Hochzeitskleidern aus rotem Tüll. An **Mahmutpaşa Yokuşu** und **Kürkçü Han** lohnt es, auf Hochwertiges aus Mohair und Wolle, Knöpfe und Bastelartikel zu achten, während die vollgestopften Geschäfte an **Marpuççular Caddesi** und **Fincancılar Sokak** Mode- und Haarschmuck feilbieten. Wer den Basar Richtung Westen verlässt, kommt auf den **Sahaflar Çarşısı** (Bücherbasar), gleich nördlich des Divan Yolu und der Straßenbahnhaltestelle Beyazıt Meydanı. Obwohl ein Großteil der modernen und antiquarischen Bücher in Türkisch geschrieben sind, eignet sich der

Gegrillter Fisch an einem Stand bei der Neuen Moschee

Türkischer Honig

Diese Süßigkeit, die auf Türkisch *lokum* heißt, ist wahrscheinlich der bekannteste Exportartikel des Landes. Es mag eine moderne Legende sein, aber es heißt, Sultan Abdulhamit I. habe sich im späten 18. Jahrhundert beim Herumbeißen auf dem von ihm geliebten Kandiszucker mehr als nur ein paar Zähne ausgebrochen. Da der Sultan nicht auf die süße Nascherei verzichten wollte, ersann der Hofkonditor Ali Muhiddin Hacı Bekir schnelle Hilfe, und das gummiartige *lokum*, wie wir es heute kennen, war geboren. Hergestellt wird es aus einer Mischung von Zucker und Stärke. Die lokalen Varianten übersteigen wahrscheinlich zahlenmäßig alles, was Sie je außerhalb der Türkei gekostet haben.

Traditionell wird *lokum* mit Rosenwasser aromatisiert und mit Puderzucker bestäubt. Probieren Sie spezielle Varianten wie *lokum*, das mit Fruchtsaft gemacht oder mit Pistazien bestreut ist, aus Gaziantep in der südöstlichen Türkei. Wer die eine oder andere Schachtel mit nach Hause nehmen möchte: **Hacı Bekirs** *(İstiklal Caddesi 83A, Beyoğlu, Tel. 0212/245 13 75, www.hacibekir.com.tr)* originale Süßwaren, östlich der Neuen Moschee, sind bei den Einheimischen äußerst beliebt. Eine Alternative im Gewürzmarkt ist **Hayat** *(Mısır Çarşısı 8, Tel. 0212/528 45 86)*. Der Zuckerbäcker hat eine himmlische Variante des Klassikers mit doppelt Honig und Pistazien erschaffen.

INSIDERTIPP

Tolle Fotomotive und wohl das beste Shawarma in Istanbul ist im Ägyptischen Basar zu finden. Wenn man die Hauptgasse vom Fluss aus betritt, mit der neuen Moschee zur Linken, liegt es ungefähr einen Block entfernt.

MARLEY GIBBONS
National Geographic-Mitarbeiter

kleine Basar, um farbenfrohe Miniaturen zu erwerben.

Gewürzmarkt: Der Gewürzmarkt wurde in den 1660er Jahren erbaut, um der benachbarten Neuen Moschee (siehe S. 87–88) Einkünfte zu verschaffen. Auf Türkisch wird er Mısır Çarşısı (Ägyptischer Basar) genannt, denn vermutlich wurde der Bau der L-förmigen Einkaufsarkade aus Zöllen auf ägyptische Importwaren finanziert.

Jeder besucht gern den Gewürzmarkt, einen zauberhaften Kuppelbau, in dem es weniger hektisch zugeht als im Großen Basar. Im Inneren finden sich etwa 90 Läden, in denen ursprünglich Gewürze, Kräuter und Arzneimischungen verkauft wurden. Heute stößt man hier auf Stapel mit *kırmızı pul biber* (scharfe Paprikaflocken), sattgelbem Kurkuma, Stränge aus winzigen Okraschoten oder eingelegten Weinblättern und getrocknete Auberginenschalen für *dolmas*. Weiche Feigen sind mit Walnüssen gefüllt, und man kann ohne Weiteres

Die ältere Generation unterhält sich vor der Süleymaniye-Moschee

ein Dutzend verschiedene Arten türkischen Honig erstehen. Hochpreisige Waren wie iranischer Safran und Kaviar finden sich im hinteren Teil des Ladens. Die gewundenen Straßen außerhalb des Gewürzmarkts münden in Gassen, die vom Großen Basar bergab führen. Die Geschäfte in diesem labyrinthischen Gewirr haben oft bessere Angebote und sind interessanter als die durchschnittlicheren Läden des eigentlichen Gewürzmarkts. In den Straßen gleich hinter dem Basar lohnt es, nach kupfernen *sahanda*-Pfannen, tulpenförmigen Teegläsern und doppelstöckigen türkischen Teekannen Ausschau zu halten. Nach Osten hin wird der **Blumenmarkt** (Çiçek Pazarı) im Frühling von Vögeln in Käfigen, Blumenzwiebeln und vorgezogenen Gemüsepflanzen umrahmt. In der Mitte des offenen Platzes finden sich einige Teehäuser.

Entlang der Westseite des Basars bieten Händler frischen und gereiften Käse, Oliven, Honigwaben und *pastırma* (luftgetrocknetes Fleisch) an. Gegenüber sind Kioske aufgereiht, an denen frisches Obst und Gemüse verkauft werden. Weiter Richtung Westen führt der Weg in ein einzigartiges Viertel, in dem es Waagen, Süßigkeiten

INSIDERTIPP

Die Moschee von Süleyman dem Prächtigen steht auf einem hohen Hügel. Von dort aus kann man Fotos von der Stadt machen, die sich auf beiden Seiten des Bosporus und des Goldenen Horns erstreckt.

EMILY HAMMER
NATIONAL GEOGRAPHIC-Expertin

und Handgearbeitetes aus Holz zu kaufen gibt, z. B. eine sehr schöne Auswahl an *tavla*-(Backgammon-)Spielen.

Neue Moschee

Am Südende der Galatabrücke wirft die Neue Moschee **(Yeni Camii)** einen gewaltigen Schatten auf den Gewürzmarkt. Trotz ihres Namens wurde der Bau dieses Wahrzeichens bereits vor 350 Jahren vollendet. Valide Sultan Safiye (Mutter Sultan Mehmets III., 1566–1603) hatte sich für den Bau starkgemacht, doch als Mehmet III. 1603 starb und Safiye ihre Stellung als Valide verlor, kam

Neue Moschee

- Yenicami Meydanı Sokak, Eminönü
- 0212/527 85 05
- Fr vormittags geschl.
- Spende von €€ wird erwartet

ERLEBNIS: Istanbul isst: Kulinarische Touren

Die leidenschaftlichen Blogger, alteingesessenen Einwohner und Freunde der türkischen Küche, Ansel Mullins und Yigal Schleifer, führen zusammen mit dem erfahrenen Fotografen Jonathan Lewis englischsprachige kulinarische Exkursionen mit **Istanbul Eats Kulinarische Touren** *(www.İstanbuleats.com, €€€€€)* durch Istanbuls geschäftige Nebenstraßen.

Da sie fließend Türkisch sprechen, haben sie persönliche Beziehungen zu den authentischsten Küchenchefs und Lebensmittelhändlern der Stadt aufgebaut und bieten einzigartige Einblicke in die Geschichte, die Traditionen und die laufende Entwicklung der türkischen Küche.

Drei köstliche Programme führen ins kulinarische Herz der Stadt. Jede tischt leckere Kostproben, ein bisschen Sightseeing abseits der Touristenpfade und ein Festmahl der Lokalkenntnis auf. Die beliebteste Tour schlägt einen Bogen durch Sultanahmet: Sie beginnt auf dem Gewürzmarkt, nur den ein oder anderen duftenden Hauch vom Kurukahveci Mehmet Efendi, Istanbuls ältester Kaffeefirma, entfernt.

Der spezifische Verlauf jeder Tour variiert – er kann sogar für Menschen mit eingeschränkter Mobilität angepasst werden. In jedem Fall gibt es unterwegs viel zu probieren. Die Teilnehmer schlürfen ein eisgekühltes Glas *boza*, ein traditionelles Getränk, das aus fermentierter Hirse hergestellt wird, oder löffeln einen Mundvoll vom bekannten Hähnchenbrustpudding. Häppchen regen unterwegs den Appetit an, und die Tour gipfelt in einer mittäglichen Fressorgie: Das ist regelmäßig kurdisches in der Grube gebackenes Lamm im wenig besuchten Viertel Fatih.

Eine weitere Tour durchstreift die Gaumenfreuden des europäischen Stadtteils Beyoğlu, während die „Zwei Märkte, zwei Kontinente"-Tour Sultanahmet mit dem Viertel Kadıköy am asiatischen Ufer von Istanbul verbindet.

Die Ausflüge dauern etwa einen halben Tag und sind für kleine Gruppen bestimmt (maximal sechs Leute).

Renovierung der Süleymaniye-Moschee

2007 schloss Süleymaniye ihre Tore, um sich der sorgfältigsten Renovierung ihrer 450-jährigen Geschichte zu unterziehen. Baugerüste machten sich bis 2009 in der Skyline breit und überragten Minarette, während drinnen ein Spinnennetz von Plattformen und Leitern bis zur 53 Meter hohen Decke entstand. Provisorische Gebetszelte wurden für Gläubige aufgestellt, die sich durch die Arbeiten gestört fühlten. Die Restaurierungsarbeiten verlangten Sachkunde und Akribie: Blattgold wurde auf die *halil* genannten islamischen Sichelmonde neu aufgetragen, unter Putz versteckte Kacheln wurden freigelegt und originale Türen von Hand neu mit wertvollen Steinen besetzt. Mitte 2010 wurde die Kuppel neu verbleit.

Rüstem Paşa-Moschee

- ✉ Hasırcılar Caddesi
- ☎ 0212/258 77 60
- 🕒 Fr vormittags geschl.
- $ € Spende erbeten

Süleymaniye-Moschee

- ✉ Mimar Sinan Caddesi
- ☎ 0212/514 01 39
- 🕒 Fr vormittags geschl. (Gräber Mo geschl.)
- 🚋 Eminönü
- $ € Spende empfohlen

der Bau zum Erliegen. Die unfertige Moschee war sechs Jahrzehnte dem Verfall preisgegeben, bis schließlich 1663 Valide Sultan Turhan Hatice (Mutter Mehmets IV., 1642–93) ihre Vollendung anordnete.

Rüstem Paşa-Moschee

Die Rüstem-Paşa-Moschee (Rüstem Paşa Camii) ist leicht zu übersehen, denn sie liegt etwas abseits der Hauptstraße eine kleine Treppe hinauf. Die kleine, aber optisch ungemein fesselnde achteckige Moschee wurde 1561 vom Hofarchitekten Sinan (siehe S. 90–91) erbaut und dem umstrittenen Großwesir Sultan Süleymans des Prächtigen, Rüstem Paşa (1505–61), gewidmet. Rüstem Paşa, geboren in Sarajevo und aufgewachsen in Konstantinopel, war ein bedeutender Militärführer, der Süleymans Lieblingstochter Mihrimah heiratete. Heute erinnert man sich seiner vor allem wegen seiner korrupten Methoden, der Anhäufung von Reichtümern durch üppige Bestechungsgelder und wegen des erfolgreichen Komplotts mit Süleymans Frau Roxelane, um den Sultan gegen seinen Sohn und Erben Mustafa aufzubringen. Süleyman ließ Mustafa hinrichten und so gelangte Roxelanes Sohn Selim (1524–74) auf den Thron. Rüstem Paşa war erpicht darauf, alle mit seinem Wohlstand zu beeindrucken, und ließ die Moschee mit teuren, handgemalten İznikkacheln ausstatten. Der Produktionsort erlebte zu dieser Zeit seinen künstlerischen Höhepunkt.

Süleymaniye-Moschee

Die Moschee, vollendet 1557 und die zweitgrößte in Istanbul, ist eine der grandiosesten Errungenschaften des osmanischen Zeitalters. Die Pracht der Süleymaniye-Moschee (Süleymaniye Camii) beschwört die allumfassende Macht ihres Namensgebers, Sultan Süleyman des Prächtigen, und das kreative Genie seines wichtigsten Hofarchitekten Mimar Sinan (siehe S. 90–91) herauf.

Das Osmanische Reich erreichte seinen Gipfelpunkt während der siebenjährigen Bauzeit der Moschee, als sich Süleymans Herrschaft über den Mittelmeerraum bis zum Schwarzen Meer, zum Roten Meer und zum Persischen Golf erstreckte. Rund um die Moschee nehmen mit ihr verbundene Parks und Gebäude eine Fläche von sieben Hektar ein. Dazu gehören Krankenhaus, eine Karawanserei, *madressehs* (theologische Kollegs), ein Hamam, eine Bibliothek, eine Suppenküche (heute das Restaurant Dârüzziyafe, siehe Reiseinformationen S. 244) plus Ladenzeilen

INSIDERTIPP

Wer in Istanbul viel zu Fuß geht, kann sich leicht die Schuhe durchlaufen. Sie reparieren zu lassen, ist kein Problem: Traditionelle Flickschuster, die in den meisten Vierteln zu finden sind, erneuern die Fußbekleidung zum kleinen Preis.

TIM HARRIS
NATIONAL GEOGRAPHIC-Autor

(heute noch Läden mit einigen dazwischenliegenden Teehäusern). Zeitweilig arbeiteten über 3000 Menschen in der Anlage. Im Hauptgebäude der Moschee verband Sinan klassische klare Linien mit schwungvoller Symmetrie. Auf den vier Minaretten befinden sich zehn Balkone. Sie symbolisieren, dass Süleyman der zehnte Sultan auf dem osmanischen Thron war. Im Hof, dessen Marmor- und Granitdekorationen teils dem ehemaligen Hippodrom entnommen wurden, platzierte Sinan Reinigungsbrunnen auf beiden Seiten statt in der Mitte, um den Vorgang der Reinigung vor dem Gebet zu beschleunigen. Die vier roten Säulen in der Haupthalle der Moschee stammen aus dem ägyptischen Alexandria und Baalbek im heutigen Libanon. Ebenfalls im Innenraum schuf Sinan ein maßgeschneidertes Belüftungssystem, sodass der Rauch von den Tausenden von Kerzen und Öllampen, die einst das Innere erleuchteten, abziehen konnte. Die fesselnde Zentralkuppel wird von vier Elefantenfußpfeilern getragen und von mehreren Halbkuppeln und Säulen gestützt. Links des *mihrab* beteten die Sultane auf einem Balkon, der über einen privaten Zugang vom Hof verfügte.

Gräber von Sultan Süleyman & Roxelane: Die Ruhestätte von Sultan Süleyman, dem früheren Kalifen, der die Größe des Osmanischen Reichs verdoppelte, zieht die Türken in Scharen an. Das Grab der Roxelane (siehe Kasten S. 60), die 1558, ein Jahr nach der Vollendung der Anlage, starb, ist angesichts ihres grellen Lebens überraschend zurückhaltend.

(Fortsetzung auf S. 92)

Das Leben & Wirken des Mimar Sinan

Der Baumeister Mimar Sinan (1490–1588) lebte während des Goldenen Zeitalters des Osmanischen Reichs. Zum Werk des großen Architekten gehört die grandiose Süleymaniye-Moschee, er entwarf außerdem Mausoleen und Hamams.

Der geniale Baumeister Sinan, der in diesem Buch schon mehrfach erwähnt wurde, stammt aus einfachen Verhältnissen. Sein Vater war ein Steinmetz und Zimmermann nahe Kayseri in Kappadokien. Dort wurde er geboren und auf den Namen Joseph getauft. Nach seiner Einberufung konvertierte er zum Islam, erhielt den muslimischen Namen Sinan („Speerspitze") und wurde als Militäringenieur zu den Janitscharengarden abgestellt. Sinans Armeekarriere führte ihn von Bagdad bis Belgrad und er bekam die schönsten Monumente jener Zeit zu sehen.

Statue des osmanischen Architekten Mimar Sinan

Sinan, der Architekt

Der talentierte Architekt entwarf Brücken, Schiffe, Bewässerungssystem und Straßen. Es dauerte nicht lange, bis Sultan Süleyman ihn 1538 zum Oberhofarchitekten beförderte. Diesen Posten behielt er mehr als 50 Jahre. Seine Amtszeit endete knapp vor seinem 100. Geburtstag. Was er in 70 Jahren an öffentlichen Werken hinterließ, ist über die ganze osmanische Hauptstadt verstreut. *Tezkiretü'l Bünyan* heißt die offizielle Liste seiner Werke; sie erfasst über 90 Moscheen, 20 Mausoleen, 55 Schulen, über 30 Paläste, sieben Religionsschulen *(madressehs)*, zwölf Karawansereien (große Gasthäuser rund um einen Innenhof), Brunnen, Krankenhäuser und fast 50 Hamams. Wer auf Sinans Spuren wandeln möchte, findet die meisten seiner Bauten nicht weit voneinander entfernt: Der in diesem Buch beschriebene Besuch in **Üsküdar** (siehe S. 146–147) umrundet mehrere wichtige Moscheen und vergleicht unterschiedliche Werke, die im Abstand von mehr als drei Jahrzehnten entstanden. **Sultanahmet** ist auf jeder Route stark vertreten. Nicht nur die Renovierung der **Küchen im Topkapı-Palast** und das Hinzufügen von zwei Minaretten zur **Hagia Sophia** zählen zu den Arbeiten Sinans vor Ort, sondern auch die **Caferağa Medresesi** (siehe Kasten S. 64) und der **Hamam der Roxelane** (siehe Kasten S. 68).

Seine Bauten außerhalb der Altstadt Istanbuls werden von Nichttürken kaum besucht. Die monumentale **Kılıç Ali Pasha-Moschee** (siehe S. 120–121) unweit des Istanbul Modern, die für einen Großadmiral der osmanischen Armada errichtet wurde, grenzt fast ans Meer. Die türkische Flotte grüßte traditionell das von Sinan entworfene **Barbarossa-Grab** (siehe S. 125) in Beşiktaş und betete dann in seiner nahe gelegenen **Moschee des Sinan Paşa** (Sinan Paşa Camii), die einem weiteren ruhmreichen Admiral gewidmet ist.

Viele der Bauten Sinans sind ausladend, aber in diesem Extrem gleichwohl harmonisch und raffiniert. Schlanke Minarette harmonieren mit filigranen Kuppeln, verspielt beleuchtete Moscheen stehen neben fast lasziven Hamams. Letztgenannte weisen sternförmige Fenster auf, die den ganzen Tag über das Sonnenlicht filtern.

Sinans erstes wirklich großes Werk war die **Sehzade-Moschee**. Ihre zentrale Kuppel ist von vier kleineren Halbkuppeln umrahmt, die wiederum von vielen kleineren Kuppeln flankiert werden.

Sein Meisterstück ist die **Süleymaniye-Moschee** (siehe S. 88–89), ein Pilgerort für alle Architekturinteressierten. Der Raum erhebt sich in majestätischen Bögen und einer gewaltigen Zentralkuppel, umringt von 32 Fenstern, die Licht ins weiße Innere strömen lassen. Süleyman selbst liegt in einem Mausoleum in dem Komplex, zu dem auch Hamams, Geschäfte, *madresseh*s, ein Krankenhaus, eine medizinische Fakultät und Ställe gehören. Nahe der Moschee ist Sinan in einem schlichten, nach eigenen Entwürfen errichteten, Mausoleum bestattet worden.

Der großzügige Innenraum der Süleymaniye-Moschee, erbaut vom Meisterarchitekten Mimar Sinan

Boote, die Fischbrötchen verkaufen, aufgereiht am Ufer des Goldenen Horns

Gemeindeverwaltung Fatih
✉ Eyüp Merkez Mh.
☎ 0212/444 01 76
www.fatih.bel.tr

Fatih Moschee
✉ Fevzi Paşa Caddesi
🕒 Fr vormittags geschl.
$ € Spende empfohlen

Fethiye Moschee
✉ Fethiye Kapısı
☎ 0212/635 12 73
🕒 Fr vormittags geschl.
$ € Spende empfohlen

Südliches Goldenes Horn

Obwohl es der am wenigsten besuchte Teil der Altstadt ist, ist das südliche Goldene Horn wohl ihr interessantestes Viertel. Entlang der Straßen findet sich alles – von höhlenartigen Monumentalmoscheen bis zu kleinen orthodoxen Kirchen voller faszinierender Mosaiken und Ikonen.

Hinter den Seemauern: Die inzwischen im Verfall begriffenen Seemauern erstrecken sich entlang des Goldenen Horns fast von der Atatürkbrücke bis Eyüp 4,5 Kilometer weiter nördlich. Die Promenade vor den Mauern ist heute ein beliebter Platz. **Fatih**, das Viertel hinter den Seemauern, wird von der riesigen **Fatih-Moschee** (Fatih Camii) beherrscht. Der interessanteste Teil der elfenbeinfarbenen Anlage ist das Mausoleum für Mehmet den Eroberer (auf Türkisch *fatih*). Seine Kuppel, die Rosenfresken und wunderbare geometrische Muster zeigt, ist eine der herrlichsten in ganz Istanbul.

Zwei Museen, beide ehemalige Kirchen, die in Moscheen umgewandelt wurden, liegen etwas verloren im ausufernden Gebiet von Fatih. Sie besitzen einige der herausragendsten byzantinischen Kunstwerke und Mosaiken der Stadt. Die Mosaiken aus dem frühen 14. Jahrhundert in der

Fethiye-Moschee (Fethiye Camii), der früheren Kirche Pammakaristos, sprühen nur so vor religiöser Hingabe. Doch selbst diese Meisterwerke werden übertrumpft von den byzantinischen Mosaiken in der nahen **Kariye-Moschee** (Kariye Camii), der früheren Erlöserkirche in Chora, und jetzt die zweitgrößte Sammlung der Stadt nach der Hagia Sophia, **Chora-Museum** (Kariye Müzesi) genannt. Darstellungen der Geburt Jesu, der Flucht nach Ägypten und von Josefs Reise nach Bethlehem wirken fast, als seien sie in Gold gemalt. Noch heute ist Fatih mit versteckten Kirchen und Holzhäusern gespickt. Ein Überbleibsel aus der lokalen griechischen Geschichte ist die **Aya-Nikola-Kirche** (Aya Nikola Kilisesi) aus dem frühen 18. Jahrhundert unten am Wasser. Um eingelassen zu werden, müssen Besucher an der Stahltür klingeln. Rund 500 Meter nördlich der Aya Nikola steht die ungewöhnliche **Bulgarische Kirche des hl.**

(Fortsetzung auf S. 96)

Chora-Museum

- ✉ Kariye Camii Sokak 18, Edirnekapy
- ☎ 0212/631 92 41
- 🕒 Mi geschl.
- $ €€

http://kariye.muze.gov.tr/en

Aya-Nikola-Kirche

- ✉ Abdülezel Paşa Caddesi 255, Ayakapı
- ☎ 0212/521 26 02

ERLEBNIS: Mit dem Boot das Goldene Horn hinauf

Die Fähren innerhalb Istanbuls werden von Şehir Hatları bedient *(Tel. 0212/444 18 51, www.sehirhatlari.com.tr/de)*. Sie überqueren den Bosporus und fahren im Zickzack das Goldene Horn hinauf. Gehen Sie in Eminönü Haliç İskelesi an Bord: Die kleine Fährstation liegt nördlich des Zinhan Kebab Restaurants, als „Storks" ausgeschildert *(Ragıpgümüşpala Caddesi 54-6, Tel. 0212/512 42 75)*. Die Fähre folgt dem Bogen des Goldenen Horns Richtung Norden, fährt nach Kasımpaşa und hält am Cezayirli Hasan Paşa-Park, so benannt zu Ehren von Hasan Paşa (1713–90), Großwesir und Gründer der Türkischen Marineakademie. Am gegenüberliegenden Ufer steuert die Fähre den Pier von Fener an. Am Rande des Wassers entlang zieht sich ein Band grüner Parklandschaft mit fantastischem Blick auf die Bulgarische Kirche St. Stephan (siehe Seite 93–94). Nordwärts schwenkend fährt das Boot in einem Bogen nach Hasköy (siehe S. 112–113) und setzt dort seine Fahrgäste ab, zu Fuß nur fünf Minuten vom ausgezeichneten Rahmi M. Koç-Museum (siehe S. 112–113) entfernt. Halten Sie nach dem U-Boot des Museums Ausschau: Es ist von der linken Seite der Fähre aus zu sehen. Wieder setzt das Boot über das Goldene Horn und hält am weißen Holzpier von Ayvansaray, dann tuckert es nordwärts nach Sütlüce, vorbei an Feshane, einer früheren Fes-Fabrik am Westufer des Goldenen Horns. Der große rosafarbene Bau wurde 1839 unter Sultan Abdülmecit I. (1823–61) errichtet und dient heute als internationales Konferenzzentrum. Endhaltestelle ist der Fähranleger in Eyüp. Hier geht es an Land, um den Eyüp Sultan-Moscheekomplex (Eyüp Sultan Camii Külliyesi, siehe S. 96–97) zu besichtigen oder das Viertel zu Fuß zu erkunden (siehe S. 94–95). Die Boote fahren in Eminönü jeweils zehn Minuten vor der vollen Stunde ab (ab 17 Uhr jede Stunde) – Rückfahrt von Eyup 30 Minuten nach der vollen Stunde, gegen Nachmittag zehn Minuten später.

Rundgang durch Eyüp & Pierre Loti

Besucher des Viertels rund um Eyüp und Pierre Loti sind u. a. religiöse Pilger und Touristen. Der folgende Rundgang bietet Sehenswertes, das beide anspricht.

Blick vom Café Pierre Loti in Richtung des historischen Zentrums Istanbuls

Start ist am Eyüp İskelesi, dem **Fähranleger in Eyüp** ①. Von dort geht es nach links und 140 Meter weit die belebte Yavedut Caddesi entlang, vorbei am Kreisverkehr. Rechts führt ein kleiner Durchgang zur **Zal-Mahmud-Paşa-Moschee** (Zal Mahmud Paşa Camii) ②. Erbaut wurde sie 1540 vom Hofarchitekten Sinan zu Ehren von Mahmud Paşa (gest. 1474). Der Lehrer und Schwager Sultan Süleymans des Prächtigen ist hier mit seiner Frau Şah Sultan begraben.

Von dort geht es vom Portal links auf die Feshane Caddesi, eine Fußgängerzone. Weiter geradeaus überquert man die Hauptstraße Hazreti Halit Bulvarı. Pastellfarbene Holzhäuser säumen die Straße, die kompakte **Çeribaşı-Moschee** (Çeribaşı Cami) auf der linken Seite gibt ein perfektes Postkartenmotiv ab. An der **Polizeiwache** biegt man links ein und taucht in einen Straßenmarkt entlang der Cami Kebir Sokak ein. Der Markt öffnet sich auf den **Eyüp-Platz** (Eyüp Meydanı) ③ mit seinem bogenförmigen Brunnen.

Der Rundgang führt in den **Eyüp-Sultan-Moscheekomplex** (Eyüp Sultan Camii Külliyesi, siehe S. 96–97) ④, zu dem Ebū Eyyūb el-Ensaris *türbe* (Grab) gleich gegenüber gehört. Durch das westliche

NICHT VERSÄUMEN

Zal-Mahmud-Paşa-Moschee • Eyüp-Sultan-Moscheekomplex • Piyerloti Teleferik • Pierre-Loti-Café

Tor der Anlage geht es wieder hinaus, dann rechts und noch einmal scharf rechts. Diese Straße – Balaban Yolu Sokak – führt etwa 250 Meter geradeaus zur **Pierre-Loti-Seilbahn** (Piyerloti Teleferik, €) 5 für eine kurze, steile Fahrt.

Vor der oberen Bahnstation befindet sich links eine Aussichtsplattform und das hübsche **Pierre-Loti-Café** 6, beides perfekte Aussichtspunkte über das Goldene Horn. Hier kann man sich Zeit für ein kühles Getränk nehmen; danach schlendert man über den Friedhof von Eyüp bergab. Der abfallende Weg mit Kopfsteinpflaster ist breit und bietet kurze Ausblicke aufs Goldene Horn. Am Fuß des Hügels geht es zurück zum Eyüp-Pier. Hier gibt es zwei Möglichkeiten: Entweder biegt man links ein und läuft direkt zum Goldenen Horn oder man schlägt rechtsherum einen Bogen um die Eyüp-Sultan-Moschee. Dieser Rundgang ist eine perfekte Ergänzung zum Bootsausflug auf dem Goldenen Horn (siehe Kasten S. 93).

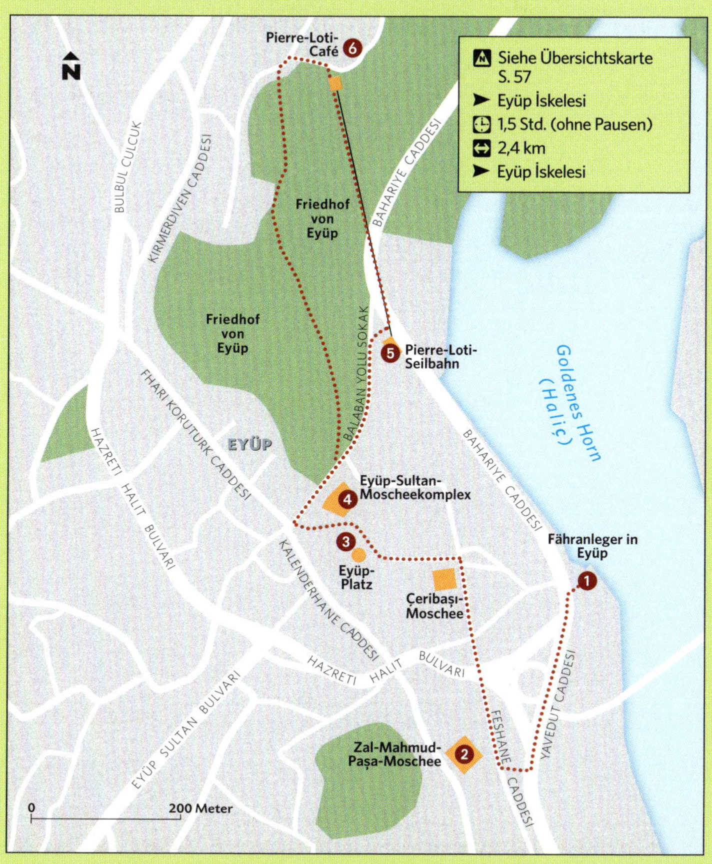

Bulgarische Kirche
- ✉ Mürsel Paşa Caddesi 85–8, Balat
- ☎ 0212/521 11 21

Eyüp Sultan-Moscheekomplex
- ✉ Camii Kebir Sokak, Eyüp
- 🕒 Fr vormittags geschl.
- $ € Spende empfohlen

Museum für türkische Kalligrafie-Kunst
- ✉ Beyazıt Meydanı, Eminönü
- ☎ 0212/527 58 51
- 🕒 So, Mo geschl.
- $ €

Teppichmuseum Vakiflar
- ✉ Imrahor Caddesi, Sütlüce
- ☎ 0212/518 13 30
- 🕒 Mo geschl.
- $ €

Stephan (Bulgar Kilisesi), eine hoch aufragende Gusseisenkirche. Sie streckt sich 40 Meter in die Höhe, weist einen reich verzierten Balkon im Obergeschoss auf und wiegt 500 Tonnen. Gefertigt wurde sie in Wien und dann auf der Donau über das Schwarze Meer und das Goldene Horn hinauf verschifft. 18 Monate dauerte es, sie wiederaufzubauen.

Eyüp-Sultan-Moscheekomplex: Die Anlage wurde am Grab von Ebū Eyyūb el-Ensari, Fahnenträger des Propheten Mohammed, errichtet und ist die heiligste Stätte in Istanbul. Pilger aus der ganzen Türklei und darüber hinaus versammeln sich hier, besonders an religiösen Feiertagen. Während der ersten arabischen Belagerung der Stadt (674–678) führte Ebū Eyyūb el-Ensari die Invasion an und wurde im Kampf getötet. Sein gemarteter Leib wurde hier begraben, und ein kleiner Schrein wurde aufgestellt. Als 1453 Mehmet II. der Eroberer (1432–81) die Kontrolle über Konstantinopel übernahm, ließ er ein kunstvolles Grabmal erbauen, zusammen mit einer Moschee, einer Schule und Suppenküchen. Der Komplex verfiel über die Jahrhunderte, wurde aber 1800 unter Sultan Selim III. (1761–1808) in seiner Gesamtheit rekonstruiert.

INSIDERTIPP

Spüren Sie im Museum für Karikatur und Humor in Fatih der Entwicklung des türkischen Humors nach, seit 1876 der erste lokale Comic in einer Zeitung erschien.

ANASTASIA ASHMAN
National Geographic Traveler Magazine-Autorin

Pierre Loti

Pierre Loti war das Pseudonym des französischen Autors und Marineoffiziers Julien Viaud aus dem 19. Jahrhundert. Reisen mit der Flotte brachten ihn 1876/77 nach Istanbul, und Loti war schnell von der Stadt gefesselt. Er lernte Türkisch und studierte eifrig die lokale Kultur. Die Nachmittage verbrachte er in seinem Lieblingsviertel, oben auf dem Hügel in Eyüp, wo er Tee trank und über das Goldene Horn hinausschaute.

Lotis erster Roman, die Liebesgeschichte „Aziyadé" (benannt nach einem Mädchen aus Thessaloniki – zu dieser Zeit türkisch –, in das Loti offenbar verliebt war), erschien 1879. Spätere Werke, darunter „Pêcheur d'Islande" („Die Islandfischer", 1886), brachten ihm weiteren Ruhm ein, wobei die Türkei in vielen seiner romantischen Romane eine bedeutende Rolle spielt.

Der europamüde Loti kehrte die nächsten 35 Jahre über regelmäßig in die Stadt zurück. Als Zeichen der beidseitigen Zuneigung tragen heute die Seilbahn in Eyüp wie auch das schattige Café auf dem Hügel des Viertels seinen Namen.

Nach dem Eintreten durch eins der beiden großen Tore gelangt man in einen Innenhof, in dem ein zentraler, baumbestandener Bereich eingezäunt ist. Dies war der Ort der „Amtseinführung", bei der der neue Sultan sich mit dem Schwert Osmans I. (siehe S. 25) gürtete. Rechts davon steht die Eyüp-Sultan-Moschee, gegenüber die *türbe* (Grab) von Ebū Eyyūb el-Ensari. Die Außenmauer der *türbe* ist mit handbemalten İznikkacheln geschmückt. Im Inneren setzen sich die schillernden Kacheln fort. In einer Ecke auf der linken Seite ist hinter Glas der marmorne Fußabdruck des Propheten Mohammed zu sehen.

Im Bezirk Fatih werden Teppiche auf traditionelle Art getrocknet

Spezialmuseen: Sie decken wie das **Museum für türkische Kalligrafie-Kunst** jeweils nur einen kleinen Themenbereich ab. Im äußeren Hof der Sultanahmet-Anlage befindet sich ein spezielles Teppichmuseum, das **Teppichmuseum Vakiflar** (Vakiflar Hali Müsezi). In diesem früheren kaiserlichen Pavillon ist eine Sammlung herausragender alter Teppiche untergebracht, die bis vor Kurzem die Böden von Moscheen in der Stadt zierten. Das **Mosaikenmuseum** (Büyüksaray Mozaik Müsezi), hinter der Sultanahmet-Moschee gelegen, zeigt ein schönes Mosaik, das Archäologen in den 1950er Jahren an dieser Stelle freilegten. Hier stand im 6. Jahrhundert ein Palast des byzantinischen Kaisers Justinian. Die ausgegrabene Fläche ist nur ein Teil eines riesigen Mosaikbodens.

Das **Museum für Karikatur und Humor** (Karikatur ve mizah Muzesi), gleich westlich von Süleymaniye, beherbergt eine Sammlung von Comics, Karikaturen und Zeitungsillustrationen. Die meisten sind türkisch, aber es gibt einige aus der ganzen Welt. Das Museum wird von der Association of Cartoonists betrieben. ■

Mosaikenmuseum
✉ Torun Sokak
☏ 0212/518 12 05
🕒 Mo geschl.
$ €

Museum für Karikatur und Humor
✉ Atatürk Bulvarı, Kovacılar Sokak 12, Fatih
☏ 0212/521 12 64

Barcelona

Ein reiches Viertel mit vielfältigen Geschäften, Kunstgalerien, Museen, Restaurants am Wasser und Palästen, die auf die letzten Sultane zurückgehen

Europäisches Istanbul

In der Hauptstraße des europäischen Istanbul, der İstiklal Caddesi, gibt es Bäckereien, Buchläden, Kunstgalerien, Cafés und viele elegante Geschäfte

Europäisches Istanbul

Nördlich von Sultanahmet und jenseits des Goldenen Horns präsentiert sich das europäische Istanbul – auf Türkisch Beyoğlu – überwiegend als Wohngebiet mit 45 Vierteln. Hier kontrastieren Reichtum und topaktuelle Mode mit traditionellen Wasserpfeifen-Cafés und Flohmärkten.

Die Geschäfte der İstiklal Caddesi, einer Fußgängerzone, leuchten in der Abenddämmerung

Die meisten Besucher kommen über die Galata-Brücke ins europäische Istanbul. Bis zum 15. Jahrhundert schlug hier das Genueser Herz Konstantinopels, und bis zum heutigen Tag ragt der Galata-Turm als Wahrzeichen über den Dächern auf. Das Goldene Horn verläuft am Rande dieses Gebiets. In Richtung Westen ziehen sich Arbeiterviertel hin, die nun langsam saniert werden. So wurden die alten Schiffswerften bereits zum Rahmi-M. Koç-Museum umgestaltet – ein Eldorado für Fans von Spielsachen und Verkehrsmitteln –, und im ehemaligen Silahtarağa-Kraftwerk ist heute das Museum für zeitgenössische Kunst zu Hause. Wie eine lebensspendende Ader zieht sich die İstiklal Caddesi auf einer Anhöhe mitten in Beyoğlu entlang. Der Boulevard hieß im 19. Jahrhundert Grande Rue de Pera und sprüht auch heute noch vor Energie.

Alte Trambahnen rattern zwischen den vielen Einkaufslustigen an restaurierten Herrschaftshäusern vorbei in Richtung Norden zum Taksim-Platz. Die umliegenden abwechslungsreichen Stadtviertel ergänzen einander: das noble, reiche Nişantaşı, das bunte Çukurcuma und das künstlerische Cihangir. In diesen Einkaufsparadiesen ist alles erhältlich, von Antiquitäten bis hin zu Biolebensmitteln und Haute Couture. Dem Kaufrausch frönen kann man in Europas größter Shoppingmall Cevahir oder im lässigeren Kanyon. Die Bosporus-Küste steckt voller Kontraste. In Tophane beeindrucken Moscheen wie das Istanbuler Museum für Moderne zeitgenössische Kunst. Das Beşiktaş'-İnönü-Fußballstadion liegt gegenüber dem Dolmabahçe-Palast, einem Traum in Rokoko. Das schicke Ortaköy vermittelt mit der Büyük-Mecidiye-Moschee einen Einblick in das Einst und Jetzt.

Wer sich in einen Bus setzt und den Bosporus hinauf zu den am Meer gelegenen Orten Arnavutköy, Bebek, Emirgan, Yeniköy, Tarabya, Büyükdere oder Sarıyer fährt, unternimmt eine Zeitreise in die Vergangenheit. Traditionelle osmanische *yalıs* (Anwesen aus Holz) säumen die Promenaden am Bosporus. Dazwischen beeindruckt die osmanische Rumeli-Festung aus dem 15. Jahrhundert mit ihren Türmen und Toren, steilen Treppen und herrlichen Ausblicken über den Bosporus. Und wem es in Istanbul zu städtisch wird, der unternimmt einen Abstecher in den Belgrader Wald.

NICHT VERSÄUMEN

Mit der Tünel-Standseilbahn von Karaköy zum Tünel-Platz fahren **104**

Den Sonnenuntergang über dem Goldenen Horn beobachten und sich dabei ein *balık ekmek* (Fischsandwich) schmecken lassen **104**

Von der Aussichtsplattform des Galata-Turms auf die Stadt blicken **105, 108**

Sich in Tophane unter die Einheimischen mischen **120–122**

In den Gassen von Çukurcuma nach Antiquitäten stöbern **122–123**

Die Pracht des letzten Palasts des Osmanischen Reichs auf sich wirken lassen: Dolmabahçe **126–128**

In den Clubs von Ortaköy bis zum Morgengrauen tanzen **128–129**

In der Kanyon-Shoppingmall dem Kaufrausch frönen **134**

Galata & Umgebung

Die Galata-Brücke verbindet das Viertel Sultanahmet in der Altstadt mit Beyoğlu, dem europäischen Istanbul. Die Brücke spannt sich über das Goldene Horn und galt lange als ideologisches Bindeglied zwischen Alt und Neu, Ost und West.

Der Galata-Turm dominiert die Skyline von Beyoğlu

Das Gebiet unmittelbar nördlich der Galata-Brücke heißt **Karaköy,** eine Drehscheibe des Fährverkehrs mit vielen einfachen Fischlokalen. Es geht es in die Vorstadt Galata hinauf (vorzugsweise mit der Tünel-Standseilbahn, einer der ersten U-Bahnen der Welt; siehe S. 104), der ersten europäischen Siedlung mit dem Galata-Turm als Wahrzeichen. Die **İstiklal Caddesi** (İstiklal-Straße, siehe S. 110–111) führt von Galata aus vorbei an Boutiquen, Galerien und guten Restaurants ins Herz des europäischen Zentrums von Istanbul.

Galata-Brücke

In den letzten 500 Jahren präsentierte sich die **Galata-Brücke** (Galata Köprüsü) in unterschiedlicher Gestalt. 1453 reihten sich dort Schiffe aneinander, um einen provisorischen Fußweg zu bilden. Im frühen 16. Jahrhundert leitete Sultan Bayezid II. erste Schritte zur Errichtung einer dauerhaften Brücke ein. Der italienische Künstler und Erfinder Leonardo da Vinci zeichnete Pläne, die der Sultan allerdings ablehnte, um da Vincis Landsmann Michelangelo zu engagieren – doch der bekundete kein Interesse.

INSIDERTIPP

In der İstiklal-Straße lohnt ein Abstecher in die Konditorei Hacı Bekir (seit 1777) wegen des *kaymaklı lokum* – Geleekonfekt mit Sahne – und *bergamutlu akide şekeri* – hartes Konfekt mit Bergamottaroma.

RÜYA KÖSAL KUDU
NATIONAL GEOGRAPHIC Expeditions

So wurde der Bau einer Brücke über 300 Jahre lang aufgegeben. Valide Sultan Bezmiâlem, die Mutter Sultan Abdülmecits, ließ 1845 die erste Galata-Brücke errichten. Aufgrund von Modernisierungsmaßnahmen und eines Großbrands wurde die Brücke in den folgenden 150 Jahren dreimal ersetzt. Der fünfte und jetzige Bau entstand von 1992 bis 1994 und besteht aus zwei Ebenen. Auf der unteren gehen die Restaurants, Bars und Cafés auf der Ostseite der Brücke auf den Bosporus in Richtung Asien und zum Goldenen Horn hinaus. Die einheimischen Fischer werfen auf der oberen Ebene ihre Angeln aus, während Händler, die Tee, Snacks und Köder zum Fischen feilbieten, auf der Brücke hin und herspazieren. Die Zeytinburnu-Kabataş-Trambahn rattert über die Brücke, flankiert von einem endlosen Strom von Autos und Bussen.

Karaköy

Der Stadtteil nördlich der Galata-Brücke gehörte bis ins 15. Jahrhundert den Genuesern. Das **Verbrannte Tor** (Yanık Kapı) ist als einzige der alten Genueser Stadtmauern

Ali Muhiddin Hacı Bekir (Konditorei)
✉ İstiklal Caddesi 83A, Beyoğlu
☏ 0212/244 28 04
www.hacibekir.com.tr

Verbranntes Tor
✉ Yanık Kapı Sokak, Karaköy

Karaköy
101 1A
Karaköy-Galata

Galerien in Beyoğlu

In den letzten zehn Jahren sind überall in Beyoğlu unzählige Kunstgalerien aus dem Boden geschossen, die meisten in der Fußgängerzone İstiklal Caddesi und im Viertel Galata. Folgendes sind einige Beispiele, die besonders empfehlenswert und zudem kostenlos sind: **Das Borusan Zentrum für Kultur und Kunst** (Borusan Kültür Sanat, *İstiklal Caddesi 160A, Tel. 0212/705 87 00, www.borusansanat.com*) eröffnete 2010. Auf vier Etagen werden Ausstellungen zeitgenössischer Künstler aus der Türkei gezeigt. Abends finden hier Konzerte statt. Der Yapı Kredi Kültür Sanat organisiert seit 1964 Ausstellungen zeitgenössischer Kunst in der **Yapı Kredi Kazım Taşkent Galerisi** *(Yapı Kredi Kültür Merkezi, İstiklal Caddesi 142, Odakule İş Merkezi Kat: 3, Tel. 0212/252 47 00, www.ykykultur.com.tr)*. In der gleichen Galerie zeigt die **Yapı Kredi Sermet Çifter Halle** hervorragende Fotoausstellungen. Außerdem beherbergt das Gebäude ein kleines archäologisches Museum mit Münzen und alten Schätzen aus der Dauerausstellung der Yapı Kredi Bank. Das **Fransız Kültür Merkez** *(Französisches Kulturzentrum, Französisches Konsulat, İstiklal Caddesi 4, Tel. 0212/393 81 11, www.infist.org)* präsentiert türkisch-französische Fotokunst und verschiedene andere Kunstwerke.

Osmanisches Bankmuseum
✉ Voyvoda Caddesi (Bankalar Caddesi) 35–37
☎ 0212/334 22 00
$ €

www.obmuze.com

Arabische Moschee
✉ Galata Mahkemesi Sokak, Galata

Galata-Turm
✉ Bereketzade Mh. Galata Kulesi
☎ 0212/244 77 36
🚋 Tünel
$ €€€

www.galatatower.net/english/

erhalten. Am Westufer der Galata-Brücke wird jeden Tag ein Fischmarkt abgehalten, außerdem lockt eine Fülle an einfachen Fischlokalen unter den Bäumen. Fähren legen häufig am Fährhafen östlich der Brücke ab. Sie schippern zum asiatischen Bahnhof von Istanbul (Haydarpaşa) und zum nahen Kadıköy (siehe S. 140–142).

Die **Tünel**, eine unterirdische Standseilbahn, die die Stadtteile Karaköy und Beyoğlu verbindet, fährt oberhalb der Straße an der Tramhaltestelle Karaköy ab. Sie ist ein Entwurf des französischen Ingenieurs Henri Gavand und wurde 1875 vollendet. Die Tünel legt die 60 Meter von Karaköy zum Tünel-Platz (Tünel Meydanı, in Beyoğlu) in eineinhalb Minuten zurück und befördert täglich rund 15 000 Fahrgäste. Jetons (Fahrkarten, €) sind an Automaten, Kiosken, Bushaltestellen sowie am Fährhafen erhältlich.

Galata

Dieser pulsierende Stadtteil liegt zwischen Karaköy und dem oberen Ende der Tünel-Standseilbahn. Im 19. Jahrhundert und größtenteils auch noch im 20. Jahrhundert fungierte Galata als Finanzzentrum der Stadt mit der Bankalar Caddesi (Bankstraße) im Herzen. In der Osmanischen Bank, einst die Zentralbank des Osmanischen Reichs und nun in Besitz der Garanti Bank, der drittgrößten Privatbank der Türkei, befindet sich das **Osmanische Bankmuseum** (Osmanlı Bankası Müzesi; *wegen Restaurierungsarbeiten geschl.; Infos siehe Website*). Neben einem begehbaren Tresorraum und alten Zahlungsmitteln können die Besucher in der unteren Etage vielerlei Exponate aus dem Alltagsleben des letzten Jahrhunderts bewundern, darunter Fotos, Akten und Kreditvereinbarungen.

ERLEBNIS: *balık ekmek* probieren

Eine heiße, gebratene Makrele in Weißbrot samt einer Handvoll Zwiebeln und Salat – *balık ekmek*, ein Fischsandwich, ist am Bosporus von Anadolu Kavağı bis Yenikapı erhältlich. An der Galata-Brücke und an der Mündung des Goldenen Horns werden auf traditionellen Fischerbooten die leckersten zubereitet. Am besten heftet man sich den türkischen Touristen an die Fersen, die ins Deniz Yıldızı Restaurant *(Tel. 0216/414 76 43, www.denizyildizikadikoy.com, €)* strömen, einem schwankenden Boot gleich westlich der Brücke am Ufer von Eminönü. Man bestellt, zahlt und nimmt sich auf dem Boot sein Sandwich, dann setzt man sich an einen der niedrigen Tische. Kellner in schwarz-goldenen Gewändern servieren die Getränke, Alkohol gibt es nicht. Man genehmigt sich daher ein traditionelles *turşu* (in Salzlake eingelegtes Gemüse) und spült – wie die Einheimischen – sein *balık ekmek* mit dem salzigsäuerlichen Gemüsesaft hinunter.

Ein Straßenhändler verkauft eingelegtes Gemüse

Nicht weit von hier führt die **Kamondo-Treppe** (Kamondo Merdivenleri) von der Bankalar Caddesi nach oben. Der jüdische Bankier Abraham Kamondo entwarf die einzigartige Treppe 1860. Die nahe **Arabische Moschee** (Arap Camii) war früher die wichtigste Kirche des Viertels. Das bedeutendste Wahrzeichen in diesem Stadtteil ist jedoch der **Galata-Turm** (Galata Kulesi). Die Genueser errichteten den Steinbau 1348 unter dem Namen Christea Turris (Christusturm). In späterer Zeit wurde der Turm überwiegend zur Ortung der häufigen Feuer genutzt. Der Galata-Turm ist 61 Meter hoch, seine Mauern sind 3,75 Meter dick.

(Fortsetzung S. 108)

Bootsfahrt auf dem Bosporus

Der Bosporus spielt in der Geschichte Istanbuls eine zentrale Rolle, und die bedeutendsten Sehenswürdigkeiten liegen auch fast alle direkt am Wasser. Am schönsten lässt sich die Stadt auf zwei Kontinenten vom Meer aus erkunden. Die Bootsausflüge dauern von 30 Minuten bis zu einem Tag.

Blick vom Galata-Turm über den Bosporus und Sultanahmet

Wenn das Boot vom Goldenen Horn nach Norden zum Bosporus schippert, kommt als erste wichtige Sehenswürdigkeit auf der linken Seite der **Galata-Turm** ❶ (siehe S. 104–105, 108) aus dem 14. Jahrhundert ins Blickfeld. Er wird seit Beginn des 18. Jahrhunderts zur Ortung von Bränden genutzt. Das graue Gebäude am Wasser, das **Istanbul Modern** ❷ (siehe S. 121–122), ist das beste Museum für zeitgenössische Kunst der Stadt. Ein Stück weiter oben lohnt links ein Blick auf das **İnönü-Stadion** ❸ des Fußballclubs Beşiktaş. Die Schwarzen Adler waren Atatürks Lieblingsverein. Kein Wunder, dass er seine letzten Lebensjahre im **Dolmabahçe-Palast** ❹ (siehe S. 126–128) direkt gegenüber verbrachte. Links beeindrucken zwei prachtvolle Hotels, das rosa **Four Seasons** und das **Çırağan-Palast.** In letzterem trat das junge türkische Parlament zusammen, bis das Gebäude 1910 abbrannte. Nach 80 Jahren wurde das Gebäude in ein Luxushotel umgestaltet. Ein Stück weiter steht die **Galatasaray-Universität** ❺ direkt am Wasser. Am Horizont vor der **Bosporus-Brücke** (1973) ragt stolz die **Ortaköy-Moschee** ❻ empor, erbaut von der Familie Balyan, die auch den Dolmabahçe-Palast entwarf.

Das prächtige weiße Schiff hinter der Brücke ist die **Savarona** ❼, Atatürks Privatjacht. Sie wurde durch ein Feuer zerstört, in den 1990er Jahren renoviert und

ERLEBNIS: Auf dem Bosporus unterwegs

Der Bosporus lässt sich gut auf einer Bootstour erkunden. Bootstouren über den Bosporus bieten verschiedene Unternehmen an. **Istanbul Deniz Otobüsleri A.S. oder IDO** *(Kennedy Caddesi, Yenikapi Feribot Iskelesi, Fatih, Tel. 0212/455 69 00, www.ido.com.tr)* haben kurze Rundfahrten von 14.30 bis 16.30 Uhr im Angebot, aber auch längere von 10.35 bis 18.30 Uhr mit Halt zum Mittagessen in Anadolu Kavağı. Andere Unternehmen bieten Halb- oder Ganztagstouren an, nämlich **City Of Sultans** *(Mesrutiyet Mh. Samanyolu Sk. Arif Pasa Is Merkezi No: 66 K:5 Osmanbey, Sisli /Istanbul, Tel. 0212 327 23 93, www.cityofsultans.com)* und **All Istanbul Tours** *(Cevizlik Mh. Muhasebeci Sk. 3/3 3. Stock, 34144, Istanbul, Tel. 0212/516 53 00, www.allistanbultours.com).*

kann nun für ein paar hunderttausend Euro die Woche gemietet werden. Die schwimmende Insel in der Nähe samt einem Pool mit Olympiadimensionen plus Restaurants ist das hippe **Suada** 8.

Die nächste Etappe des Bootsausflugs ist außergewöhnlich schön. Auf der linken Seite gleiten die reichen Dörfer **Arnavutköy** und **Bebek** vorbei, beide gesäumt von *yalis* an der Uferpromenade. Die beiden Türme der **Rumeli-Festung** 9 sind kaum zu übersehen. Das Fort wurde 1452 in vier Monaten erbaut.

Hinter der **Fatih-Sultan-Mehmet-Brücke** (1988) fährt das Boot zum asiatischen Ufer hinüber, eine der reichsten Gegenden Istanbuls. Viele der Herrschaftshäuser am Meer verfügen über eine Leiter zum Abtauchen im Bosporus. Die Tour geht oft bis zum reizenden **Kanlıca** 10, das für seinen Joghurt berühmt ist. Wieder auf der anderen Seite des Bosporus erreicht das Schiff **Yeniköy** 11, eine reiche Vorstadt mit prächtigen Häusern. Die Fischrestaurants in **Sarıyer** 12 tauchen zehn Minuten später am Bosporus auf. Boote der türkischen Fischereiflotte im Schwarzen Meer liegen am europäischen Ufer vertäut. Einen Blick lohnt die Genueser Burg oberhalb **Anadolu Kavağı** 13 (siehe S. 150–151), wo der Ausflug endet – und das Essen schmeckt.

Galata-Halle der Tanzenden Derwische und Museum der Diwanliteratur

- ✉ Galip Dede Caddesi 15
- ☎ 0212/245 41 41
- 🕒 Mo geschl.
- $ €€
- 🚋 Tünel

Besucher können mit dem Lift in die oberen Etagen hinauffahren, wo im Turm-Restaurant oder Café neben einer atemberaubenden Aussicht auch Erfrischungsgetränke warten. Ein Nachtclub im obersten Stockwerk präsentiert typisch türkisches Entertainment. Gegen eine Zusatzgebühr *(€)* besteht die Möglichkeit, nach der Liftfahrt die letzten zwei Treppen in den neunten Stock zu erklimmen, wo ein Balkon um den Turm verläuft. Von dieser Plattform (geöffnet von 9–17, bzw. 19 Uhr im Sommer) bietet sich ein Panoramablick über den Bosporus, den Topkapı-Palast, die Blaue Moschee und das Goldene Horn.

Die **Galata-Halle der tanzenden Derwische** (Galata Mevlevihanesi) befindet sich ein Stück weiter bergauf, um die Ecke vom **Tünel-Platz** (Tünel Meydanı). Das Kloster (*tekke*) wurde 1491 unter Muhammed Semai Sultan Divani erbaut, Nachfahr von Mevlana Celaleddin Rumi, dem Gründer des Mevlevi-Ordens im Jahr 1273. Die tanzenden Derwische *(mevlevi)* führen einen ekstatischen, zur Trance führenden Tanz, den *sema*, auf, um sich so mit Gott zu vereinigen. Der Orden wurde 1925 von Atatürk verboten. Das **Museum der Diwanliteratur** (Divan Edebiyatı Müzesi) oder Galata Mevlevihane (Mevlevi Loge) eröffnete 2002. Zu bestaunen sind traditionelle Instrumente, Werke der Literatur und Kalligrafien. Links im Hof befindet sich das Grab des Dichters und *tekke*-Abts Galip Dede aus dem 17. Jahrhundert. Sema-Vorführungen *(€€€€)* finden allwöchentlich statt, meist freitags von 17 bis 19 Uhr im *semahane*, einem eigenen Raum am hinteren Ende des Hofs. Aufgrund der Beliebtheit der Voführungen und der begrenzten Ticketzahl empfiehlt sich eine frühzeitige Reservierung (weitere Veranstaltungsorte siehe Kasten S. 48).

INSIDERTIPP

In der İstiklal Caddesi lohnt ein Abstecher in den Buchladen Robinson Crusoe *(www.rob389.com)* mit einem breit gefächerten Angebot an fremdsprachiger Literatur sowie aktuellen aus dem Türkischen übersetzten Romanen.

EMILY HAMMER
National Geographic-Expertin

İstiklal Caddesi

Dieser weitläufige, als Fußgängerzone konzipierte Boulevard verläuft oben an der Tünel-Standseilbahn zum Taksim-Platz. Im Westen der İstiklal sind im Viertel Tepebaşı das **Pera Palace Hotel** (siehe Kasten unten) und der **Palazzo Corpi** *(Meşrutiyet Caddesi 104–108)* zu Hause.

Beide ließ der Genueser Reeder Ignazio Corpi in den 1870er Jahren aus den edelsten aus Italien importierten Materialien errichten. Der Palast wurde ab 1882 von US-Diplomaten genutzt, ab 1907 als Amerikanische Botschaft und von 1937 bis 2003 als Amerikanisches Konsulat, das dann allerdings aus Sicherheitsgründen verlegt wurde. Das prachtvolle Gebäude lässt Marmor aus Carrara, Rosenholz aus Piemont und Fresken mit mythologischen Szenen sehen. Sie stammen von italienischen Künstlern, die im Auftrag des Architekten des Gebäudes, Giacomo Leoni, arbeiteten.

Mittlerweile wurden Pläne auf den Weg gebracht, das leerstehende Gebäude in ein Fünfsternehotel umzugestalten. Das 2005 von der Suna und İnan Kıraç-Stiftung eröffnete **Pera-Museum** (Pera Müzesi) befindet sich nordöstlich des Palastes im ehemaligen Hotel Bristol. Eine Dauerausstellung in den ersten beiden Etagen präsentiert eine Sammlung von Kütahya-Keramikfliesen, Gewichten und Maßen aus Anatolien sowie orientalische Kunst, darunter der berühmte „Schildkrötendompteur" (1906) von Osman Hamdi Bey. Die drei oberen Etagen zeigen Wechselausstellungen sowie moderne Kunst. Im Museum finden auch Filmfestivals statt, bei denen von japanischen Zeichentrickfilmen bis hin zu experimenteller Filmkunst alles gezeigt wird. ■

Pera-Museum
- ✉ Meşrutiyet Caddesi 65, Tepebaşı
- ☎ 0212/334 99 00
- 🕒 Mo geschl.
- $ €€
- 🚇 Tünel

en.peramuzesi.org.tr

Pera Palace Hotel

Das von dem in Istanbul geborenen und aus levantinischer Familie stammenden Architekten Alexander Vallaury entworfene und im Jahr 1895 in Betrieb genommene legendäre Pera Palace Hotel Jumeirah *(Pera Palas Oteli; 52 Meş rutiyet Caddesi 52, Tepebaşi, Beyoğlu, Tel. 0212/377 40 00;* siehe Reiseinformationen S. 246*)* wurde als prachtvoller Endpunkt für die Gäste des Orientexpress in Istanbul konzipiert. Für die Nobelklientel wurde an nichts gespart – das Hotel verfügte über den ersten Aufzug der Stadt, und in den Bädern floss damals das einzige heiße Wasser in Istanbul.

Die Gästeliste des im Ersten Weltkrieg von den Alliierten besetzten Hotels ist schillernd: Königin Elisabeth II. von England, Kaiser Wilhelm II. von Deutschland, Kaiser Franz Joseph I. von Österreich-Ungarn, der amerikanische Schriftsteller Ernest Hemingway, Filmstar Greta Garbo, Regisseur Alfred Hitchcock, die französische Schauspielerin Sarah Bernhardt sowie die holländische Tänzerin und Spionin Mata Hari. Der erste Staatspräsident der Türkei, Mustafa Kemal Atatürk, logierte von 1917 an häufig in Zimmer 101. Es wurde ihm zu Ehren in ein kleines Museum umgestaltet.

Auch die englische Krimiautorin Agatha Christie wohnte bei ihren Aufenthalten in Istanbul hier. Angeblich verfasste sie einen Großteil von *Mord im Orientexpress* im Zimmer 411. Fans können sich in ihrem Zimmer einquartieren, und das Hauptrestaurant des Hotels trägt ihr zu Ehren den Namen Agatha.

İstiklal Caddesi: Bummel über die Grande Rue de Pera

Das Herz Istanbuls im 19. Jahrhundert, die İstiklal Caddesi, ist voll von ehemaligen Botschaften, kunstvollen Meisterwerken des Jugendstils und verwinkelten Passagen. Die restaurierte „Nostalgietram" und die vielen Kirchen verleihen dem zur Fußgängerzone umgestalteten Boulevard sein typisch europäisches Flair. Die hier angegebenen Adressen beziehen sich jeweils auf die neuen roten Hausnummern.

Eisdiele in der İstiklal Caddesi

Der Spaziergang beginnt am **Tünel-Platz** ❶ (Tünel Meydanı) am Eingang zur Tünel-Standseilbahn (siehe S. 104). Gegenüber kennzeichnen bunte Lichter an den Bäumen den Zugang zur Tünel Geçidi, einer kleinen Passage mit Bars und Restaurants. Die Nostalgietram aus dem 19. Jahrhundert fährt ebenfalls hier ab. Rund 45 Meter rechts (östlich) thront die **Galata-Halle der tanzenden Derwische** ❷ (siehe S. 108) auf dem Galip Dede Caddesi. Lohnend ist ein Besuch des Museums oder ein Abstecher in den schattigen Hof. Wieder auf der İstiklal Caddesi geht es nun nach Norden. Auf Nummer 235 ist rechts ein sechsstöckiges Meisterwerk des Jugendstils zu bewundern, das **Botter-Haus** ❸. Der italienische Achitekt Raimondo D'Aronco entwarf das Gebäude 1900 für Jean Botter, den Privatschneider von Sultan Abdülhamit II. Gegenüber, auf Nummer 172, befindet sich das preiswerte Lokal Yemek Kulübü, früher die **Markiz-Patisserie.** Das 1940 eröffnete Markiz war zu seiner Blüte ein sehr beliebtes Café. Das Innere zieren Bildtafeln mit Frühlings- und Herbstmotiven des französischen Künstlers J. A. Arnoux. Ein Stück weiter markieren schmiedeeiserne Tore den Eingang zum **Russischen Konsulat** *(İstiklal Caddesi 219).* Das große Gebäude mit wuchtigen Säulen wurde 1845 von den Brüdern Fossati entworfen. Die **Kirche St. Maria Draperis** ❹ *(İstiklal Caddesi 215, Tel. 0212/244 02 43, www.istancoreofm.org/engindex.php)* ist leicht zu übersehen. Achten Sie auf die steile Treppe, die zum Eingang hinunterführt – mit einem goldenen Mosaik der Jungfrau Maria. Die katholische Kirche wurde im 17. Jahrhundert an diese Stelle verlegt. Nebenan beherbergt das **Borusan-Zentrum für Kultur und Kunst Musikbibliothek** ❺ (Borusan Sanat Kültür ve Merkezi's Müzik Kütüphane; *İstiklal Caddesi 213, So geschl.*) die größte Sammlung türkischer Musik. Auf der anderen Straßenseite wurden 2010 die Ausstellungsräume **Müzik Evi** eröffnet. Wer nun weiter nach Norden geht, sieht rechts das 1855 vollendete **Konsulat der Niederlande** *(İstiklal Caddesi 197)*, ebenfalls ein Entwurf der Brüder Fossati. Nach 45 Metern führt die Gasse Perukar Çikmazi links

NICHT VERSÄUMEN

Galata-Halle der Tanzenden Derwische • St. Antonius von Padua • Fischmarkt • Hüseyin Ağa-Moschee

zur armenisch-katholischen **Heiligen Dreifaltigkeitskirche** ❻ (Surp Yerrortutyun Kilisesi; *Tel. 0212/244 1382*), die seit dem 17. Jahrhundert besteht. Rund 75 Meter nördlich ragt rechts **St. Antonius von Padua** ❼ *(İstiklal Caddesi 182, Tel. 0212/244 09 35)*, die größte katholische Kirche Istanbuls aus dem Jahr 1913, auf. Das **Mısır Apartmanı-Gebäude** *(İstiklal Caddesi 163)* nebenan wurde 1910 für den Khediven von Ägypten erbaut.

Nach weiteren 75 Metern ist links das **Haco Pulo Cafe** ❽ erreicht. Durch einen Eingang voller Kioske gelangt man in einen von alten Gemäuern umgebenen Hof. In der ersten Dekade des 20. Jahrhunderts trafen sich hier die jungen Türken, darunter auch der spätere Präsident Mustafa Kemal Atatürk. Der Ausgang gegenüber ermöglicht einen Blick auf das **Britische Konsulat** *(Meşrutiyet Caddesi 34)* von 1855. **Der Galatasaray-Platz** ❾ liegt etwa in der Mitte der İstiklal Caddesi. Die abstrakte Skulptur des Künstlers Sadi Calik im Zentrum wurde 1973 zum 50. Jahrestag der Türkischen Republik errichtet. Das weiße Marmorgebäude gegenüber war früher die Hauptpost. Hier befindet sich das im 15. Jahrhundert gegründete Galatasaray-Gymnasium sowie ein Museum über die Schule und den dazugehörigen Fußballverein. Nun biegt man links in die Mesrutiyet Caddesi ein. Nach neun Metern geht es rechts in die **Europäische Passage** (Avrupa Pasajı) ❿, ein Entwurf des österreichischen Architekten Pulgher aus dem Jahr 1874. Man tritt in die Sahne Sokak hinaus, an deren linker Seite täglich der **Fischmarkt** (Balık Pazarı) von Galatasaray stattfindet. Der Weg führt rechts zurück zur İstiklal Caddesi, vorbei an der **Blumenpassage** (Çiçek Pasajı) ⓫ an der linken Ecke. Auf der İstiklal Caddesi hält man im Osten nach der herrlich verzierten Fassade (1920er Jahre) des Alkazar Sineması *(İstiklal Caddesi 111)* auf der rechten Seite Ausschau. Nach weiteren 120 Metern tauchen links die weißen Mauern der **Hüseyin-Ağa-Moschee** ⓬ (Hüseyin Ağa Camii) auf.

Das nördliche Goldene Horn

Mit der jüdischen Enklave Hasköy und der von der renommierten Familie Koç gestifteten Sammlung mit industriellen Exponaten und dem Universitätsviertel Silahtarağa mit seinen Kunst- und Technikmuseen sowie Miniatürk mit vielen Wahrzeichen der Türkei im Miniaturformat präsentiert sich das nördliche Goldene Horn.

Im ehemaligen jüdischen Dorf Hasköy ist die Hasköy-Synagoge nur eine von vielen

Rahmi-M. Koç-Museum

- ✉ Hasköy Caddesi 5, Hasköy
- ☎ 0212/369 66 00
- Mo geschl.
- $ €€–€€€
- Hasköy Parkı
- Hasköy

www.rmk-museum.org.tr

Hasköy

Westlich von Beyoğlu gibt sich Hasköy am Ostufer des Goldenen Horns mit dem hübschen Hasköy-Park in der Mitte überwiegend als Wohngebiet. Hunderte Jahre war Hasköy ein kleines jüdisches Dorf am Stadtrand Konstantinopels. Bis heute gibt es hier viele Synagogen. Im Norden liegt der größte jüdische Friedhof der Stadt. Auf einem Hügel nördlich davon befindet sich das kunstvolle Mausoleum von Abraham Kamondo, der die Kamondo-Treppe (siehe S. 105) in Karaköy schuf. Hasköy kann zudem mit einem griechischen, einem muslimischen, einem türkisch-karaäischen und armenischen Friedhof aufwarten. Von besonderem Interesse ist das **Rahmi-M. Koç-Museum** (Rahmi M. Koç Müzesi). Es befand sich ursprünglich in der ehemaligen Lengerhane,

INSIDERTIPP

Bei Sonnenuntergang ist der Blick von der Dachterrasse des Mikla, einem der Nobelrestaurants der Stadt, über Sultanahmet und das Goldene Horn herrlich – allerdings auch nicht gerade billig.

JONI RENDON
National Geographic-Mitarbeiterin

einer Gießerei, die für das osmanische Militär Anker herstellte. Die Sammlung von Schiffsmodellen und Zügen, Autos, Traktoren und Spielsachen trug der reiche Industrielle Rahmi M. Koç (siehe Kasten S. 114) zusammen. Als sie aus allen Nähten platzte, wurden die alten Werften von Hasköy auf der anderen Straßenseite angekauft, renoviert und 2001 als Museum eröffnet. Seit der letzten Erweiterung 2007 sind westlich der Werften nun auch der Bahnhof (Hasköy-Sütlüce) und die Rangiergleise miteinbezogen. Die Exponate spüren der Industrialisierung und der Entwicklung des modernen Istanbul nach. Gezeigt werden türkische Autos, ein Eisenbahnwaggon der osmanischen Sultane, ein Amphibienfahrzeug, Relikte der ersten Fähren über den Bosporus, eine Tram, die noch von Pferden gezogen wurde, sowie eine Ausstellung von Elektrogeräten. Zu den Highlights des Museums gehören das türkische U-Boot *TCG Uluçalireis* am Ufer des Goldenen Horns *(kein Zutritt für Kinder unter acht; geringfügiger Zusatzeintritt, €)* und ein Douglas-DC-3-Dakota-Flieger, der im Freien steht und über

Mikla Restaurant
✉ Marmara Pera Hotel, Meşrutiyet Caddesi 15, Beyoğlu
☎ 0212/293 56 56
🕒 So geschl.

www.miklarestaurant.com

ERLEBNIS: Gebrauchsanleitung für den *dolmuş*

Ein guter Kompromiss zwischen Bus und Taxi, mit dem man in Istanbul überall hinkommt, ist der *dolmuş*. Einen festen Fahrplan gibt es nicht – die Bustaxis fahren ab, sobald sie voll sind (*dolmuş* bedeutet „voll"). Strecken und Fahrpreise regelt die Regierung. *Dolmuşe* sind in der Regel Minibusse, viele davon ehemalige Schulbusse, die aus Deutschland importiert wurden. Die Endstation ist jeweils festgelegt. So fahren beispielsweise *dolmuşe*, die am Rahmi-M. Koç-Museum halten, von Şişhane ab. Die Haltestelle kennzeichnet ein großes „D". An der Windschutzscheibe eines jeden *dolmuş* befindet sich ein Schild, auf dem die Endhaltestelle angegeben ist, bei obigem Beispiel Alibeyköy. Im Allgemeinen signalisiert man einfach durch ein Handzeichen, dass man irgendwo ein- oder aussteigen möchte („*inecek var!*" rufen). Beim Einsteigen nennt einem der Fahrer den Preis. In Istanbul sind nie über 3,5 TL zu bezahlen. Der Preis bleibt auch immer gleich, egal wo man aussteigt. Auf manchen Strecken und zu bestimmten Tageszeiten werden die *dolmuşe* oft sehr voll, und es heißt zusammenrücken. Da sie so häufig verkehren, sind sie als Transportmittel aber dennoch erheblich angenehmer als Busse.

Santralistanbul

✉ Eski Silahtarağa Elektrik Santralı, Kazım Karabekir Caddesi 2, Silahtarağa

☎ 0212/311 78 09

www.santralistanbul.org

eine steile Treppe erreichbar ist. Die Exponate sind auf Türkisch und Englisch erklärt, außerdem finden regelmäßig Vorführungen statt, die vermitteln, wie die Maschinen funktionieren.

Silahtarağa

Am nördlichen Ende des Goldenen Horns befindet sich im Viertel Silahtarağa die **Bilgi-Universität** (Istanbul Bilgi Üniversitesi; *www.bilgi.edu.tr*).

Die Familie Koç

Neben den Sabancıs zählen die Koçs zu den reichsten und einflussreichsten Familien der Türkei. Der in Ankara geborene Patriarch Vehbi Koç (1901–98) fing zwar bescheiden als Mitarbeiter im Kramerladen seines Vaters an, doch bereits in den 1940er Jahren beeindruckte er mit seiner illustren Karriere. Von der Herstellung von Glühbirnen bis zur Produktion der ersten türkischen Autos, Kühlschränke und Waschmaschinen entwickelte sich die Koç Holding zu einem international bedeutenden Industrieunternehmen. Unter Vehbis Sohn Rahmi expandierte die Holding weiter. Heute steht der Enkel des Firmengründers, Mustafa, an der Spitze der Industriedynastie.

Die Familie Koç tut sich auch als Kunstmäzene hervor: Vehbis Frau Sadberk eröffnete 1980 das Sadberk-Hanım-Museum (siehe S. 134–135); das Rahmi-M. Koç-Museum (siehe S. 112–113) folgte 1994. Die Vehbi-Koç-Stiftung finanzierte die erste Oberschule Istanbuls, zudem eine Universität außerhalb der Stadt in Rumeli Feneri und spendete dem New Yorker Metropolitan Museum mehrere Millionen Dollar für die Einrichtung zweier neuer Galerien für osmanische Kunst. 2009 wurde die Stiftung mit der Carnegie-Medaille für Philanthropie ausgezeichnet.

INSIDERTIPP

Wer gern authentisch miterleben möchte, wie Türken die Geselligkeit pflegen, sollte ein *meyhane* besuchen, eine Art *Tapasbar,* von denen es am Taksim-Platz und an der Nevizade Caddesi Unmengen gibt (siehe *www.meyhane.com*).

CLIVE CARPENTER
National Geographic-Mitarbeiter

Im Herzen des Campus liegt **Santralistanbul**, ein Museum für Kunst und Technik im ehemaligen Silahtarağa-Kraftwerk. Das Kraftwerk wurde 1911 am Zusammenfluss von Kağıthane und Alibeyköy errichtet und deckte von 1914 bis 1952 den gesamten Strombedarf der Stadt, vor seiner Schließung 1983 zumindest noch einen Teil. Inzwischen wurden zwei Maschinenräume umgestaltet. Dort ist nun das **Museum der Energie** (Enerji Müzesi) beheimatet.

Der Museumsflügel gegenüber zeigt eine hervorragende Auswahl an Wechselausstellungen, darunter Werke zeitgenössischer türkischer Künstler, internationale Projekte, naturwissenschaftliche und historische Ausstellungen sowie Arbeiten von Studenten. Das Zentrum organisiert auch Konzerte, Vorführungen,

In Miniatürk sind Modelle der berühmtesten Gebäude der Türkei zu bestaunen

Kinderprogramme sowie Wochenendkurse. Vom Taksim-Platz (Taksim Meydandı) fährt ein kostenloser Shuttle zur Bilgi-Universität.

Miniatürk

Miniatürk würdigt die beliebtesten Monumente der Türkei – religiöse Stätten, geologisch Interessantes und Architektur – in Form von Miniaturnachbildungen. Der Park öffnete 2003 seine Tore und beherbergt an die hundert Modelle, darunter maßstabsgetreue Miniausgaben der antiken Bibliothek von Ephesus, vom Topkapı-Palast, von Atatürks Mausoleum in Ankara und von Istanbuls modernem Flughafen – allesamt auf gepflegtem Rasen zwischen künstlichen Felsen präsentiert. Auch Kinder kommen auf ihre Kosten – vor allem bei einer Fahrt mit dem Minizug. Im Park befinden sich auch das **Siegesmuseum** (Zafer Müzesi), das die Gallipoli-Schlachten von 1915/1916 erklärt, und das **Kristallmuseum** (Kristal Istanbul Müzesi). Dort wurden 16 Sehenswürdigkeiten der Stadt aus Kristall nachgebildet. Für Spaß sorgen ein Spielplatz, ein riesiges Schachspiel und die Go-Kart-Bahn. Miniatürk lässt sich mit dem Bus 54HT vom Taksim-Platz, dem Bus 47 ab Eminönü oder in 15 Minuten zu Fuß von Santralistanbul erreichen. ■

Miniatürk
- ✉ İmrahor Caddesi, Borsa Durağı Mevkii, Sütlüce
- ☎ 0212/222 28 82
- $ €€€
- 🚌 Sütlüce

www.miniaturk.com.tr

Siegesmuseum
- ✉ Miniatürk
- ☎ 0212/222 28 82 16
- $ €€€

Kristallmuseum von Istanbul
- ✉ Miniatürk
- ☎ 0212/222 28 82
- $ €€€

Taksim-Platz & Nişantaşı

Der wichtigste Verkehrsknotenpunkt von Beyoğlu, der Taksim-Platz (Taksim Meydanı) quillt über vor Bussen, die am Bosporus-Ufer entlangfahren, und vor *dolmuşen,* die in der Stadt verkehren. Vor allem während des Stoßverkehrs am Morgen und am Spätnachmittag nutzen Tausende Pendler die unterirdische Tünel-Standseilbahn. Sie führt vom Taksim-Platz zum Kabataş, dem Hafen, der das europäische Istanbul mit der asiatischen Seite der Stadt und den Prinzeninseln verbindet.

Moderne U-Bahnhaltestelle am Taksim-Platz

Republik-Museum
✉ Taksim-Platz

Taksim-Platz

Der Taksim-Platz (Taksim Meydanı) verdankt seinen Namen dem achteckigen Wasserverteiler an der Westseite, dem Taksim Maksemi (*taksim* bedeutet „Verteilung"). Im unter Sultan Mahmut I. 1732 errichteten Reservoir wurde das Wasser gesammelt, das vom Belgrader Wald (siehe S. 132–133) im Süden hergeleitet wurde, um das für seine Trockenheit berüchtigte Viertel Beyoğlu zu versorgen. Heute gehört der Taksim Maksemi zum **Republik-Museum** (Cumhuriyet Müzesi). Zu sehen sind Wechselausstellungen zur Stadtgeschichte, z. B. zu Tulpenmotiven aus der Zeit der Osmanen oder zu den Fußballvereinen Istanbuls im Lauf des 20. Jahrhunderts. Nur ein Stück südlich vom Taksim Maksemi verläuft die **İstiklal Caddesi** – die einstige Grande Rue de Pera – nach

Westen zum Tünel-Platz. Die Sıraselviler Caddesi zweigt gen Süden ins Trendviertel **Cihangir** (siehe S. 122–123) ab. An der Nordseite des Platzes führt die belebte **Cumhuriyet Caddesi** zu den Vierteln **Nişantaşı** (siehe S. 119) und **Şişli**, während sich über die İnönü Caddesi an der Ostecke des Platzes durch Gümüşsuyu und die winzige Chinatown das **Beşiktaş' İnönü-Fußballstadion** (siehe Kasten S. 125)

INSIDERTIPP

Wer am 10. November um 9.05 Uhr in Istanbul weilt, sollte sich nicht wundern, wenn plötzlich alles eine Minute lang zum Stillstand kommt, während Sirenen und Nebelhörner ertönen. So ehren die Einheimischen den hochgeschätzten Mustafa Kemal Atatürk alljährlich an seinem Todestag.

SALLY MCFALL
NATIONAL GEOGRAPHIC-Mitarbeiterin

erreichen lässt. Zwischen diesen beiden Straßen erstreckt sich der **Taksim-Park** (Taksim Gezi Parkı) gen Norden. Früher befand sich hier die Osmanische Artilleriekaserne, später – in den 1920er und 1930er Jahren – das Taksim-Stadion. Die Zukunft des Parks ist ungewiss. Seit einiger Zeit ist er Schauplatz von Demonstrationen gegen die Regierung, die mit brutaler Härte niedergeschlagen wurden. Touristen ist er daher nicht zu empfehlen. Das unlängst restaurierte **Atatürk-Kulturzentrum** (Atatürk Kültür Merkezi oder AKM) steht im Südosten des Parks. Hier finden Konzerte, Ballett, Theater und Opern sowie internationale Festivals statt.

Der italienische Bildhauer Pietro Canonica entwarf das **Monument der Republik** (Cumhuriyet Anıtı) in der westlichen Platzmitte. Es wurde 1928 errichtet und 2010 komplett restauriert. Die Skulptur zeigt Atatürk mit Soldaten sowie die ersten bedeutenden Politiker der Republik. An wichtigen Gedenktagen wie dem 10. November, dem Todestag Atatürks, versammeln sich die Menschen am Fuß dieses Denkmals.

An der Südwestecke des Taksim-Platzes steht das **Französische Konsulat**. Es wurde 1719 erbaut und beherbergt auch ein Café und ein Buchgeschäft. Wer vom Taksim-Platz über die İstiklal Caddesi gen Westen spaziert und links abbiegt, sieht schon die gewaltige Kuppel der **Heiligen Orthodoxen Dreifaltigkeitskirche** (Aya Triada Rum Ortodoks Kilisesi) links aufragen. Die griechisch-orthodoxe Kirche wurde 1882 errichtet.

Monument der Republik

✉ Taksim Maksemi, Taksim Meydanı
🚌 Taksim

Französisches Konsulat

✉ İstiklal Caddesi 4
☎ 0212/334 87 30
🚌 Taksim

Atatürk-Kulturzentrum

✉ İnönü Mahallesi, Kultür Sokak, Taksim
☎ 0212/251 56 00
🕒 So geschl.

Heilige Orthodoxe Dreifaltigkeitskirche

✉ Meşelik Sokak 11/1
☎ 0212/244 13 58
🕒 Nur nach Vereinbarung
🚌 Taksim

Orhan Pamuk

Der 1952 geborene Schriftsteller Orhan Pamuk wuchs in Nişantaşı auf. Er besuchte das amerikanische Robert College in Istanbul und versuchte sich als Architekt und Journalist, bevor er sich als Schriftsteller einen Namen machte. Sein erstes Buch „Cevdet Bey ve Oğulları" („Herr Cevdet und seine Söhne", 1982) wurde veröffentlicht, als Pamuk 30 Jahre alt war. Wie viele seiner Werke spielt es in und um Nişantaşı. Doch erst „Beyaz Kale" („Die weiße Burg") sollte Pamuk zu internationalem Ruhm verhelfen. Spätere Titel wie der Roman „Benim Adım Kırmızı" („Rot ist mein Name", 2003) und „Istanbul: Erinnerungen an eine Stadt" (2005) festigten Pamuks Ruf als bedeutendster Schriftsteller der Türkei. Pamuk bemühte sich stets, politische Streitfragen zu meiden, wies jedoch 2005 in einem Interview mit der Schweizer Zeitschrift *Das Magazin* darauf hin, dass in der Türkei eine Million Armenier (1915) und 30 000 Kurden (in den vorangegangenen Jahren) getötet worden seien. Da Themen wie der Genozid an den Armeniern (siehe S. 32) und kurdischen Separatisten (siehe S. 16) in der Türkei brisant sind, reagierte die Regierung prompt mit der Verabschiedung eines neuen Gesetzes: Die öffentliche Verunglimpfung der Türkei durch einen Türken wurde zum kriminellen Tatbestand erklärt, Pamuk rückwirkend angeklagt, der Fall allerdings nach einigen Monaten beigelegt. Heute ist Pamuk für seine komplexe Beziehung zu seinem Heimatland ebenso bekannt wie für seine erfolgreichen Romane. Seine einfühlsame Auseinandersetzung mit Ost und West, Individuum und Gemeinschaft brachten ihm 2006 den Nobelpreis für Literatur ein.

Militärmuseum

- Vali Konagi Caddesi, Harbiye, Şişli
- 0212/233 27 20
- Mo/Di geschl.
- €
- Osmanbey

Militärmuseum

In Anbetracht der Rolle, die das Militär in der osmanischen und neueren Geschichte der Türkei spielt, verwundert es nicht, dass Istanbuls **Militärmuseum** (Askeri Müze), nur einen Kilometer nördlich vom Taksim-Platz, vor alten Degen bis hin zu Kanonen nur so strotzt. Das wichtigste Exponat ist jedoch das Gebäude selbst. Die einstige Harbiye-Militärakademie war die Antwort des Osmanischen Reichs auf die US-amerikanische Military Academy in West Point. Atatürk studierte von 1899 bis 1905 an der Harbiye. In den Sälen sind vielerlei Waffen zu bestaunen – von mittelalterlichen Morgensternen und Schwertern bis hin zu Steinschlossgewehren und kunstvollen Rüstungen. Ein Raum widmet sich dem türkischen UN-Friedenseinsatz in Bosnien, Somalia und im Kosovo. Ein traditionelles Mehter-Musikkorps – Soldaten in historischen Kostümen mit Instrumenten wie Kesselpauken – tritt mittwochs bis sonntags um 15 Uhr vor dem Museum auf. Eine winzige Seilbahn (€) verkehrt am Nordende des Maçka Demokrasi Parkı, wodurch sich der Fußmarsch vom Taksim-Platz nach Nişantaşı verkürzt. Die Fahrt dauert nur ein paar Minuten, doch der Blick über den Bosporus und das İnönü-Stadion ist sagenhaft.

Nişantaşı

In Nişantaşı schlägt das Herz des europäischen Istanbul. Es gehört zur weitläufigen Vorstadt Şişli. In dieser Gegend wohnen bevorzugt reiche Istanbullus und Auswärtige, die sich hier niedergelassen haben. Nişantaşı gilt auch als Istanbuls beste Shoppingadresse mit hochkarätigen Labels in der Abdi İpekçi Caddesi wie Cartier, Louis Vuitton und Prada.

Hier gibt es zwar nur wenige Sehenswürdigkeiten, doch das **Atatürk-Museum** (Atatürk Müzesi) ist einen Besuch wert. Mustafa Kemal Atatürk, seine Mutter und seine Schwester mieteten das dreistöckige rosafarbene Gebäude vom Dezember 1918 bis Mai 1919. 1928 erwarb die Stadt Istanbul das Haus, in dem im Juni 1942 das Museum seine Tore öffnete.

Das Museum präsentiert eine Fülle von Fotos, Kleidung und persönlichen Gegenständen, aber auch Porträts und sogar eine Haarlocke des ersten Präsidenten der Türkei. Die Exponate sind jedoch meist nur auf Türkisch erklärt. Im Erdgeschoss ist eine interessante Briefmarkenausstellung mit Exemplaren aus den ersten Tagen der Republik bis heute - samt englischen Erläuterungen - zu sehen. Die Briefmarken vermitteln moderne türkische Geschichte und erinnern an Ereignisse wie die Einführung des lateinischen Alphabets (1928) oder das Namensgesetz (1934), das jeden verpflichtete, einen Familiennamen anzunehmen. ■

Atatürk-Museum

- ✉ Meşrutiyet Mahallesi, Halaskargazi Caddesi 250, Şişli
- ☎ 0212/240 63 19
- 🕒 So–Mo geschl.
- 🚌 Osmanbey

In Nişantaşı, dem Luxuseinkaufsparadies, sind die edelsten Schuhe erhältlich

Tophane, Çukurcuma & Cihangir

Die drei Stadtviertel gehören alle zum Distrikt Beyoğlu, der sich zwischen der İstiklal Caddesi nach Nordwesten und am Bosporus entlang gen Südosten erstreckt. In dieser Mischung aus Alt und Neu sind Restaurants, traumhafte Geschäfte und herausragende Sehenswürdigkeiten wie das Istanbuler Museum für Moderne Kunst zu Hause.

In einer *nargile*-Bar im Stadtviertel Tophane

Siegesmoschee
- Kılıçali Paşa Mh., Tophane
- Fr vormittags geschl.
- Tophane

Kılıç Ali Paşa-Moschee
- An der Necatibey Caddesi, Tophane
- Fr vormittags geschl.
- Tophane

Tophane

Die auffälligste Sehenswürdigkeit von Tophane ist neben den vielen *nargile*-Cafés (siehe Kasten gegenüber) die **Siegesmoschee** (Nusretiye Camii, 1826) aus dem 19. Jahrhundert, ein Entwurf des armenischen Architekten Krikor Balyan. Sie entstand im Gedenken an die Niederschlagung der Janitscharen-Truppen durch Sultan Mahmud II. Die Moschee flankieren der minzfarbene **Königliche Pavillon Tophane** (Tophane Kasrı, 1852) und der **Tophane-Uhrturm** (Tophane Saat Kulesi, 1848). Unmittelbar südlich beeindruckt an der Meclis-i Mebusan Caddesim die **Kılıç-Ali-Paşa-Moschee** (Kılıç Ali Paşa Camii, 1580) des Baumeisters Sinan. Sie ist nach einem italienischen Sklaven benannt, der zum

Islam übertrat und zum osmanischen Admiral avancierte. Die Moschee, ihr Friedhof und das achteckige Grabmal von Kılıç Ali Paşa umgibt eine Steinmauer. Davor steht der **Tophane-Brunnen** (Tophane Çeşmesi, 1732), der drittgrößte Brunnen Istanbuls, errichtet von Sultan Mahmut I.

Istanbul Modern: Die 2004 eröffnete Galerie für zeitgenössische Kunst befindet sich in einem ehemaligen Lagerhaus am Wasser unweit der Nusretiye-Moschee. Hinter dem Eingang ist in einer Dauerausstellung türkische Kunst vom frühen 20. Jahrhundert bis heute zu bewundern. Unter den Exponaten finden sich Werke der „Generation 1914" – Künstler, denen die türkische Regierung das Studium in Paris finanzierte – bis hin zu Serkan Özkayas Skulptur „Bäckerlehrling" (2006) mit Eiern, die von der Decke baumeln. Die Ausstellung wird regelmäßig umgestaltet.

Istanbul Modern

- ✉ Meclis-i Mebusan Caddesi, Liman İşletmeleri Sahası Antrepo 4, KarakÖy
- ☎ 0212/334 73 00 (*Café: 0212/292 26 12*)
- 🕒 Mo geschl.
- $ €€, Do für türkische Staatsbürger frei
- 🚋 Tophane

www.istanbulmodern.org

ERLEBNIS: Eine *nargile* rauchen

Die Wasserpfeife oder *nargile* hat in der Türkei seit dem frühen 17. Jahrhundert Tradition, als sie unter der Herrschaft von Sultan Murat IV. (1612–40) immer beliebter wurde.

Wasserpfeifen kamen aus dem Iran ins Osmanische Reich. Sie vollzogen einen schnellen Wandel von einer kulturellen Modeerscheinung zur kunstvollen Obsession: Es wurden nur besondere Tabaksorten und Kohle verwendet. Spezialisierte Kunsthandwerker fertigten die verschiedenen Teile der *nargile*. Das obere Stück der Wasserpfeife kam meist aus den Ateliers in Tophane. Wie *tavla*, das türkische Backgammon, so galten auch Wasserpfeifen Ende des 20. Jahrhunderts als antiquiert. In den letzten zehn Jahren erlebte die *nargile* jedoch einen enormen Aufschwung. Somit verwundert es nicht, dass sich in Tophane nun zahllose *nargile*-Lokale finden – mit Sitzsäcken und riesigen bunten Kissen auf der Terrasse. Junge Leute kämpfen um die Sitzplätze, rauchen, trinken zig Tassen Tee und nutzen das kostenlose WLAN. Beliebte *nargile*-Bars sind: **Erzurum Çay Evi** *(Sali Pazari Sira Mağazalari, Nusretiye Camii Arkasi 75, Tophane, Tel. 0212/252 2469)* und **Nargilem Kahvesi** *(Sali Pazari Sira Magazalar 101, Tophane, Karaköy)*. Wer gern einmal eine Wasserpfeife ausprobieren möchte, setzt sich in seinem Lieblingslokal einfach dazu. Der Kellner bringt die Karte und man hat die Qual der Wahl unter einfachem Tabak sowie Früchte- und Kräutertabaksorten, die mit Apfel, Kirsche oder Minze aromatisiert sind. Dann wird die gewünschte *nargile* (€€€) gebracht, dazu mehrere Packungen mit sterilisierten Mundstücken für die Pfeife. Man inhaliert sachte oder raucht die *nargile* wie eine Pfeife. Während die Kohle auf den mit einer Folie bedeckten Tabak gehäuft wird, bringt man das Mundstück an seiner Pfeife an. Danach wird kräftig gepafft, damit die Pfeife in Gang kommt. Ein Kellner prüft ständig, ob bei allen Gästen die Kohle auch richtig glüht. Nun bestellt man sich noch ein Glas Tee, bittet um ein *tavla*-Brett - und genießt! In den meisten *nargile*-Bars wird kein Alkohol ausgeschenkt.

In dieser Etage befindet sich auch das Istanbul Modern Café. Im Untergeschoss sind ein Filmkunstkino, eine Bibliothek und zwei weitere Ausstellungsflächen zu finden, außerdem eine permanente Installation mit aufgehängten

Eingelegtes Gemüse

Türkischem *turşu* (eingelegtes Gemüse oder Obst) wird seit Langem eine positive Wirkung auf die Verdauung zugeschrieben, und dementsprechend ist er überall erhältlich. Eingelegte Gurken und Steckrüben werden in *balık ekmek* (Fischsandwich; siehe Kasten S. 104) verarbeitet, während scharfe Mini-Peperoni zu *fasuli* (Bohnen) vom Schwarzen Meer munden. Schalen mit eingelegten grünen Pflaumen werden zu den Cocktails im 360 Restaurant *(İstiklal Caddesi, K8 11, Beyoğlu, Tel. 0212/251 10 42, www.360istanbul.com)* gereicht, und *şalgam suyu* (vergorener schwarzer Steckrübensaft) soll angeblich nach übermäßigem *rakı*-Konsum helfen.

Der mit Salz, Essig oder Zitronensaft und oft auch Knoblauch verarbeitete *turşu* wurde ursprünglich im Frühling und Herbst zubereitet. Das Einlegen von frischem Obst und Gemüse war früher eine Möglichkeit, auch in den Wintermonaten in den Genuss der reichen Ernte zu kommen. Heute steht *turşu* das ganze Jahr über hoch im Kurs.

Haben Sie Lust bekommen, eingelegte Peperoni mit nach Hause zu nehmen? Jedes Viertel hat seinen eigenen *turşucu.* Zu den beiden besten in Istanbul zählen Petek Turşuları *(Duduodaları Sokak 1D, Balıkpazarı, Tel. 0212/249 13 24, Sept.–Apr., So geschl.)* gleich hinter dem Fischmarkt in Galatasaray und Asri Turşucu *(Cihangir Cd 29, Tel. 0212/244 47 24)* in Cihangir, der schon seit 1913 im Geschäft ist. Haben Sie keine falsche Scham und bitten Sie vor dem Kauf einfach um ein paar Kostproben!

INSIDERTIPP

In den Gassen von Çukurcuma kommen Antiquitätenjäger und Modefreaks auf ihre Kosten. Es macht Spaß, im Viertel Beyoğlu mit seinen verfallenen italienischen Palazzi zu stöbern.

ANASTASIA ASHMAN
NATIONAL GEOGRAPHIC-Mitarbeiterin

Büchern, Richard Wentworths „Falsche Decke" (2005). In Wechselausstellungen werden Fotografien, Videos und zeitgenössische Kunst gezeigt.

Çukurcuma

Das Künstlerviertel nordwestlich von Tophane und westlich von Cihangir ist ein Eldorado für Antiquitätenliebhaber. In dem pulsierenden Stadtteil gibt es Nobelläden und Kunstgalerien, und aus den Geschäften quellen handgeschnitzte Möbel, Keramik, Lüster und alte Kleidung bis auf den Gehsteig. Wer gern herumstöbert, findet hier Unmengen Nippes und Schnäppchen. Nicht versäumen sollte man die **Französische Straße** (Fransız Sokağı, früher Algerische Straße), gesäumt von Bars, Restaurants und Designerläden. Wie Çukurcuma im Westen, so wird auch das Viertel Cihangir saniert. Ausländer haben die Stadt-

Stöbern in einem Antiquitätenladen im Istanbuler Stadtviertel Çukurcuma

häuser aus Holz gekauft und renoviert. Neben der **Firuzağa-Moschee** (Firüzağa Camii) befinden sich eine Filiale des Kaufhauses Carrefour und eine Weinhandlung. Ein Erlebnis ist auch die Erkundung der verwinkelten Gassen rund um die Sıraselviler Caddesi.

Orhan-Kemal-Museum: Das dem in Adama geborenen Romancier Mehmet Raşit Öğütçü (er veröffentlichte unter dem Namen „Orhan Kemal") gewidmete **Orhan-Kemal-**Museum (Orhan Kemal Müzesi) in der Hauptstraße von Cihangir, der Akarsu Caddesi, bietet eine Abwechslung inmitten der vielen Geschäfte und Lokale.

Der Arbeiter Kemal (1914–70) wurde 1943 fünf Jahre lang wegen kommunistischer Tendenzen inhaftiert. Im Gefängnis lernte er sein Idol, den Dichter Nazım Hikmet, kennen. Die beiden teilten eine Zelle, und Hikmet unterstützte Kemals literarische Ambitionen. Nach seiner Freilassung zog er nach Istanbul, wo er sich der Schriftstellerei widmete. Viele seiner Romane, darunter *Avare Yillar (Jahre des Müßiggangs)* handeln von einfachen Menschen in der Mitte des 20. Jahrhunderts. Das Museum befindet sich in Kemals einstigem Haus. Es ist voll mit Fotos, Büchern und persönlichen Gegenständen. Das rückwärtige Zimmer wurde wieder so hergerichtet, wie es zu Lebzeiten Kemals war – mit seinem Bett, Bücherregalen, Notizen und seiner Schreibmaschine. Wer dem Museum einen Besuch abstatten möchte, geht in das Buchgeschäft links vom Museumseingang; das Personal sperrt dann auf. ■

Firuzağa-Moschee

✉ Firuzağa Mah. Agahaman Caddesi 1, Cihangir
☎ 0212/293 83 75
🕒 Fr vormittags geschl.
🚌 Taksim

Orhan Kemal-Museum

✉ Akarsu Caddesi 30, Cihangir
☎ 0212/292 92 45
🕒 So geschl.
🚌 Taksim

www.orhankemal.org/v05/index_menu_en.htm

Beşiktaş & Ortaköy

Beşiktaş ist ein weitläufiges, lebhaftes Viertel am Bosporus. Es erstreckt sich von Kabataş im Süden, wo die Tram endet, bis zum reizenden Dorf Ortaköy im Norden, mit einem für die vielen Pendler günstig im Zentrum gelegenen Fährhafen. Die Wohnblocks finden sich hinter der Dolmabahçe Caddesi, dazu Unmengen von Geschäften, lebhaften Restaurants, Blumenverkäufern und ein gut besuchter Fischmarkt.

Fans mit dem Schal des Fußballclubs Beşiktaş

Museum der Malerei und Bildhauerei
- ✉ Hayrettin Paşa, Iskelesi Sokak, Beşiktaş
- ☎ 0212/261 42 98
- 🕘 So/Mo geschl.
- 🚌 Beşiktaş

Beşiktaş

Istanbuls **Museum der Malerei und Bildhauerei** (Resim ve Heykel Müzesi) befindet sich im Ostteil des Dolmabahçe-Palasts und hat einen eigenen Eingang, der in zehn Minuten zu Fuß erreicht ist. Atatürk ließ die ehemaligen, für den Kronprinzen des Sultans gedachten Gemächer (Veliaht Dairesi) in ein Museum umwandeln, das 1937 eröffnete. Anfangs wurden nur Gemälde und Skulpturen aus dem Dolmabahçe-Palast gezeigt; heute besitzt das Museum über 7000 türkische Kunstwerke aus dem 19. und 20. Jahrhundert, zudem viele Gemälde von Berühmtheiten wie Matisse oder Bonnard. Gemälde vom alten Istanbul und Modelle türkischer Schlachtschiffe verleihen dem **Marinemuseum** (Deniz Müzesi), ein Stück Richtung Osten die Dolmabahçe Caddesi hinunter, klassisches Flair. Die Sammlung verteilt sich auf zwei Gebäude: Im Domizil am Wasser sind hochseetaugliche Schiffe zu sehen, im anderen thematisch verwandte Exponate wie Logbücher oder Teleskope. Im Atatürk-Saal sind Briefe des damaligen Seemanns an seinen Marine-Kommandeur ausgestellt. Außerdem hat man hier Atatürks Schlafzimmer auf seiner Luxusyacht *Savarona* (siehe S. 106) nachgestellt.

INSIDERTIPP

Wer sich in der Nähe des Çırağan-Palasts in Beşiktaş aufhält, sollte im stillen Malta Köşkü (siehe S. 126), dem königlichen Pavillon aus dem 19. Jahrhundert im Wald, zu Mittag essen.

ANASTASIA ASHMAN
NATIONAL GEOGRAPHIC-Mitarbeiterin

Östlich des Marinemuseums erstreckt sich der **Barbaros-Park,** eine Freifläche vor dem Fähranleger (Beşiktaş Iskelesi) mit hübschen Kacheln. Der Platz ist nach dem osmanischen Admiral Barbaros Hayrettin Paşa (1478–1546) benannt. Hier befindet sich sein achteckiges Kuppelgrab, das 1542 vollendet wurde, ein Entwurf von Mimar Sinan (siehe S. 90–91). Nicht weit entfernt steht eine großartige Skulptur von Admiral Barbaros (1946), die anlässlich seines 400. Todestages aufgestellt wurde.

Beşiktaş-Fußballclub

Der 1903 gegründete und von Atatürk unterstützte Beşiktaş Jimnastik Kulübü (Beşiktaş-Fußballclub) kann mit der wohl beliebtesten Fußballmannschaft der Stadt aufwarten und hat als erstes türkisches Team an der UEFA Champions League teilgenommen. 2009 gewann der Club das letzte Mal die türkische Süper Lig. Sein Inönü-Stadion befindet sich direkt gegenüber dem Dolmabahçe-Palast. Es macht Spaß, sich hier ein Spiel anzusehen oder auch einfach im Museum des Clubs vorbeizuschauen, in dem Fotos, Erinnerungsstücke sowie unzählige Pokale und Trophäen präsentiert werden.

Nicht einmal einen Kilometer weiter in Richtung Nordosten die Çırağa Caddesi hinauf liegt der elegante **Çırağan-Palast** (Çırağan Sarayı, 1874), entworfen von Nigoğos Balyan. Sultan Abdülaziz verstarb hier nicht einmal zwei Jahre, nachdem er seinen Traumpalast bezogen hatte. Sein Erbe, der psychisch instabile Murat V., herrschte gerade einmal drei Monate von hier aus über das Reich, um von seinem Bruder Abdülhamit II. ersetzt zu werden. Der Çırağan-Palast diente später als türkisches Parlament, bis ein Brand 1910 einen Großteil der Räumlichkeiten vernichtete. Im 20. Jahrhundert stand der Palast meist leer, bis er restauriert und zum **Çırağan Palace Kempinski Hotel** (siehe Reiseinformationen S. 245) umgestaltet wurde. Das Hotel besitzt einen im herrlichen Garten gelegenen Pool, der gegen eine stolze Gebühr (€€) Nicht-Gästen

Marinemuseum

- ✉ Barbaros Hayrettin Paşa, Beşiktaş Caddesi, Beşiktaş
- ☎ 0212/327 43 45
- 🕒 Mo geschl.
- $ €€
- 🚌 ⛴ Beşiktaş

Schulkinder gehen am Sultanstor des Dolmabahçe-Palasts vorbei

Küçük Mecidiye-Moschee

- Yahya Efendi Sokak
- Fr vormittags geschl.

Malta-Kiosk

- Yıldız Parkı
- 0212/258 9453
- Beşiktaş

Chalet-Kiosk

- Palanga Caddesi, Yıldız Parkı
- 0212/259 45 70
- Mo & Do geschl.
- €
- Beşiktaş

offensteht. Es lohnt ein kleiner Umweg von 500 Metern auf der Çırağa Caddesi, dann geht es links zur **Küçük Mecidiye-Moschee** (Küçük Mecidiye Camii, 1848). Wieder am Çırağan-Palast liegt gegenüber der Eingang zum **Yıldız-Park.** Den 500 000 Quadratmeter großen Park sprenkeln hübsche Holzpavillons. Zu den schönsten zählen der **Malta-Kiosk** (Malta Köşkü) und der **Chalet-Kiosk** (Şale Köşkü) im Stil eines Schweizer Chalets – die ehemalige Residenz Sultans Abdülhamit II. *(nur im Rahmen einer Führung zu besichtigen).* Das **Yıldız-Palastmuseum** (Yıldız Sarayi Müzesi) war einst eine Schreinerei, die Sultan Abdülhamit II. gehörte. Heute ist hier seine Einrichtung zu sehen.

Dolmabahçe-Palast: Skulpierter elfenbeinfarbener Marmor zieht sich an den Gestaden des Bosporus entlang, dahinter liegen idyllische Spazierwege und Fassaden wie aus dem Märchen. Die wohl beeindruckendste Sehenswürdigkeit Istanbuls, der **Dolmabahçe-Palast** (Dolmabahçe Sarayı, 1843–56), tut sich mit 300 Gemächern hervor, dazu sechs Hamams und 68 Bäder. Dolmabahçe bedeutet wörtlich „gefüllter

INSIDERTIPP

Wer die herrlichen Räumlichkeiten des Dolmabahçe-Palasts und vor allem den Harem besichtigen möchte, sollte früh kommen, denn es wird pro Tag nur eine begrenzte Besucherzahl eingelassen.

SALLY MCFALL
National Geographic-Mitarbeiterin

Garten". Das Areal entstand, als die beiden Sultane Ahmet I. und Osman II. alle vorbeifahrenden Schiffe beorderten, am Ufer Steine abzuwerfen, um so die Küste um 365 Meter zu erweitern. Verschiedene Paläste wurden an dieser Stelle errichtet. Die kunstvolle Palastanlage, wie sie sich heute präsentiert, entwarfen Nigoğos Balyan und sein Vater Karabet für Sultan Abdülmecit I. Um sich vom „altmodischen" Topkapı-Palast abzugrenzen, verlegte Abdülmecit die Zentrale des Reichs in den eher europäisch anmutenden Palast. Der Dolmabahçe-Palast hat drei Teile. Den Zentralbereich bildet der prächtige Muayede-Saal. 56 Säulen tragen die 36 Meter hohe Decke. Königin Viktoria von England stiftete den 4,5 Tonnen schweren Kristalllüster über dem 124 Quadratmeter großen Hereke-Seidenteppich. Hier wurden Politiker aus dem Ausland empfangen und Zeremonien abgehalten.

Links und rechts des Muayede-Saals liegen die Männergemächer (Selamlık) und der Harem (Frauengemächer) mit jeweils einem Privatgarten. Zu den Männergemächern gehört eine prunkvolle Doppeltreppe mit Kristallgeländern, die Frauengemächer umfassen die Räumlichkeiten der Sultansmutter sowie die Zimmer, in denen Atatürk

Yıldız-Palastmuseum
- ✉ Yıldız Caddesi, Yildiz Parki
- ☎ 0212/258 30 80
- 🕒 Di geschl.
- $ €

Dolmabahçe-Palast
- ✉ Dolmabahçe Caddesi
- ☎ 0212/236 90 00
- 🕒 Mo & Do geschl.
- $ nur Selamlık & Muayede €€€, nur Harem €€€, alle Bereiche €€€€, Kamera €€
- Kabataş

www.dolmabahce.gov.tr

Ende einer Ära: Die letzten Tage Atatürks

Seit 1924 befindet sich der Dolmabahçe-Palast in Besitz der Türkischen Republik. Der erste Präsident der Türkei, Mustafa Kemal Atatürk, nutzte den Palast, um Würdenträger und Politiker zu empfangen, die zu Besuch in Istanbul weilten. Aufgrund gesundheitlicher Probleme wohnte Atatürk gegen Ende seines Lebens ganzzeitig hier, bis er am 10. November 1938 verstarb. Heute können Besucher das Schlafzimmer des einstigen Politikers besichtigen. Wie es sich für den Gründer der Republik ziemt, bedeckt sein Bett ein leuchtend roter Überwurf, auf den die türkische Fahne gestickt ist. Wer nachvollziehen möchte, was Atatürk im Lauf seiner Karriere geleistet hat, sieht sich an der langen Mauer gegenüber dem Palast in der Dolmabahçe Caddesi die vor dem Wetter geschützten Schwarzweißfotos an. Es lässt sich schwer vorstellen, welch enormen Stellenwert Atatürk im Herzen und im Denken der Türken noch heute einnimmt. Jeder muss sich selbst ein Bild davon machen.

Große Imperiale Moschee (Ortaköy-Moschee)

İskele Meydanı, Ortaköy

Fr vormittags geschl.

seine letzten Jahre verbrachte (siehe Kasten S. 127). Besucher können die Gärten erkunden. Innen lässt sich der Palast jedoch nur im Rahmen einer der häufigen englischen und deutschen Führungen (im Eintritt inbegriffen) besichtigen. Für die gesamte Anlage sind zwei bis drei Stunden einzuplanen. Auf der anderen Straßenseite wurden an der Süleyman Seba Caddesi die ehemaligen Stallungen und Bedienstetenquartiere renoviert. Sie beherbergen heute noble Boutiquen.

Eine Bauchtänzerin zeigt in einem Club in Ortaköy ihr Können

Ortaköy

Versteckt im Schatten der Bosporus-Brücke hat Ortaköy einen Wandel vom verlassenen Fischerdorf zur schicken Vorstadt am Meer mit Cafés, Bars und Restaurants vollzogen. Der Vorort lockte schon immer Ausländer an, was an der Mischung aus Moscheen, Kirchen und Synagogen deutlich erkennbar ist. Wer die beiden Letzteren besichtigen möchte, bummelt einfach über die Muallim Naci Caddesi, die Hauptstraße, die Ortaköy in zwei Hälften teilt. In den letzten Jahren haben sich in den Gassen immer mehr Boutiquen, Restaurants und Kunstgalerien angesiedelt – und das Nachtleben brummt.

Die schmalen Gassen von Ortaköy erstrecken sich rund um den **İskele-Platz** (İskele Meydanı) am Wasser. Fähren tuckern vorbei und nehmen Fahrgäste mit, die zu anderen Bosporushäfen oder nach Eminönü im Süden wollen. Die zentrale Moschee dieser Vorstadt, die **Große Imperiale Moschee** (Büyük Mecidiye Camii) oder Ortaköy-Moschee ragt an der westlichen Ecke der Bosporus-Brücke auf. Ihre neobarocke Architektur

ERLEBNIS: Das Nachtleben von Ortaköy

Nördlich von Ortaköy schlägt am Ufer des Bosporus im Sommer das Herz des Istanbuler Nachtlebens. Clubs säumen beide Seiten der Uferstraße, und kaum ist es Freitag- oder Samstagabend, quälen sich schon Stoßstange an Stoßstange Bentleys und Alfa Romeos durch den Verkehr. Übrigens: Valet-Parken ist hier die Regel. Die Eintrittsgebühren *(mindestens €€€€)* und Drinks sind nicht billig, aber die Musik ist meist hip, und einen Blick auf die High Society von Istanbul werfen zu können ist die Ausgabe wert.

Prominente gehen gern ins **Reina** *(Tel. 0212/259 59 19, www.reina.com.tr)*, einen weitläufigen Komplex mit sechs Restaurants und einem riesigen Club. Gleich in der Nähe übertrifft das **Sortie** (siehe Reiseinformationen S. 263) mit seinen neun Restaurants und einer Tanzfläche diese Konkurrenz. Das schicke **Crystal** *(Muallim Neci Caddesi 65, Tel. 0212/229 71 52)* ist für seine internationalen DJs, Electro-Techno und Feten bis spät in die Nacht bekannt. Nicht weit weg werden im **Anjelique** (siehe Reiseinformationen S. 263) Sushi und herrliche Ausblicke auf den Bosporus geboten.

Einen Besuch lohnt auch das stilvolle **Suada** *(Galatasaray Adasi, Kuruçeşme, Tel. 0212/263 73 00, http://suadaclub.com.tr)*: Die künstliche Insel südlich von Arnavutköy im Bosporus beherbergt drei Restaurants, eine Bar und einen Pool mit Olympiadimensionen. Von Kuruçeşme *(Kuruçeşme Suada İskelesi)* aus verkehren häufig Fähren. Achtung, Dresscode! Keine Jeans und keine Turnschuhe. Auch größere Männergruppen sind in den Clubs nicht gern gesehen.

INSIDERTIPP

Wer einen der Szenenachtclubs in Ortaköy besuchen möchte, sollte sich auf eine sehr hohe Eintrittsgebühr einstellen und sich schick kleiden; in den meisten gilt ein Dresscode.

TIM HARRIS
NATIONAL GEOGRAPHIC-Autor

bildet einen interessanten Kontrast zu dem schlanken modernen Gebäude dahinter. Baumeister Nigoğos Balyan entwarf die 1856 vollendete Moschee. Innen sind Kalligrafien von Sultan Abdülmecit I. ausgestellt. Links der Moschee befinden sich die Hafenanlagen, wo Rundfahrten zur Bosporus-Brücke *(€)* angeboten werden. Gleich hinter dem İskele-Platz sind an Ständen *kumpir*, Ofenkartoffeln mit einer großen Auswahl an Beilagen, und Waffeln erhältlich.

Sonntags strömen die Massen zum Iskele-Platz von Ortaköy, denn dann findet hier der beliebte **Kunsthandwerksmarkt** statt. An jeder Ecke stehen Stände mit selbst gemachter Kleidung und Schmuck, aber auch importiertem Nippes. Hier kann man günstige Schnäppchen erhaschen oder einfach einen entspannten Nachmittag an den Essensständen verbringen. ■

Nördlich der Bosporus-Brücke

Die Bosporus-Brücke (Boğaziçi Köprüsü) war bei ihrer Eröffnung 1973 die viertlängste Hängebrücke der Welt und verband erstmals Europa und Asien. Sie ist das Wahrzeichen der Bezirke im Norden, zu denen auch die hübschen Ferienorte am Meer Arnavutköy, Bebek, Emirgan, Yeniköy, Büyükdere, Sarıyer, Kilyos und Rumeli Kavağı mit ihren unzähligen Cafés und Fischrestaurants gehören.

Spaziergang zwischen Tulpen im Emirgan Korusu von Istanbul

Brücken über den Bosporus

Von Ortaköy spannt sich nach Beylerbeyi auf der asiatischen Seite die 1973 in Betrieb genommene Boğaziçi Köprüsü. Sie war die erste Straßenverbindung zwischen Europa und Asien. Die zweite Brücke, die **Fatih-Sultan-Mehmet-Brücke** (Fatih Sultan Mehmet Köprüsü), wurde 1988 vollendet. Sie führt von der Rumeli-Festung nach Kavacık über den Bosporus. Für die dritte Bosporusbrücke (Yavuz Sultan Selim Köprüsü) wurde im Mai 2013 der Grundstein gelegt. Innerhalb von zwei Jahren entsteht ganz im Norden des Bosporus an der Mündung ins Schwarze Meer eine kombinierte Eisenbahn- und Autobahnbrücke, die Teil des Northern Marmara Motorway ist.

Von Arnavutköy nach Tarabya

Nördlich der Bosporus-Brücke präsentiert sich **Arnavutköy**

INSIDERTIPP

Einer der schönsten Spaziergänge am Meer im europäischen Istanbul mit herrlichem Blick auf die asiatische Seite führt von Arnavutköy zur Rumeli-Festung. Er führt vorbei an Fischern, die ihre Angeln auswerfen, und an etlichen hervorragenden Cafés.

SALLY MCFALL
National Geographic-Mitarbeiterin

als die hübscheste Ortschaft am europäischen Ufer. Am Wasser ziehen sich wunderschöne osmanische Herrschaftshäuser (*yalıs*) entlang. Im „Albanerdorf", wie Arnavutköy aufgrund seiner ursprünglich osmanisch-albanischen Einwohner heißt, waren immer viele Ausländer zu Hause. Heute bezaubert die Stadt mit ihren beschaulichen Straßen und hervorragenden Fischrestaurants.

Das schicke **Bebek**, nur ein Stück nördlich von Arnavutköy, erstreckt sich um einen Park in der Mitte und eine kurze Promenade am Wasser. Am südlichen Ortsende beherbergt der **Khedivenpalast** (**Hidiv Kasrı**) das Ägyptische Konsulat. Früher befand sich hier die Residenz der Mutter des ägyptischen Khediven Abbas II. Hilmi. Die 1452 erbaute **Rumeli-Festung** (Rumeli Hisarı) thront nördlich von Bebek an der schmalsten Stelle des Bosporus und bewacht die Meerenge wie auch die Fatih-Sultan-Mehmet-Brücke. Die Festung wurde unter Mehmet dem Eroberer für die Einnahme Konstantinopels errichtet und sollte zusammen mit der Anatolischen Festung (Anadolu Hisarı; siehe S. 150) gegenüber die Stadt von Hilfe von außen abschneiden. Die Festungsmauern sind mit fünf Toren und diversen Türmen bestückt. Im Amphitheater in der Mitte finden im Juni und Juli Konzerte statt.

Wer 2,5 Kilometer von der Rumeli-Festung gen Norden fährt, kommt ins hübsche **Emirgan** mit erstklassigen

(Fortsetzung S. 134)

Unterwegs vor Ort

Mit Ausnahme von Rumeli Kavağı lassen sich alle Vororte nördlich der Bosporus-Brücke mit dem Bus 25E (Kabataş-Sarıyer) erreichen. Der Bus 40B (Beşiktaş-Sarıyer) fährt von Beşiktaş landeinwärts, um bei İstinye wieder die Küste zu erreichen. Er hält in Yeniköy, Tarabya und Büyükdere, bevor er an der Endstation Sarıyer ankommt. *Dolmuşe* verkehren von Sarıyer nach Rumeli Kavağı, und Fähren befahren ganzjährig die Strecke Rumeli Kavağı – Anadolu Kavağı auf der asiatischen Seite.

Rumeli-Festung
✉ Yahya Kemal Caddesi 42, Bebek
☎ 0212/263 53 05
🕒 Mi geschl.
$ €
🚌 ⛴ Rumeli Hisarı

Tagesausflug in den Belgrader Wald

Es ist kaum zu glauben, dass es diesen 5000 Hektar großen Wald, der sich in einem weiten Schwung um die Stadtgrenzen schmiegt, wirklich gibt. Wie der Central Park in New York oder der Regent's Park in London hat es der Belgrader Wald (Belgrade Ormani) von Istanbul geschafft, sich Generationen von Baulöwen zu widersetzen.

Römisches Aquädukt im Belgrader Wald

Heute ein beliebtes Erholungsgebiet abseits der Hektik der Großstadt, waren die Wasserspeicher im Belgrader Wald (auf Türkisch *bents*) schon zu Römerzeiten die wichtigsten Wasserlieferanten Istanbuls. Im 6. Jahrhundert ließ Kaiser Justinian Wasser aus den vielen Quellen und Bächen im Wald über Aquädukte in die unterirdischen Zisternen (siehe S. 76–77) der florierenden Hauptstadt leiten. Im darauffolgenden Jahrtausend sah das Byzantinische Reich eine Periode strukturellen Verfalls. Die Wasserversorgung wurde während der Belagerung durch die Awaren im 7. Jahrhundert gekappt und sollte 100 Jahre brachliegen. Erst Sultan Mehmet II. und Süleyman der Prächtige sollten im 15. und 16. Jahrhundert die Lebensader wiederbeleben.

Wasser für Istanbul

Süleyman wandte sich an Hofbaumeister Sinan (siehe S. 90–91), der die riesigen Steinaquädukte, Dämme und Kanäle, von denen heute noch viele zu sehen sind, sanierte. Bei der Eroberung Belgrads hatte Süleyman zahlreiche Kriegsgefangene genommen, die die Arbeit verrichten mussten – daher auch der Name des Waldes. Wurden die Wälder früher noch als Jagdgebiet genutzt, ist die Jagd heute strengstens verboten, und hier lebt immer noch viel Wild.

Im Jahr 1732 wurde das Wasser aus dem Wald zu einem Verteiler am Taksim-Platz geleitet und im Taksim Maksemi (siehe S. 116) gesammelt, um in der ganzen Stadt verteilt zu werden.

Grüne Oase

Heute dient der Wald den Bewohnern Istanbuls als grüne Oase. Eichen, Orientalische Birken, Anatolische Kastanien, Hainbuchen, Kiefern und Fichten bilden den Baumstand. Unter der Woche ist hier nichts los, am Wochenende geht es jedoch vor allem im Sommer hoch her. 1956 ließ die Regierung hier die ersten Picknickplätze anlegen, heute sind es bereits sieben. So kommen die Besucher mit prall gefüllten Picknickkörben, um hier, untermalt von plätscherndem Wasser, raschelnden Blättern und singenden Vögeln, wahre Familiengelage abzuhalten. In den Picknickarealen gibt es auch Grillplätze. Wer sie benutzt, sollte aufgrund der Brandgefahr jedoch Vorsicht walten lassen.

Durch seine Nähe zu modernen Wohnsiedlungen kommen auch immer mehr Angehörige der Mittelschicht zum Wandern oder Joggen hierher. Ein vielbenutzter 6,5 Kilometer langer Jogging- und Mountainbikeweg verläuft rund um Büyük Bent, wo sich auch ein Café befindet, in dem Getränke und Snacks erhältlich sind.

INSIDERTIPP

Wer den Belgrader Wald im Sommer besucht, sollte in Bereichen mit großen Laubbäumen auf Nachtigallen achten – sie singen tagsüber und nachts. Im Wald gibt es aber auch viele Spechte und Fliegenschnäpper.

TIM HARRIS
NATIONAL GEOGRAPHIC-Autor

Wer sich gern selbst ein Bild vom Belgrader Wald machen möchte, steigt am Taksim-Platz (Fahrzeit 1 Std.) oder an der U-Bahnhaltestelle 4.Levent (Fahrzeit 30 Min.) in einen Bus nach Bahçeköy. Vom Busbahnhof Bahçeköy sind es 90 Meter zur Hauptstraße. Dann hält man sich rechts und legt noch 180 Meter zum Parkeingang zurück. Auch ein Taxi von der U-Bahnhaltestelle 4.Levent ist günstig. Für den Zugang zum Park wird eine Eintrittsgebühr (€) erhoben, der Parkplatz (€€) ist extra zu bezahlen.

Lady Mary Wortley Montagu

Vor einigen Hundert Jahren suchten die auswärtigen Einwohner Istanbuls nach einer Möglichkeit, der übermäßigen Hitze im Sommer zu entfliehen. Viele Botschaftsmitarbeiter suchten im Belgrader Wald Zuflucht vor dem unerträglich schwülen Wetter, aber keiner davon ist so berühmt wie die englische Literatin Lady Mary Wortley Montagu (1689–1762), deren Ehemann 1716/17 englischer Botschafter an der Hohen Pforte, dem osmanischen Hof, war.

Die Briefe von Lady Mary, zusammengestellt in ihrem Buch „Briefe aus dem Orient“, beschreiben Szenen am Palast und die Picknicks der Adeligen im Park. Lady Mary machte sich ihre Erfahrungen aus England zunutze, um die Elite über die verschiedenen Rollen der Frau aufzuklären. Während eine Frau aus der Aristokratie noch Macht besaß, wurden Frauen, die auf der gesellschaftlichen Stufe weiter unten standen, wie Bedienstete oder gar Sklavinnen behandelt.

Besonders erhellend – vor allem für die prüden Leser in Großbritannien – waren die anschaulichen Beschreibungen aus dem Frauenhamam. Jedenfalls gilt Lady Mary bis heute als äußerst einflussreiche Schriftstellerin.

Sakıp-Sabancı-Museum
- Sakıp Sabancı Caddesi 42, Emirgan
- 0212/277 22 00
- Mo geschl.
- €€€
- Emirgan

muze.sabanciuniv.edu

Sadberk-Hanım-Museum
- Büyükdere Piyasa Caddesi 27–29, Sarıyer
- 0212/242 38 13
- Mi geschl.
- €€
- Sarıyer

www.sadberkhanimuzesi.org.tr

Restaurants und einem herrlichen Park, dem **Emirgan Korusu**. Während des Tulpenfestivals im April bietet er einen schönen Anblick. Emirgan hat sich mit seinem ungewöhnlichen **Sakıp-Sabancı-Museum** (Sakıp Sabancı Müzesi) einen Namen gemacht. Das auch als Atlı Köşk bekannte Museum im Sommerdomizil der Familie Sabancı wartet mit einer Dauerausstellung von Kalligrafien und osmanischer Kunst auf. Das Museum bietet zudem ein Fusionsrestaurant, das Müzedechanga (siehe Reiseinformationen S. 248).

Rund 1,5 Kilometer nördlich liegt das reiche **Yeniköy** direkt am Wasser. Bis nach Tarabya wurden viele Botschaften in Konsulate oder Sommerdomizile umfunktioniert, so die von Deutschland, Österreich, Brasilien, Irak und Kambodscha. **Tarabya** ist weniger nobel und liegt an einer Bucht, in der die Fischerboote dümpeln.

Von Büyükdere nach Sarıyer

Rund 5 Kilometer nördlich von Tarabya befindet sich die Ortschaft **Büyükdere** mit einer weitläufigen Promenade am Bosporus. Auf der linken Straßenseite zwischen Büyükdere und Sarıyer beeindruckt das **Sadberk-Hanım-Museum** (Sadberk Hanım Müzesi) im Azeryan Yalısı aus dem späten 19. Jahrhundert. Das traditionelle Holz-*yalı* war einst das Sommerdomizil der Familie Koç (siehe Kasten S. 114). Das erste türkische Museum in Privatbesitz wurde 1980 von Sadberk Koç, der Gattin von Vehbi Koç, zur Ausstellung ihrer Antiquitätensammlung eröffnet. Als 1983 kein Platz mehr

ERLEBNIS: Hinein in die Shoppingmalls

Es ist kaum vorstellbar, dass Istanbul das schönste Einkaufsparadies der Welt – den Großen Basar – noch übertreffen kann. In den letzten Jahren wurden zwei bedeutende Einkaufszentren in Istanbul eröffnet. Das Cevahir Alışveriş Merkezi *(Cevahir Shopping Center, Büyükdere Caddesi 22/A, Şişli, Tel. 0212/368 69 00, www.istanbulcevahir.com)* behauptet von sich, das größte Einkaufszentrum Europas zu sein. Es wurde 2005 eröffnet und beherbergt auf über zehn Etagen an die 350 Geschäfte, zehn Kinos und Massagestühle mit Münzeinwurf. Vom Atrium in der Mitte bietet sich den Käufern ein guter Blick auf Paare, die in dem riesigen Food Court unterwegs sind, um dort einen gefrorenen Joghurt mit Fruchtstückchen zu verspeisen.

Das Kanyon Alişveriş Merkezi *(Kanyon Shopping Center, Büyükdere Caddesi 185, Levent, Tel. 0212/317 53 00, www.kanyon.com.tr/#/en/homepage/)* ist neben einem Bürogebäude und Apartmenthaus gleichen Namens die Verkörperung experimenteller Architektur und Exklusivität. Escada, Max Mara und Harvey Nichols sind mit einer Filiale vertreten. Daneben kann man hier Sushi, Croissants und Gourmet-Burger probieren.

Die innovative, vielseitige Shoppingmall Kanyon in der Büyükdere Caddesi

war, wurde das *yalı* nebenan angekauft und restauriert. Links vom Eingang befindet sich im **Sevgi Gönül-Flügel** eine faszinierende archäologische Sammlung. Muttergottheiten aus dem Neolithikum finden sich hier neben hethitischen Götterdarstellungen. In einen urartäischen Bronzegürtel sind ägyptisch anmutende Figurinen graviert. Einige Funde ragen heraus, so z. B. ein Leuchter (400 v. Chr.), der einen tanzenden Satyr darstellt. Nebenan geht die Ausstellung im **Azeryan-Flügel** mit traditionellen osmanischen Hochzeitskleidern, Stickereien aus dem 16. bis 19. Jahrhundert und verschiedenen Dioramen weiter. Unten locken ein Laden und ein Gartencafé. Nur einen Kilometer weiter nördlich liegt **Sarıyer**. Die Stadt ist vor allem für ihren lebhaften Fischmarkt bekannt. In den Fischrestaurants an der Mole kann man ein gutes Mittagessen genießen. *Dolmuşe* fahren von hier in die beliebten Ferienorte am Meer, **Kilyos** (siehe S. 156) und **Rumeli Kavağı.** Nur drei Kilometer nördlich von Sarıyer fungierte die **alte Festung** von Rumeli Kavağı einst als strategischer Stützpunkt vor dem asiatischen Ort Anadolu Kavağı (siehe S. 150–151). Heute sind hier mehrere Fischrestaurants beheimatet. Vom kleinen Hafen eröffnet sich ein hübscher Blick auf das Schwarze Meer und den Strand. ■

Im asiatischen Teil der Stadt locken osmanische Paläste, die Moscheen Üsküdars und der größte Straßenmarkt von Istanbul

Asiatisches Istanbul

Frauen auf dem Salı Pazarı, dem Dienstagsmarkt

Asiatisches Istanbul

Das asiatische Istanbul, der am wenigsten besuchte Teil der Stadt, liegt nur eine kurze Schifffahrt vom alten Sultanahmet entfernt. Hier können Besucher prächtige osmanische Paläste bewundern, auf riesigen Märkten feilschen, auf der Bağdat Caddesi Schaufenster betrachten, den berühmten Joghurt in Kanlıca kosten und in einem der besten Restaurants der Stadt einkehren.

Der Bosporus mit Sultanahmet auf der linken und Üsküdar auf der rechten Seite

Oft wird behauptet, die asiatischen Viertel Istanbuls seien ärmer und religiös konservativer als die europäischen Teile. Das stimmt aber nicht. Im Laufe der Jahrhunderte hat sich das rechte Ufer des Bosporus dank der Paschas, der osmanischen Beamten und in neuerer Zeit dank der Geschäftsleute aus der Mittelschicht zum reichsten Viertel dieser Stadt entwickelt. Rokoko-Sommerpaläste und hölzerne Villen, die sogenannten *yalıs,* reihen sich an den Ufern der reizvollen Stadtteile Çengelköy und Kanlıca aneinander. Eine Ausnahme in dieser betuchten Gegend ist Üsküdar, ein noch sehr traditionelles Viertel, das man auf den Spaziergängen und Bootstouren von Europa nach Asien kennenlernt. Hier gibt es jede Menge Moscheen; fünf oder sechs davon sind von atemberaubender Schönheit. Der Vorort Kadıköy an der Südspitze des asiatischen Istanbul zählt zu den reizvollsten Zielen der Stadt. Er bietet einen Hauch vom echten Asien. Jeder Winkel erzählt von der türkischen Geschichte, vom riesigen Bahnhof Haydarpaşa – einst Europas Hauptverbindung in den Osten – bis zu den Spuren Florence Nightingales und des Krimkriegs, in Form eines Museums und des Soldatenfriedhofs Haydarpaşa am Ufer des Bosporus. Der von Bäumen bestandene Boulevard Bağdat Caddesi, etwa 1,5 Kilometer südlich, bietet das glanzvolle Bild einer möglichen Zukunft der Türkei: Mit einer bunten Kulisse aus Straßencafés zeigt das Land hier sein modernstes und weltoffenes Gesicht.

NICHT VERSÄUMEN

Eine kulinarische Wallfahrt ins Çiya Sofrasi in Kadıköy 140

Das Krankenhaus von Florence Nightingale in den Selimiye-Kasernen 142

Einen Einkaufsbummel auf der Bağdat Caddesi, Istanbuls elegantester Straße 143

Einen Besuch im Sommerpalast der Sultane, dem Beylerbeyi-Palast 148–149

Eine Kostprobe des weltberühmten Joghurts aus Kanlıca 150

Einen Blick auf das Schwarze Meer von den Höhen der Burgruine Yoros aus 150–151

Es ist recht einfach, auf der Hauptstraße am Ostufer des Bosporus voranzukommen. Nehmen Sie einen Bus, auf dem als Zielorte Beykoz, Paşabahçe oder Çengelköy angegeben sind, wenn Sie nach Norden wollen. In Richtung Süden fahren Busse mit den Zielen Üsküdar, Kadıköy oder Taksim. Wer auf dem Wasserweg über den Bosporus anreist, kann ein Stück der Küste vom Schiff aus betrachten. Am Ende der Bootsfahrt geht man bei der Burganlage von Anadolu Kavağı an Land. Eine kurze Schifffahrt führt auch zu einer seit Langem beliebten Sehenswürdigkeit Istanbuls, dem Leanderturm, einer winzigen Burg mit Leuchtturm auf einer eigenen Insel mitten zwischen Europa und Asien. ■

Kadıköy & Umgebung

Kadıköy, ein Wohn- und Geschäftsviertel am asiatischen Ufer des Bosporus, besitzt einen berühmten Dienstagsmarkt und ist nicht überlaufen. Der wunderschön am Wasser gelegene Vorort Moda im anatolischen Istanbul lockt mit einem romantischen Flair, das Einheimische und Besucher gleichermaßen lieben.

In diesem Laden in Kadıköy kann man Wasserpfeifen ausprobieren, geraucht werden darf aber nicht

Kadıköy
139

Kadıköy

Kadıköy, dessen Ursprünge bis in die Kupferzeit vor 7000 Jahren zurückgehen, ist zwar um Jahrhunderte älter als die Siedlungen im Zentrum Istanbuls, steht aber trotzdem seit geraumer Zeit im Schatten des westlichen Nachbarn. Und doch hat dieser kosmopolitische Bezirk sehr viel zu bieten. Ein Labyrinth preiswerter Läden beginnt an der **Muvakkıthane Caddesi,** mit Bäckereien, Schuhgeschäften, einem Fischmarkt und Gewürzläden. Eleganter ist die **Güneşli Bahçe Sokak,** in der man Honigverkäufer, Secondhandläden, Konditoreien und das bekannte Restaurant **Çiya Sofrasi** *(Guneslibahce Sokak 43, Kadıköy, Tel. 0216/330 31 90, www.ciya.com.tr, €-€€€)* findet. An der **Kazasker**

INSIDERTIPP

Nehmen Sie eine Pendlerfähre nach Kadıköy und genießen Sie die herrlichen Blicke auf das historische Viertel oder schippern Sie über den oberen Bosporus, vorbei an der Burg Mehmets II. aus dem 15. Jahrhundert.

ANASTASIA ASHMAN
National Geographic Traveler-Autorin

Sokak entdecken Antiquitätenliebhaber Schätze aus dem osmanischen Istanbul und europäische Kunstwerke. Einige Straßen weiter östlich, vom Bosporus wegführend, fährt eine alte Straßenbahn die geschäftige **Bahariye Caddesi** entlang. Outlets mit extrem niedrigen Preisen säumen den Boulevard. Das **Opernhaus Süreyya** (Süreyya Operası), von Süreyya İlmen Paşa entworfen und 1927 eröffnet, und die griechisch-orthodoxe Kirche **Ayia Efimia Ortodoks Kilisesi** zeugen von Kadıköys kosmopolitischer Vergangenheit, als Türken, Griechen, Armenier und Juden in diesem bedeutenden Hafen Handel mit der ganzen Welt trieben.

Friedhof Haydarpaşa: Dieser Friedhof ist die bewegendste Sehenswürdigkeit in Kadıköy. Angelegt wurde er für die britischen Soldaten, die im Krimkrieg (1853–56) gefallen

Opernhaus Süreyya
✉ Bahariye Caddesi, Kadıköy
☎ 0216/346 15 31
$ €€–€€€
www.sureyyaoperasi.org

Ayia Efimia Ortodoks Kilisesi
✉ Yasa Caddesi 27, Kadıköy

Friedhof Haydarpaşa
✉ Tibbiye Caddesi, Haydarpaşa

Salı Pazarı

İstanbuls **Salı Pazarı** *(Hasanpaşa, Kadıköy, jeden Di und Fr, Bus 8A ab der Bushaltestelle Kadıköy gegenüber vom Fährhafen Kadıköy oder Taxi)*, der Dienstagsmarkt, ist so groß, dass organisierte Einkaufstouren aus benachbarten Städten dorthin unternommen werden.

Der Basar wuchs Ende 2008 über seinen Standort in der Innenstadt hinaus, und so stehen seine 2000 Stände jetzt 1,5 Kilometer östlich des Fährhafens von Kadıköy, direkt hinter dem Stadion des Fußballvereins Fenerbahçe. Ausländische Besucher kommen erst seit kurzer Zeit. Lkws bringen viele der Waren aus dem Inneren Anatoliens. Touristen schätzen sowohl die Preise als auch das Erlebnis, Einheimische beim leidenschaftlichen Feilschen zu beobachten.

Einige Stände verkaufen nur ein einziges Produkt, etwa Petersilie, Pflaumen oder fremdartige Gemüsesorten. An anderen Ständen können die Käufer leckere Kebabs, *ayran* (ein Joghurtgetränk) oder köstliche Fladenbrote erstehen. Wieder andere Verkäufer sind Privatleute, die überzähligen Hausrat in Flohmarktmanier auf einer Decke am Boden des Basars ausbreiten.

Türkische Händler sind für ihre besondere Geschäftstüchtigkeit bekannt, und so werden auf dem Salı Pazarı neben traditionelleren Produkten auch DVDs, iPhone-Hüllen und Videospiele angeboten. Einige Stände akzeptieren mittlerweile sogar Kreditkarten. Der Markt öffnet in etwas kleinerem Rahmen auch am Freitag.

Bahnhof Haydarpaşa
✉ Haydarpaşa Gar sk, Haydarpaşa
☎ 0216/336 20 63
www.tcdd.gov.tr

waren. Die Grabsteine im entfernteren Teil des Friedhofs sind am ältesten. Die meisten erinnern an die Toten von Balaklawa, einer Einsatzbasis auf der Krim, und von Sewastapol, der russischen Hafenstadt, die von den britischen, französischen und osmanischen Streitkräften belagert wurde. Viele tausend Soldaten starben in den nahe gelegenen Selimiye-Kasernen, die während des Feldzugs als britisches Hauptquartier und Lazarett dienten (siehe unten). Ab 1867 wurden Zivilisten verschiedenster Nationalität hier beigesetzt, die meisten waren Briten, die auf den Prinzeninseln oder am europäischen Ufer wohnten. Neben diesen Gräbern ruhen 414 Soldaten des Commonwealth – meist Kriegsgefangene aus dem Ersten Weltkrieg. Ein steinernes Mahnmal erinnert an die Soldaten der indischen Armee, deren sterbliche Überreste 1961 hier begraben wurden, nachdem ihre ursprüngliche Ruhestätte im europäischen Istanbul aufgelassen wurde. Um zum Friedhof zu kommen, gehen Sie Tibbiye Caddesi entlang und überqueren die Gleise, dann

ERLEBNIS: Zu Gast beim Militär

Das Florence-Nightingale-Museum *(Haydarpaşa Ingiliz Mezarligi, Birinci Ordu Komutanligi, Selimiye-Kasernen, Burhan Felek Caddesi, Tel. 0216/343 73 10, Bus oder Fähre ab Kadıköy)* in Kadıköy befindet sich in der imposanten Selimiye-Kaserne, dem Hauptquartier der Türkischen Ersten Armee. Es gibt nur wenige Orte, an denen einem die blutigen Schrecken eines der ersten modernen Stellungskriege so erschütternd vor Augen treten.

Einen Besuch zu organisieren erfordert allerdings einige Vorbereitungen. Faxen Sie eine Kopie Ihres Passes, ein Anschreiben und eine Telefonnummer, unter der Sie in Istanbul zu erreichen sind, wenigstens zwei Tage vor Ihrem Wunschtermin an das Büro in der Kaserne *(Fax 0216/310 79 29)*.

Besucher müssen die Kontrollen am Haremstor durchlaufen. Bei der Ankunft werden die Taschen durchsucht und die Kameras in einer Aufbewahrungsbox hinterlegt. Aber keine Angst, die vielen Sicherheitskontrollen sollen niemanden abschrecken, zumal die Wehrpflichtigen die Beschäftigung mit den Besuchern als willkommene Abwechslung in ihrem militärischen Alltag betrachten. Die Besucher werden nach den Kontrollen zur sehenswerten Kaserne gefahren.

Das Museum zu Ehren der mutigen britischen Krankenschwester liegt in einem der Türme. Selimiye war während des Krimkriegs (1853–56) britischer Stützpunkt, und zunächst herrschten dort chaotische Verhältnisse. Doch in weniger als einem Jahr sank die Sterblichkeitsrate dank der strikten Hygienemaßnahmen, die Nightingale einführte, von 60 bis 70 auf nur noch sechs Prozent.

Die Ausstellung unten widmet sich der Türkischen Ersten Armee, vor allem ihrer Rolle während der Schlacht von Gallipoli im Jahr 1915. Eine Statue stellt einen heldenhaften Türken dar, der mit einer Hand die 127 Kilogramm schweren Granaten zum Abschuss auf britische Schiffe vorbereitete.

Modas Uferpromenade im Sonnenschein

folgen Sie 200 Meter weiter links der Burhan Felek Caddesi. Der Friedhof (Ingiliz Mezarligi) liegt nach 200 Metern auf der linken Seite, direkt hinter dem Eingang zum Militärkrankenhaus.

Bahnhof Haydarpaşa: Der riesige Kopfbahnhof südlich des Friedhofs direkt am Ufer des Bosporus wurde von deutschen Architekten im klassizistischen Stil erbaut und 1908 eröffnet. Runde Türmchen mit kegelförmigen Dächern, verzierte Gesimse und skulpierte Balkone schmücken das Gebäude.

Moda und Bağdat Caddesi

Das Viertel **Moda** nimmt die Straßen südlich der **Bağdat Caddesi** (Bagdad-Straße) ein. Reiche Paschas und Beamte des Reiches ließen hier Anfang des 20. Jahrhunderts hölzerne Villen erbauen. Verbesserungen im Fährbetrieb und der Bau der Bosporusbrücke von 1973 brachten einige Jahrzehnte später erneut eine Welle reicher Bewohner in diesen Teil der Stadt. Der grüne Bezirk eignet sich gut für einen Spaziergang. Einige Straßen weiter südlich liegen ein Jachthafen und eine Uferpromenade am Bosporus. *Dolmuş*-Taxis verkehren regelmäßig zwischen Kadıköy und der Bağdat Caddesi. Der baumbestandene Boulevard mit den teuren Läden erinnert an die Pariser Champs-Élysées, die New Yorker Fifth Avenue oder die Londoner Bond Street. ■

Bootstour & Spaziergang: Europa & Asien in einem halben Tag

Eine Tour nach Asien gehört zum Pflichtprogramm eines jeden Besuchers. Der Abstecher zum Leanderturm (Kız Kulesi), verbunden mit einem Bummel zu den Moscheen und Märkten Üsküdars, verspricht einen anregenden Tag.

Fähren am Leanderturm

NICHT VERSÄUMEN

Leanderturm • Yeni-Valide-Moschee • Tee an der Promenade von Üsküdar

Von Beyoğlu auf der europäischen Seite des Bosporus legen jeweils zur vollen Stunde *(werktags 12–18.45 Uhr, Wochenende 9–18 Uhr, Tel. 0212/444 44 36)* Schiffe vom **Fähranleger Kabataş** ❶ zum Leanderturm ab. Im Preis *(€€)* inbegriffen ist die Weiterfahrt zum Hafen Salacak in Üsküdar. Der **Leanderturm** ❷ (Kiz Kulesi) beherrscht von seiner kleinen Insel aus die Meerenge des Bosporus. Er diente verschiedenen Zwecken: als Zollhaus, als Quarantänestation, als Leuchtturm und als Heim für Seeleute. Das Café *(12–19 Uhr, Tel. 0216/ 342 47 47)* im obersten Stock des Turmes bietet eine fantastische Aussicht. Fähren nach Üsküdar am asiatischen Ufer legen alle zehn Minuten ab. Wenden Sie sich nach dem Besuch des Turmes nach links und spazieren Sie auf der Promenade an den Fischern vorbei

Die Legende vom Leanderturm

Zwei tragische Geschichten ranken sich um den Turm. Die erste handelt von einem Sultan, der seine Tochter hier unterbrachte. Er wollte damit verhindern, dass sich die Vorhersage erfüllte, wonach sie durch einen Schlangenbiss sterben sollte. Doch das Schicksal ließ sich nicht überlisten, das Mädchen wurde von einer Schlange gebissen, die versteckt in einem Korb mit Obst auf die Insel kam. Die zweite Legende beruht auf der Liebesgeschichte von Hero und Leander. Hero, eine Priesterin, lebte geschützt vor Kontakten mit dem männlichen Geschlecht in einem Turm auf der Insel. Doch sie verliebte sich während eines kurzen Entrinnens aus ihrer Gefangenschaft in Leander. Er ertrank, als er zu ihr schwimmen wollte, und Hero stürzte sich in ihrer Verzweiflung vom Turm.

zur Şemsipaşa Çay Bahçesi (siehe S. 252), einer Teestube am Wasser. Direkt daneben liegt die kleine **Şemsi-Paşa-Moschee** ❸, 1580 von Mimar Sinan (ca. 1490–1588; siehe S. 90) für den Großwesir Şemsi Paşa errichtet. Folgen Sie von der Moschee aus 180 Meter weit der Uferstraße. Die Straße biegt nach rechts in einen großen steinernen Torbogen, den Eingang zum Gebäudekomplex der **Yeni-Valide-Moschee** ❹ *(Güfemhatun Mahallesi, Eminönü Meydan)*. Verlassen Sie die Moschee durch den Ostausgang zur Hakimiyeti Milliye Caddesi und wenden Sie sich nach rechts. Nach etwa 100 Metern liegen rechts die Reste eines Hamam neben einem Brunnen, dessen Entwurf Mimar Sinan zugeschrieben wird. Das Ganze gehört heute zum Einkaufszentrum **Mimar Sinan Çarsısı** ❺. Beachten Sie die winzigen zwiebelförmigen Fenster an der Außenseite und innen die sternförmigen Öffnungen für den Lichteinfall. Gehen Sie weitere 100 Meter in östlicher Richtung die Büyük Hamam Sokak entlang, vorbei am Krankenhausparkplatz auf der linken Seite und bis zum **Antikacılar Çarsısı** ❻. Dieser Antiquitätenmarkt bietet auf zwei Etagen Vasen, Art-déco-Uhren und viele andere Schätze. Wenden Sie sich zurück zur Hakimiyeti Milliye Caddesi, und Sie gelangen nach 100 Metern zur **Mihrimah-Sultan-Moschee** ❼ *(Hakimiyeti Milliye Caddesi, Üsküdar Meydan)*. Besichtigen Sie den Innenraum und nehmen Sie dann am Bootsanleger gegenüber eine Fähre nach Eminönü, Karaköy oder Kabataş.

Üsküdar & das asiatische Ufer des Bosporus

Der nördliche Teil des asiatischen Bosporusufers ist der facettenreichste Bezirk Istanbuls. In Üsküdar trifft man auf schöne Moscheen und eine tausendjährige Vergangenheit. Die 24 Kilometer lange Küste zeugt vom Zusammentreffen von Ost und West. Die Gegend mit ihren schönen Villen und Restaurants am Wasser war mehrere Jahrhunderte lang ein exklusiver Rückzugsort der Wohlhabenden.

Angler in Üsküdar

Üsküdar
139

Besucherinformation
Hakimiyeti Milliye Caddesi, Atlas Çıkmazı 69
0216/531 30 00

Atik-Valide-Moschee
Fahri Atabey Caddesi, Valideakik Mahallesi
Fr vormittags geschl.

Einen ersten Eindruck von Üsküdar gewinnen die meisten Besucher, sobald sie die Fähre verlassen, die entweder von Sultanahmet oder vom europäischen Istanbul kommt: Im Allgemeinen sind die Bewohner des Viertels reservierter, aber sie sind deshalb nicht weniger freundlich. Viele der Bewohner Üsküdars kamen ursprünglich aus Anatolien, während die meisten Türken am europäischen Ufer ihre Wurzeln in den europäischen Besitzungen des Osmanischen Reichs haben.

Moscheen in Üsküdar: Unter den rund 20 Moscheen Üskündars beherrscht vor allem die **Atik-Valide-Moschee** (Atik Valide Camii) die Skyline. Sie wurde 1583 von Mimar Sinan für Nurbana Sultana erbaut, die Frau Selims II. und Mutter – später Mitregentin – Murads III. Nur wenige religiöse

Bauten in der Türkei sind von einem so hübschen Areal umgeben, mit Parkbänken und Brunnen unter Bäumen. Im Inneren ergänzen sechs mit Fresken verzierte Halbkuppeln die Mittelkuppel. İznik-Kacheln mit Inschriften weisen hinter der *minbar* (Kanzel) nach Mekka (im Osten). Die **Mihrimah-Sultan-Moschee** (Mihrimah Sultan Camii) gegenüber dem Fähranleger wurde 1548 ebenfalls von Sinan erbaut.

INSIDERTIPP

Der Joghurt aus Kanlıca, hergestellt aus einer geheim gehaltenen Mischung aus Schafs- und Kuhmilch, ist einfach himmlisch. Genießen Sie an einem Sommerabend auf dem Dorfplatz eine Schale Joghurt, gesüßt mit Puderzucker.

CLIVE CARPENTER
NATIONAL GEOGRAPHIC-Mitarbeiter

Sie wurde von Mihrimah Sultana, der Tochter Süleymans des Prächtigen, in Auftrag gegeben, die einige Jahrzehnte lang beträchtliche Macht am osmanischen Hof innehatte. Im Gegensatz zu den späteren lichtdurchfluteten Bauten Sinans ist die kompakte, reich verzierte Moschee ein wenig düster.

Nicht verfehlen können Sie die auf der anderen Seite der Straße gelegene **Yeni-Valide-Moschee** (Yeni Valide Camii, auch Neue Moschee; erbaut 1710). Ihr hoher Innenraum ist mit Blumenfresken geschmückt. Die hübschen Höfe mit einem pavillonartigen *türbe* (Grab) und etlichen Bäumen und Grabsteinen haben sich in Jahrzehnten nicht verändert. Ganz anders wirkt die **Çinili-Moschee** (Çinili Camii, 1640 erbaut) 500 Meter östlich der Atik Valide. Der Komplex mit seiner kleinen Teestube sieht zunächst schlicht aus, ist innen aber mit prächtigen Kacheln ausgestattet. Der **Çinili-Hamam** fast direkt nebenan besitzt noch seine originalen Marmorfliesen und ist in ein Männer- und ein Frauenbad aufgeteilt. Die Besucher bringen selbst Handtuch, Seife und Badeschuhe mit.

Richtung Norden nach Kanlıca: Nördlich von Üsküdar, hinter dem Dorf Kuzguncuk, ist die erste wichtige Sehenswürdigkeit der **Beylerbeyi-Palast** (Beylerbeyi Sarayı; siehe S. 148) nördlich der Bosporusbrücke. Diese Sommerresidenz der späteren Sultane verfügt über eine eigene Anlegestelle aus Marmor und Stein und gehört zum touristischen Pflichtprogramm. 1,5 Kilometer weiter nördlich ist Çengelköy ein attraktives Ziel. Teestuben und Fischrestaurants

(Fortsetzung auf S. 150)

Mihrimah-Sultan-Moschee
- ✉ Hakimiyeti Milliye Caddesi, Üsküdar
- 🕒 Fr vormittags geschl.

Yeni-Valide-Moschee
- ✉ Balaban Caddesi, Üsküdar
- 🕒 Fr vormittags geschl.

Çinili-Moschee
- ✉ Çinili Camii Sokak
- 🕒 Fr vormittags geschl.

Çinili-Hamam
- ✉ Murat Reis, Mahallesi, Camii, Cavusere Caddesi 204
- ☎ 0216/553 15 93 (Männer), 0216/334 97 10 (Frauen)
- $ €€€-€€€€

www.cinilihamam.com

Beylerbeyi-Palast
- 🗺 139
- ✉ Abdullahağa Caddesi
- ☎ 0216/321 93 20
- 🕒 Mo & Di geschl.
- $ €€

Osmanische Paläste im asiatischen Istanbul

Zwei historische Paläste im asiatischen Teil Istanbuls werden selten von Ausländern besucht, sind aber beide äußerst sehenswert. Schlendern Sie einfach durch die Räume und bewundern Sie die Pracht, die vom einstigen großen Reichtum zeugt.

Das prachtvolle Innere des Beylerbeyi-Palastes

Beylerbeyi-Palast (Beylerbeyi Sarayı)

An dieser Stelle besaßen die Herrscher des Osmanischen Reichs seit Jahrhunderten eine Residenz an der Küste. Mehmet Paşa ließ Ende des 16. Jahrhunderts hier das erste Herrenhaus erbauen. Die von ihm geforderte Anrede Beylerbeyi („Herr der Herren") gab der Siedlung ihren heutigen Namen. Nachdem eine hölzerne Rekonstruktion des originalen Herrenhauses Mehmet Paşas abgebrannt war, gab Sultan Abdülaziz den jetzigen steinernen Palast in Auftrag. Er wurde von den Brüdern Sarkis und Hagop aus der armenischen Familie Balyan zwischen 1861 und 1865 errichtet.

Klassizistischer Stil geht sowohl im Inneren als auch außen in pompöse Arabesken über. Die sechs großen Säle und die 24 riesigen Räume lassen keinen Zweifel daran, dass dieser Bau ein offizieller Palast des Sultans war, wenn auch eine Sommerresidenz. Kronleuchter aus böhmischem Kristall und Sèvres-Porzellan harmonieren mit prächtigen maurischen Bögen und Rauchzimmern. Weitere typisch osmanische Elemente sind ein Harem und ein Raum für die mächtige Valide Sultan, die Mutter des Herrschers.

Von den großartigen Gärten und Pavillons sind drei auch heute noch zugänglich. An der steinernen Rokokomole, an der Gäste mit dem Schiff anlegten, stehen immer noch die getrennten Badekabinen für Männer und Frauen, in denen die Sommergäste sich umzogen.

Der letzte Langzeitgast des Beylerbeyi-Palasts war Sultan Abdulhamit II., der von den Jungtürken abgesetzt wurde und hier von 1912 bis 1918 unter Hausarrest lebte. Er war ein geschickter Schreiner und nutzte die viele freie Zeit, um einige Möbelstücke zu fertigen, die im Inneren des Palastes zu sehen sind. *(Beylerbeyi Sarayı, Abdullahağa Caddesi, Üsküdar, Tel. 0216/321 93 20, Mo & Do geschl., Fotogebühr €€€€)*

INSIDERTIPP

Die terrassierten Gärten des Beylerbeyi-Palastes mit den hübschen verzierten Becken, die von Magnolienbäumen umgeben sind, eignen sich besonders gut zum Entspannen an einem schönen Tag. Die wunderbare Lage am Ufer bietet Gelegenheit, schöne Fotos von der eleganten Brücke über den Bosporus zu schießen.

SALLY MCFALL
NATIONAL GEOGRAPHIC-Mitarbeiterin

Khedivenpalast (Hıdiv Kasrı)

Der hoch aufragende Khedivenpalast oder Hıdiv Kasrı dürfte zur Bauzeit im Jahr 1907 wie ein eigenartiger Fremdkörper auf den grünen Hügeln gewirkt haben. Der Italiener Delfo Seminati entwarf das Landhaus, ein Meisterwerk des Jugendstils. Er brachte damit eine neue moderne Architektur nach Istanbul – mit Oberlichtern aus Buntglas, hohen Marmorsäulen und einem mit Dampfkraft betriebenen Aufzug, der im Inneren des zentralen Turms bis zu einem Balkon und einer Terrasse hochfährt, von der aus man fantastische Ausblicke auf den Bosporus genießt. Der Palast war genau das, was der Auftraggeber Seminatis, Abbas II. Hilmi, der letzte Khedive (Vizekönig von Ägypten), sich gewünscht hatte. Der Khedive war reich, weit gereist und hatte moderne Ansichten. Das Innere seines Palastes quillt über von arabischen und osmanischen Motiven, vom reich verzierten Brunnen, den in der runden Eingangshalle Marmorsäulen umgeben, bis zu den Blumenfresken an der Decke. Das weitläufige Gelände ist von holzgepflasterten Wegen durchzogen und bietet schöne Blicke auf den Bosporus. Es gibt sogar eine Anlage aus marmornen Wasserfällen, die an Versailles erinnern. Eine Besonderheit findet man auf der Herrentoilette im Inneren: eine riesige Porzellantoilette, hergestellt von Jennings of Lambeth in London.

Als der Khedive 1914 starb, lebten die meisten seiner Untertanen in Ägypten de facto bereits unter britischer Herrschaft. Der Palast verfiel, bis Atatürk ihn 1937 für den Staat erwerben ließ. Zunächst diente er als Nobelhotel. Heute lockt er türkische Besucher in seine wunderbar dekorierte Teestube und in das außergewöhnliche Restaurant (siehe Reiseinformationen S. 251).

Um zu Fuß zum Palast zu kommen, überqueren Sie die Straße am Fähranleger von Kanlıca, gehen dann 20 Meter die Kasamahmet Sokağı entlang, biegen bei der Telefonzelle der Türk Telekom in die Hacı Muhittin Sokak ab und spazieren 15 Minuten bergan. *(Hıdiv Kasrı, Çubuklu Yolu 32, Kanlıca, Tel. 0216/ 413 92 53, www.hidivkasri.com)*

Küçüksu-Palast
139
Küçüksu Caddesi
0216/332 33 03
Mo & Di geschl.
€
Anadolu Hisarı

umgeben den baumbestandenen Dorfplatz. Trotz seines Reichtums hat der Ort sich eine dörfliche Atmosphäre bewahrt.

Wenn Sie weitere vier Kilometer der Küste folgen, liegt linker Hand der **Küçüksu-Palast**. Dieses prächtige Herrenhaus am Ufer entstand 1856, ebenfalls als Sommerhaus für die osmanischen Herrscher. Der Entwurf stammte von Nigoğos Balyan, der seinem Vater Karabet Balyan auch bei der Errichtung des **Dolmabahçe-Palasts** (siehe S. 126–127) auf der anderen Seite der Meerenge half. Etwa 500 Meter nördlich erhebt sich eine mittelalterliche anatolische Festung namens **Anadolu Hisarı** (1394/95), erbaut von Sultan Bayezid I. Obwohl Anadolu Hisarı mit öffentlichen Mitteln renoviert wurde, bestehen gegenwärtig keine Pläne, die Anlage für Besucher zu öffnen.

Gurken aus Çengelköy

Ab Anfang April den ganzen Sommer hindurch werden die süßen, knackigen Gurken aus dem Dorf Çengelkö an großen Ständen am Rand der Straße angeboten: Wenn Sie keinen Umweg dafür einplanen können, finden Sie Gurken aus Çengelköy auch in zahlreichen gehobenen Restaurants der Stadt, vor allem am Hauptplatz des asiatischen Teils von Istanbul.

Eine „Schwester" dieser kleinen Festung namens Rumeli Hisarı (siehe S. 131) wurde 1452 von Mehmet II. errichtet. Mittels dieser zusätzlichen Festung konnten Mehmets Streitkräfte den Verkehr auf dem Bosporus kontrollieren. (Man kann sich vorstellen, was die christlichen Bewohner des alten Konstantinopel empfunden haben dürften angesichts zweier riesiger Festungen gewissermaßen vor ihrer Haustür – die Eroberung der Stadt war nur noch eine Frage der Zeit.) Drei Kilometer nördlich von Anadolu Hisarı – jenseits der Fatih-Brücke, der zweiten Brücke über den Bosporus – liegt **Kanlıca,** das für seinen vorzüglichen Joghurt bekannt ist. Von hier gelangt man zum **Khedivenpalast** (Hıdiv Kasrı; siehe S. 149) oben am Berg.

Zur Burgurine Yoros: Schon die acht Kilometer lange Straße am asiatischen Ufer des Bosporus entlang, vorbei an Paşabahçe und Beykoz, ist reizvoll. Das nächste Stück (8 km) zum Dorf **Anadolu Kavağı** ist weniger befahren. Die Straße wendet sich landeinwärts, weil an der Küste ein Militärgelände liegt. Händler am Straßenrand bieten Nüsse, Eier, eingelegte Früchte und Honig an: Man entdeckt hier eine völlig andere Welt als das modische europäische Istanbul.

Zur Burg von Anadolu Kavağı, der **Burgruine Yoros** (Yoros Kalesi), muss man vom gleichnamigen Ort an der Küste 20 Minuten den

Der Ort Kanlıca liegt am Ufer des Bosporus

Hügel hinaufklettern. Von dem strategisch bedeutenden Platz aus ist das Schwarze Meer zu sehen. Kein Wunder, dass hier seit byzantinischer Zeit eine Burg stand, was nicht zuletzt an den kaiserlichen Wappen der Paläologen-Dynastie auf den Befestigungsmauern zu erkennen ist. Ihr Wahlspruch lautete: „König der Könige, der über Herrscher herrscht." In Kriegszeiten spannte man eine Kette von Anadolu Kavağı nach Rumeli Kavağı über den Bosporus, eine Verteidigungsmaßnahme, die auch zwischen dem Leanderturm und dem Topkapı-Palast sowie am Goldenen Horn angewandt wurde. ■

Kanlıca
139

Khedivenpalast
139
Hidiv Youl 32, Çubuklu Mahallesi, Çubuklu
0216/413 92 53
www.hidivkasri.com

Anadolu Kavağı
139

Burgruine Yoros
Anadolu Kavaği Yolu, bei Akbaba

TOMMY

Die Gestade des Schwarzen Meeres, die wunderbaren Prinzeninseln, Bursa und viele andere reizvolle Ziele sind allesamt gut von Istanbul aus zu erreichen

Ausflüge rund um Istanbul

Mit dem Fahrrad über die Prinzeninseln

Ausflüge rund um Istanbul

Die Inseln, Badeorte und Ferienorte am Meer können in puncto Kultur und Geschichte durchaus mit Istanbul mithalten. Alle lassen sich im Rahmen eines Ausflugs besuchen, ein Aufenthalt mit Übernachtung wird ihnen jedoch meist eher gerecht.

Entspannter Nachmittag in einem Café in Bursa

Wer außerhalb Istanbuls unterwegs ist, lernt die beschaulichere Seite der modernen Türkei kennen. Man kann mit dem Boot über den Bosporus schippern oder mit der Pferdekutsche oder dem Fahrrad die Prinzeninseln erkunden, den beiden Hauptverkehrsmitteln auf dem autofreien Archipel. Altmodische Seilbahnen fahren auf den Berg Uludağ, zum bedeutendsten Skigebiet der Türkei. Ankara lässt sich hingegen am besten mit der Bahn erreichen - im Schlafwagen oder mit dem Hochgeschwindigkeitszug, der ab 2015 die Strecke in nur drei Stunden bewältigt.

Als Tagesausflug bietet sich eine Fahrt auf dem Bosporus an. Die mondänen Herrschaftshäuser *(yalıs)* aus Holz lassen den einstigen Reichtum erahnen.

Wer einen Eindruck von der echten Türkei gewinnen möchte, besucht Bursa, eine Stadt, in die es Touristen aus dem Westen selten verschlägt. Als historisch bedeutendes Handelszentrum an der Seidenstraße mit vielen Studenten ist die alte Kapitale des Osmanischen Reichs nach wie vor interessant. Der nur eine Stunde entfernte Kurort Termal zieht Erholungssuchende an, seit Kaiser Konstantin dort im 4. Jahrhundert Badeanlagen errichten ließ. Die heißen Quellen sollen viele Leiden lindern. Ein Besuch des dampfenden Hamams und ein Sprung in den Pool im Freien machen fit für einen Einkaufsbummel auf den Istanbuler Basaren. Ankara kann mit zwei Stätten aufwarten, die für das Verständnis der

NICHT VERSÄUMEN

Einen Sommernachmittag in einem Strandclub am Schwarzen Meer verbringen 156–157

Ein Ausflugsboot nehmen, um Istanbul vom Wasser aus zu betrachten 161

Die Prinzeninseln mit einem von Pferden gezogenen *fayton* erkunden 162

Auf dem Seidenmarkt von Bursa feilschen 167–168

Im Wintersportort Uludağ die Pisten unsicher machen 169

Die heißen Quellen von Termal genießen 169

Im Museum der Anatolischen Zivilisation in Ankara einen Blick in die 10 000-jährige Geschichte werfen 172–173

Landesgeschichte unabdingbar sind – dem Atatürk-Mausoleum, an dem Millionen Türken dem Gründer der modernen Türkei alljährlich ihren Respekt erweisen, und dem Museum für Anatolische Zivilisationen, das der Geschichte der Region anhand von Höhlenmalereien und Keilschriften nachspürt. ■

Strände am Schwarzen Meer

Die Prinzeninseln sind traditionell das Ferienziel betuchter Einwohner Istanbuls, und dementsprechend voll wird es in den beschaulichen Dörfern und Cafés am Meer im Hochsommer und an sonnigen Wochenenden. Ruhiger und preisgünstiger sind die Strände nördlich von Istanbul am Schwarzen Meer. Eine Übernachtung im reizenden Dorf Polonezköy stellt die Krönung eines jeden Ausflugs dar.

Die herrlichen Strände von Şile stehen bei den Großstädtern ganz besonders hoch im Kurs

Kilyos
155 A5

Schöne Strände reihen sich von Kilyos gleich nördlich von Istanbul bis nach Ağva in der Nordostecke der Provinz Istanbul wie eine Perlenschnur am Schwarzen Meer entlang.

Kilyos

Kilyos samt seinem Sandstrand, preiswerten Hotels und unzähligen Cafés und Restaurants ist die beste Wahl unter den Ferienorten am Schwarzen Meer. Das Wasser ist meist sauber, die Wellen sorgen für Badevergnügen – doch man sollte auf die starken Strömungen achten. Den Großteil des Strandes säumen Strandclubs. Als besonders schick gilt der **Solar Beach Club** *(Turban Caddesi 4, Kumköy, Tel. 0212/201 20 86, www.solarbeach.com.tr)*. Dolmuş-Taxis verkehren bis zum frühen Abend von Sarıyer (siehe S. 135) nach Kilyos.

INSIDERTIPP

Wer an einem der Strände am Schwarzen Meer schwimmen möchte, sollte sich unbedingt nah am Ufer halten, denn die Strömung ist stark und extrem tückisch.

SALLY MCFALL
NATIONAL GEOGRAPHIC-Mitarbeiterin

Şile

Der beliebte **Kumbaba-Strand** von Şile erstreckt sich 65 Kilometer nordöstlich von Istanbul auf der asiatischen Seite. An einem sonnigen Sommertag ist man hier sicher nicht allein, in der Nebensaison mutet der Ort jedoch eher wie ein Fischerdorf an. Die Fischlokale - mit malerischem Blick auf den Hafen und die Genueser Burgruine oben auf einer Felseninsel unweit vom Festland - sind etwas Besonderes. Ein Spaziergang entlang der Landspitze ist ebenso empfehlenswert wie die Besichtigung des schwarz-weiß gestreiften **Leuchtturms** *(feneri)* aus dem 19. Jahrhundert, in dem sich neben einem Café ein kleines Museum befindet. Şile ist mit dem Bus von der Haltestelle Doğancılar Caddesi in Üsküdar *(www.iett.gov.tr)* in 90 Minuten erreichbar.

Ağva Plajı

Beschaulicher geht es am **Ağva-Strand** (Ağva Plajı) 40 Kilometer östlich von Şile zu. Hier sind die Sandstrände länger und es gibt preiswerte Quartiere. Auch hier ist die Strömung nicht ungefährlich, denn ein Stück weiter die Küste hinunter fließt das Meer in den Bosporus. Ağva war im 1. Jahrtausend eine einflussreiche Handelsstadt. In den letzten tausend Jahren wechselte der Ort zwischen Seldschuken, Kreuzrittern, Byzantinern und Osmanen hin und her. Ağva liegt eine Stunde hinter Şile und man gelangt mit demselben Bus dorthin. ■

Şile
155 C5

Şile Feneri
Hafen von Şile
So geschl.
€

Polonezköy
155 B5

Ağva
155 C5

Polonezköy

Nur zehn Kilometer östlich der Istanbuler Vorstadt Beykoz auf der asiatischen Seite liegt Polonezköy, ein Dorf, das 1842 von Exilpolen gegründet wurde. Das Ambiente mit katholischer Kirche und Friedhof erinnert an das ländliche Polen. Das reizende Dorf lockte schon Berühmtheiten wie den ehemaligen polnischen Präsidenten Lech Wałęsa an. Heute wird es von reichen Istanbullus besucht, die hier ungestört das im Islam verbotene Schweinefleisch genießen wollen, das hier auf jeder Speisekarte steht. Weitere Attraktionen sind die Liköre, Pasteten sowie das Kirschenfest im Juni. Die reizvolle Anfahrt zum Dorf ist nur mit dem eigenen Pkw möglich.

Der Bosporus - Geschichte einer Meerenge

Der Bosporus erstreckt sich über 32 Kilometer vom Marmarameer zum Schwarzen Meer. Er teilt die Stadt in zwei Hälften, ist jedoch gleichzeitig die symbolträchtige Linie, an der sich Europa und Asien berühren. Boote, Brücken, Pontons und neuerdings ein Tunnel sollen Handel und Mobilität gewährleisten.

Der Bosporus ist der Schlüssel zur Geschichte Istanbuls und der Türkei

Geschichtliches

Kaiser Konstantin war gut beraten, als er die oströmische Hauptstadt nach Istanbul verlegte. Die griechische Stadt hieß damals Byzanz und wurde 330 n. Chr. in Konstantinopel umbenannt. Die auf einer Seite durch die Meerenge des Bosporus mit ihren tückischen Strömungen geschützte Stadt erwies sich tausend Jahre als uneinnehmbar. Zudem konnten die Heere den Bosporus hinunter nach Europa, Afrika und Kleinasien segeln. Das Osmanische Reich wollte die strategisch günstige Meerenge alleine behaupten, und so wurde 1452 an der schmalsten Stelle des Bosporus die **Rumeli Hisarı** (siehe S. 131) errichtet, eine Festung gegenüber der **Anadolu Hisarı** (siehe S. 150) auf der asiatischen Seite. Gemeinsam kontrollierten sie fortan die Durchfahrt. Istanbul fiel ein Jahr später. Der Sultan residierte im **Topkapı-Palast** (siehe S. 58) und konnte die Ankunft von Schiffen, siegreichen Armeen und ausländischen Botschaftern beobachten. Das Ufer wurde stellenweise mit Erdreich aufgeschüttet, um am Bosporus weitere Paläste mit Stegen am Wasser zu errichten.

Der Bosporus im Kriegszustand

Der entschlossene Widerstand der Türken in **Gallipoli** (siehe S. 182–185) ersparte

Istanbul 1915 eine weitere Invasion vom Meer her. Doch erst der Vertrag von Sèvres nach dem Ersten Weltkrieg verwandelte die Meerenge in eine friedliche internationale Wasserstraße. In den 1920er Jahren gönnte sich Atatürk in seinem Domizil im Dolmabahçe-Palast gern eine Abkühlung im Bosporus. Das Meerengenabkommen von Montreux begrenzte 1936 die Durchfahrt für den Militärverkehr, vor allem für sowjetische Flugzeugträger. Nach dem Zweiten Weltkrieg gelangten russische Kriegsschiffe über den Bosporus ins Mittelmeer. Doch die Schiffe durften nur unter stark eingeschränktem Kommando die Meerenge durchqueren. Die Crew wurde unter Deck gesperrt, damit sie keinen Blick auf den zunehmenden Wohlstand der zur NATO gehörigen Stadt werfen konnte. Doch allen Beschränkungen zum Trotz gelang es sowjetischen U-Booten immer wieder, nachts die Meerenge zu passieren.

Handelsausgleich

Der Bosporus ist ein international wichtiger Handelsweg, die Passage ist aber nicht ganz einfach. An manchen Stellen ist er nur 645 Meter breit, zudem weist er mehrere 45-Grad-Kurven mit Gegenströmungen von sieben Knoten auf. Gelegentlich begrenzt dichter Nebel die Sicht auf nicht einmal 100 Meter, und Kapitäne müssen den Radar einsetzen, um nicht mit Schleppern, Fischerbooten und Fähren zu kollidieren.

Der verheerende Zusammenstoß des Öltankers *Independența* mit einem griechischen Frachtschiff 1979, bei dem 43 Menschen ums Leben kamen, zeigt, wie gefährlich die Durchfahrung des Bosporus ist. Handelsschiffe verkehren deshalb immer nur in eine Richtung, wobei alle zwölf Stunden die Richtung gewechselt wird, und Tanker dürfen nur bei Tageslicht fahren. Dennoch passieren immer wieder Unfälle. So stieß im März 2010 die 288 Meter lange *Giant Pescadores* mit einem anderen Schiff zusammen, trieb bei der Rumeli-Festung auf die historische Strandpromenade zu und konnte gerade noch rechtzeitig mit Seilen gesichert und abgeschleppt werden.

Jason & die Argonauten

In der griechischen Mythologie reist der junge Seefahrer Jason durch den Bosporus, um das Goldene Vlies aus Kolchis, dem heutigen Georgien, zurückzuholen. Als tückische Stelle der Meerenge galten damals die Symplegaden: Jedes Schiff, das die Route befuhr, wurde angeblich an diesen Felsen zerschmettert. Doch Jason wusste sich zu helfen: Wenn einer Taube der Flug durch die Meerenge gelingen würde, dann würde sein Schiff *Argo* die Passage ebenfalls bewältigen. Der Taube gelang es, doch es bedurfte der vereinten Kräfte der 50 Argonauten Jasons, um gen Norden zu rudern. Der britische Forscher Tim Severin wählte für sein Buch „Auf den Spuren der Argonauten" (1986) dieselbe Route.

Seit sich der Frachtverkehr nach der jüngsten Finanzkrise wieder erholt, gerät die Meerenge immer stärker unter Druck. Der **Marmaray-Tunnel** (siehe S. 36) und eine geplante dritte Brücke über den Bosporus versprechen zwar eine Entlastung, doch ist der Schiffsverkehr durch die Meerenge derart dicht, dass sich eine geplante Passage nicht selten um einen ganzen Monat verzögert. Der Bosporus ist speziell für die Ölindustrie von größter Bedeutung: Unzählige Tanker aus russischen Häfen wie Novorossyisk befahren ihn auf ihrem Weg nach Europa und in die USA.

Prinzeninseln

Die neun kleinen Inseln am südlichen Ende des Bosporus liegen 15 bis 30 Kilometer vom Zentrum Istanbuls entfernt und bieten sich für einen Ausflug in eine ruhige Welt fern der hektischen Großstadt an. Ihr Name Prens Adaları stammt noch aus byzantinischen Zeiten, als Prinzen und Patriarchen wegen der dauernden Machtkämpfe hierher verbannt wurden.

Auf Büyükada werden Girlanden aus Gänseblümchen gefertigt und verkauft

Kınalıada
155 B4

Von den Inseln sind lediglich Kınalıada (Hennainsel), Burgazada, Heybeliada (Satteltascheninsel) und Büyükada (Große Insel) mit öffentlichen Fähren erreichbar. Auf Sedef Adasi (Perlmuttinsel) gelangt man nur mit einem Privatboot. Die Inseln Yassıada (Flache Insel), Sivriada (Scharfe Insel) und Tavşanada (Kanincheninsel) sind unbewohnt, Kaşık Adası (Löffelinsel) befindet sich in Privatbesitz.

Kınalıada

Die Istanbul am nächsten gelegene Kınalıada (Hennainsel) hat ihren Namen von der rötlichen Erde – ein Ergebnis des einstigen Eisen- und Kupferbergbaus. Auf die Insel wurden mehrere byzantinische Herrscher verbannt, von

Michael I. im 9. Jahrhundert bis zu Romanus IV. Diogenes im 11. Jahrhundert. Die meisten Strände sind öffentlich zugänglich und leicht erreichbar.

Yassıada

Der britische Botschafter Sir Henry Bulwer erwarb die kahle Insel Mitte des 19. Jahrhunderts und schuf sich hier ein autarkes Minireich samt Schloss. Yassıada (Flache Insel) gelangte später in den Besitz der türkischen Marine. Bekannt wurde sie als Gefängnis des ehemaligen Premierministers Adnan Menderes, der 1960 durch einen Militärputsch abgesetzt und im Jahr darauf hingerichtet wurde.

Sivriada

Diverse Adelige und Vertreter religiöser Gruppierungen wurden einst auf diesen kegelförmigen Flecken Erde verbannt. Die bekannteste Geschichte über Sivriada (Scharfe Insel) handelt jedoch von den streunenden Hunden Istanbuls, die 1911 auf der Insel ausgesetzt wurden. Nach einem unmittelbar danach einsetzenden Erdbeben, das als göttliche Missbilligung interpretiert wurde, wurden die Hunde nach Istanbul zurückgebracht.

Burgazada

Obwohl sich nur wenige Touristen auf die verschlafene Insel verirren, gibt es viele einsame Wanderwege und malerische Plätze (siehe S. 164). Die **Aya Yani Rum Ortodoks Kilisesi** (Griechisch-Orthodoxe Kirche Johannes des Täufers; *nur zu den Gottesdiensten geöffnet*) auf der Ostseite der Insel wurde 876 errichtet. Ihr heutiges Äußeres stammt jedoch aus dem 19. Jahrhundert. Die Fundamente ruhen auf einem Verlies, in dem im 9. Jahrhundert der Patriarch von Konstantinopel, Methodius, fast zehn Jahre lang inhaftiert war.

Kaşik Adası

Die lange löffelförmige Kaşık Adası (Löffelinsel) liegt reizvoll zwischen Burgazada und Heybeliada – und befindet sich seit jeher in Privatbesitz.

Heybeliada

Mit ihrer Mischung aus Bergklöstern, Herrenhäusern aus dem 19. Jahrhundert und

Fähren zu den Prinzeninseln

ISTANBUL SEHIR HATLARİ TURIZM *(Tel. 0212/444 18 51, www.sehirhatlari.com.tr)* bietet regelmäßig Fähren von Kabatas über Kadiköy zu den Prinzeninseln an. Eine zweite Linie geht von Bostanci direkt zu den Inseln. Auch IDO *(Tel. 0212/444 44 36, www.ido.com.tr)* hat eine Linie von Kabatas über Bostanci zu den Inseln im Angebot, die aber nur zweimal am Tag fährt. Auch zwischen den Inseln verkehren Schiffe.

Prinzeninseln

155 B4

Besucherinformation

Altinnordu Caddesi 21, Büyükada

0216/382 78 50

www.adalar.bel.tr

ERLEBNIS: Fünf Aktivitäten – ein Muss!

1) Erkunden Sie die große Insel in einer traditionellen Pferdekutsche *(fayton)*, mit der sich schöne Aussichtspunkte erreichen lassen. Es gibt zwei Standardtouren mit Festpreisen: eine kürzere Variante *(küçük, €€€€)* und eine lange *(büyük, €€€€€)*, auf der man meist die ganze Insel umrundet.

2) Mieten Sie ein Fahrrad. Alle Inseln verfügen über Fahrradverleihe *(€/Std., €€€/Tag)*. Wer halbwegs fit ist, kann die Inseln damit erkunden und nach Lust und Laune eine Pause zum Mittagessen, Schwimmen oder Fotografieren einlegen.

3) Unternehmen Sie auf Heybeliada, der zweitgrößten der Prinzeninseln (siehe S. 164–165), eine erholsame Wanderung.

4) Besuchen Sie ein Kloster. Klöster thronen auf dem Archipel stets hoch oben und eignen sich für einen kreislaufanregenden Morgenspaziergang. Sie sind nicht nur historisch interessant, auch der Ausblick über Felsen und die benachbarten Inseln ist herrlich.

5) Besuchen Sie einen Strandclub. Vom Fährhafen ist die Anfahrt mit dem Tragflügelboot kostenlos. Die Strandclubs sind im Sommer *(Tageseintritt €€€–€€€€)* bei Sonnenanbetern jeden Alters beliebt. Alle bieten Polsterliegen, Sonnenschirme, bunte Sitzsäcke sowie Umkleiden, Duschen, Livemusik und eine Bar.

Griechisch-Orthodoxe Theologenschule
✉ Ümit Tepesi
☎ 0216/351 84 17
🕒 Gruppen nur nach Vereinbarung

İnönü-Evi-Museum
✉ Refah Şehitleri Caddesi 73
☎ 0216/351 84 49
🕒 Mo geschl.

Büyükada
155 B4

Besucherinformation
✉ Fährterminal, Iskele-Platz, Büyükada

unberührter Landschaft ist Heybeliada (Satteltascheninsel) die zweitgrößte Insel des Archipels. Das Kloster der Heiligen Dreifaltigkeit (Aya Triada Manastırı) wurde auf dem Nordgipfel der Insel im 9. Jahrhundert unter dem Patriarchen Photius errichtet, dem größtenteils die Spaltung der Christenheit in die römisch-katholische und orthodoxe Kirche zu verdanken ist. An dieser Stelle steht heute die **Griechisch-Orthodoxe Theologenschule**. Neben dem Kloster aus dem 19. Jahrhundert gehören zur Anlage auch eine bedeutende Bibliothek und eine prächtige Kapelle mit einer 720 Jahre alten doppelseitigen Ikone, die die Jungfrau Maria und die Kreuzigung zeigt. Das ehemalige theologische Seminar des Klosters wurde 1971 von der türkischen Regierung geschlossen. Heute finden sich überall in der Stadt Holzhäuser mit Schnitzereien, und hervorragende Fischrestaurants säumen die Uferpromenade. Einen Besuch lohnt das kleine **İnönü-Evi-Museum** (İnönü Evi Müzesi). Im einstigen Heim des zweiten türkischen Präsidenten İsmet İnönü sind private Fotos sowie Möbel, die Atatürk İnönü zum Geschenk machte, ausgestellt.

Büyükada

Die größte Prinzeninsel, Büyükada (Große Insel), ist auch am dichtesten besiedelt und strotzt nur so vor Meisterwerken des Jugendstils, Restaurants, Kneipen und Strandclubs. Auf Büyükada gab es ursprünglich vier Klöster sowie einen Konvent aus

INSIDERTIPP

Es empfiehlt sich, mit einem langsamen Schiff zur idyllischen Insel Büyükada zu schippern. Hier dürfen keine Autos fahren, das einzige Transportmittel ist die Pferdekutsche.

JONI RENDON
NATIONAL GEOGRAPHIC-Mitarbeiterin

dem 6. Jahrhundert, den Kaiser Justinian erbauen ließ. Kaiserin Irene (8. Jh.), Theophano (10. Jh.), Zoe (11. Jh.), Euphrosyne (12./13. Jh.) und Augusta (Anna Dalassene, 13. Jh.) wurden hierher verbannt. Von 1929 bis 1933 lebte Leo Trotzki (1879–1940) im Izzet Paşa Köşkü. Die prächtige Villa John Paşa wurde 1880 vom Begründer des ersten Fährdienstes auf der Insel erbaut. Besucher, die den steilen südlichen Hügel Yüce Tepe (202 m) erklimmen, werden reich belohnt: Nicht nur der Ausblick vom **St.-Georgs-Kloster** (Aya Yorgi Manastırı) ist fantastisch, sondern auch das zugehörige Restaurant im Freien.

Sedef Adasi

Im 9. Jahrhundert verbannte Kaiser Michael III. den Konstantinopler Patriarchen Ignatius für zehn Jahre auf die Insel Sedef Adasi (Perlmuttinsel). Während dieser Zeit errichtete Ignatius ein Kloster, in dem er später seine letzte Ruhestätte fand. Heute sind hier zahlreiche Sommervillen zu bestaunen. Die Insel ist nur mit dem Privatboot zugänglich.

Tavşan Adası

Auf **Tavşan Adası** (Kanincheninsel) gibt es zwar trotz des Namens keine Kaninchen, dafür aber die Ruinen eines Konvents, der ebenfalls vom Patriarchen Ignatius im 9. Jahrhundert gegründet wurde. ■

Traditionelle Kutsche in Burgazada

St. Georgs-Kloster

✉ Sanatoryum Yolu Sokak, Büyükada

🕒 So geschl.

Zu Fuß: Burgazada & Heybeliada

Reizvoll sind die Prinzeninseln nicht zuletzt durch ihre Abgeschiedenheit. Beim Besuch der beiden ruhigeren Inseln Burgaz und Heybeliada können Sie einen hübschen Spaziergang durch Felder mit Glockenblumen unternehmen oder über Felsen zu einer abgeschiedenen Bucht vordringen.

Burgazada

Gehen Sie vom Fährhafen Burgazadas aus zum Hauptplatz der Stadt am Meer. Halten Sie sich links und gehen Sie dann rechts zur **Aya Yani Rum Ortodoks Kilisesi** ❶ (siehe S. 161), der griechisch-orthodoxen Kirche. Nach Überqueren des Platzes führt rechts eine Straße bergauf. Oben biegen Sie rechts ab und gehen zwischen schönen Holzhäusern aus dem 19. Jahrhundert bis zur Straßengabelung. Wählen Sie hier den linken Abzweiger, der aus der Stadt herausführt und zwischen Feldern mit Wildblumen verläuft. Oben an der Straße lädt eine **Bank** ❷ mit herrlichem Ausblick über Kaşık Adası (siehe S. 161) und Heybeliada (siehe S. 161–162) zu einer Rast ein. Von dort geht es fünf Meter zurück zum unbefestigten Weg, der rechts nach oben bis zu einer Kreuzung führt. Hier biegen Sie rechts ab und gehen Sie wieder bergab. Kurz nachdem der Straßenbelag beginnt, folgt eine T-Kreuzung mit einer Bank. Dort biegen Sie rechts und dann gleich wieder links ab und folgen einer sich an der Nordküste dahinschlängelnden Straße. Im Westen sehen Sie **Yassıada** (siehe S. 161) und **Sivriada** (siehe S. 161). Die Straße führt an einem muslimischen **Friedhof** ❸ vorbei, dann an mehreren geschützten Stränden, bis nach einem Kilometer wieder das Stadtzentrum von Burgazada erreicht ist.

Sprung ins erfrischende Meer auf Burgazada

NICHT VERSÄUMEN

Herrliche Ausblicke über die Inseln • Kloster Terki Dünya • Hübsche Holzvillen aus dem 19. Jahrhundert

Heybeliada

Wer auf Heybeliada an Land geht, erblickt gleich die **Marinehochschule** ❶ (Deniz Harp Okulul, die einstige Türkische Marineakademie). Biegen Sie rechts ab und schlendern Sie über die Uferpromenade. An der goldenen **Atatürk-Statue** ❷ biegen Sie links ab und spazieren landeinwärts. Die İşgüzar Sokak mündet in die Refah Şehitleri Caddesi. Die Straße wird von Holzhäusern aus dem 19. Jahrhundert gesäumt,

Burgazada
Siehe Karte S. 155
Fährhafen Burgazada
1¼ Stunden (ohne Pausen)
3 km
Fährhafen Burgazada

Heybeliada
Siehe Karte S. 155
Fährhafen Heybeliada
2 Stunden (ohne Pausen)
5 km
Fährhafen Heybeliada

INSIDERTIPP

Es lohnt sich, auf Heybeliada im Merit Halki Palace Hotel (siehe S. 253) abzusteigen und den herrlichen Sonnenuntergang über den Prinzeninseln vom Zimmer aus zu bewundern.

TIR ERHART
Assistenzprofessorin, Bilgi-Universität Istanbul

darunter das **İnönü-Evi-Museum** 3 (siehe S. 162). Nun gehen Sie 600 Meter weiter gen Westen, vorbei an Teilen der Marineschule. Die Straße biegt nach rechts ab und heißt dann Alp Görüngen Yolu. Achten Sie rechts auf Schilder mit der Aufschrift „Plaj" (Strand), wo es zur Uferpromenade hinuntergeht. Hier verläuft ein breiter **öffentlicher Fußweg** 4 20 Meter über dem Meer. Er schlängelt sich an Sommercafés, kleinen Buchten und Jachten entlang, bis er nach einer scharfen Linkskurve nach 1,5 Kilometern wieder in die Alp Görüngen Yolu mündet. An der Südwestspitze der Insel kommt man an ***fayton*-Ställen** 5 vorbei. Hier zweigt der Weg zum griechisch-orthodoxen **Kloster Terki Dünya** 6 ab, das auf einem einsamen Kap thront. Die Straße führt hinunter zur **Çam Limanı** 7, einer geschwungenen Bucht. Über die Çam Limanı Caddesi führt der Weg einen Kilometer nach Osten, zurück zum Stadtzentrum.

Bursa & Uludağ

Bursa, die erste Hauptstadt des Osmanischen Reichs, 240 Kilometer südlich von Istanbul, steht im Schatten des Uludağ-Massivs: ein Nationalpark und gleichzeitig das beliebteste Skigebiet der Türkei, 40 Kilometer südöstlich von Bursa.

Winterliche Wanderung in Bursa

Bursa

155 B1

Besucherinformation

Ulucami Parki Orhangazi Alt Geçidi 1, Heykel, Bursa

0224/220 18 48

Bursa

Die Stadt kam gleich zweimal zu Ruhm: durch die Römer, die wegen der mineralreichen heißen Quellen in den Ort strömten, und im 6. Jahrhundert als Zentrum des Seidenhandels. Anfang des 14. Jahrhunderts belagerte Osman Gazi (1258–1325), der Herr der Osmanen, die Stadt fast 20 Jahre lang, um sie in seinen Besitz zu bringen. Nachdem sein Sohn Orhan Gazi (1281–1362) das Kommando übernommen hatte, gelang es ihm schließlich 1326, Bursa zu erobern. Er machte die Stadt zur Kapitale des Osmanischen Reichs.

Grüne Moschee & Mausoleum: Östlich des Stadtzentrums ist jenseits der von

INSIDERTIPP

Die traditionellen kulinarischen Köstlichkeiten von Bursa wie das berühmte *iskender*-Kebab (dünn geschnittenes gegrilltes Lamm- oder Rindfleisch mit Tomatensoße auf *pide*-Brot mit Joghurt) oder das leckere *kestane şekeri,* ein Dessert mit kandierten Esskastanien, sollte sich niemand entgehen lassen.

SALLY MCFALL
NATIONAL GEOGRAPHIC-Mitarbeiterin

Kunsthandwerkern gesäumten **Setbaşı-Brücke** (Setbaşı Köprüsü) aus dem 15. Jahrhundert im Viertel Yıldırım die berühmteste Sehenswürdigkeit von Bursa zu finden: die Grüne Moschee (**Yeşil Cami**; 1424). Obwohl nie vollendet, ist der mit sechseckigen smaragdgrünen Fliesen bedeckte Innenraum überwältigend. Gegenüber beherbergt das restaurierte **Grüne Mausoleum** (Yeşil Türbe; 1421) das Grab von Sultan Mehmet Çelebi (1382–1421), seiner beiden Söhne sowie seiner Tochter.

Atatürk Caddesi & Umgebung: Von ihrer schönsten Seite zeigt sich die Stadt in den zu Fußgängerzonen umgestalteten Straßen und Marktgassen, die sich vom ehemaligen Handelszentrum Pirinç Han (16. Jh.) – mit zahlreichen *nargile*-Bars – bis zur **Großen Moschee** (Ulu Camii) erstrecken. Dieser Bau mit 20 Kuppeln wurde 1399 unter Sultan Yıldırım Beyazıt (1360–1403) errichtet. Der Innenraum beeindruckt mit prachtvollen Säulen, hoch aufragenden Bögen und einer herrlich geschnitzten Holzkanzel. Dazwischen liegen der **Ipek Han** (Kleidermarkt), der **Bedesten** (Schmuckmarkt) aus dem 15. Jahrhundert, der **Emir Han** aus dem 14. Jahrhundert und der **Koza Han** (Seidenmarkt), ein absolutes Muss: In den zweistöckigen Gebäuden, die sich um einen Hof und eine kleine Moschee

Anreise nach Bursa

Zwei oder drei Fähren *(www.ido.com.tr, €€€€)* täglich verkehren vom Istanbuler Fährhafen Yenikapı in Eminönü nach Bursa *(1 Std. 30 Min.)*. Vom Anleger Kabataş fahren eine oder zwei Fähren pro Tag nach Bursa *(2 Std.)*. Sie halten in Kadıköy. Vom Fährterminal fährt der Bus 1GY alle 10 Minuten zur U-Bahn-Endhaltestelle Emek. Die Bahnen (€) pendeln regelmäßig von hier nach Şehreküstü, zehn Minuten zu Fuß vom Stadtzentrum entfernt.

Grüne Moschee & Grünes Mausoleum
⊠ Yeşil Caddesi, Yıldırım
🕒 Fr vormittags geschl.

Große Moschee
⊠ Atatürk Caddesi
🕒 Fr vormittags geschl.

Koza Han (Seidenmarkt)
⊠ Beim Koza Park, Atatürk Caddesi

www.kozahan.org

Osman Gazi & Orhan Gazi Türbesi
✉ Tophane Park, Hisar

Muradiye Külliyesi
✉ Murat Caddesi, Muradiye

Eski Kaplıca
✉ An der Kreuzung Zübeyde Hanim Cd. & Çekirge Cd., Çekirge
☎ 0224/233 93 00
$ €€-€€€
www.kervansaray hotels.com

gruppieren, haben sich Händler niedergelassen. Hier findet alljährlich im Juni die berühmte Seidenauktion statt.

Zitadelle (Hisar): Umgeben von Wällen, fünf Toren und 14 Türmen, bildet die Zitadelle aus römischen und byzantinischen Zeiten die Altstadt von Bursa. Heute präsentiert sie sich als beschauliches Viertel mit Gebäuden aus der Epoche der Osmanen. Der Blick von den Terrassen des Tophane-Parks, die den markanten Uhrturm (1906) flankieren, ist herrlich. Gleich in der Nähe beherbergen die beiden Mausoleen **Osman Gazi** und **Orhan Gazi Türbesi** die sterblichen Überreste des Gründers des Osmanischen Reichs.

Innenraum der Muradiye-Külliyesi-Moschee von Bursa

Muradiye: Auch wenn Bursa nicht einmal 50 Jahre Hauptstadt war, galt der Ort lange als spirituelle Heimat der Sultane. In Muradiye, westlich der Zitadelle, befindet sich der **Muradiye Külliyesi,** ein Sakralbau, den Sultan Murat II. (1404–51) errichten ließ. Er ist vor allem wegen der 13 Herrschergräber und 40 Sarkophage bekannt, darunter der von Murat II. selbst. Hinter der Moschee befindet sich ein Friedhof, auf dem die reichsten Bürger Bursas bis zum Anfang des 20. Jahrhunderts bestattet wurden. Lohnend ist die Besichtigung des – noch genutzten – Hamams von Murat II. oder eines der Museen: Dazu zählen das **Osmanli-Evi-Museum** (17. Jh.) jenseits des Parks an der Moschee und das **Hüsnu Züber Evi** hinter dem Hamam ein Stück den Berg hinauf.

Çekirge: Ganz im Westen von Bursa liegt das Viertel Çekirge mit seinen Thermalbädern und Kurhotels. Wer sich gern einmal einen Nachmittag lang im warmen Wasser entspannen möchte, bekommt in den 700 Jahre alten **Eski Kaplıca** (Alte Bäder; betrieben vom Kervansaray Hotel nebenan) das stimmungsvollste Ambiente geboten.

ERLEBNIS: Im Thermalbad schwimmen

Vielleicht geht auf Kaiser Konstantin der erste Wellnesstrend im 4. Jahrhundert zurück, die Mineralquellen von Termal entwickelten sich allerdings erst im 19. und 20. Jahrhundert zu dem bemerkenswerten Kurkomplex, wie er sich heute präsentiert.

Valide Sultan Bezm-i Alem (1807–53), die Mutter des Sultans Abdülmecit (1823–61), sprach dem Wasser von Termal die Heilung von einer Rheumaerkrankung zu. Zwei Jahrzehnte später errichtete Sultan Abdulhamit II. (1842–1918) die schmucken Gebäude, die bis heute genutzt werden. 1929 ließ sich Kemal Atatürk sein Sommerdomizil **Atatürk Köşkü** direkt gegenüber den Bädern bauen und verbrachte hier seine Ferien. Fünf Fähren *(1 Std., €€€)* pro Tag verkehren vom Istanbuler Fährhafen Yenikapı nach Yalova (21 km nordwestlich von Termal). Per *dolmuş (€)* gelangt man vom Yalova-Hafengebäude nach Termal. Eine halbe Stunde dauert die Fahrt über Land nach Kaplıcalar, ein Komplex mit Thermalquellen unweit des Zentrums Termals. Zahlreiche Busse verkehren auch vom Busbahnhof Bursa *(Otobüs Durağı)* zum Busbahnhof Yalova *(Yalova Otogarı, 1 Std., €).*

Uludağ

Das Bergmassiv wirft mit seinen 2543 Metern einen mächtigen Schatten auf die Innenstadt Bursas. Ein Großteil des Gipfels wurde 1961 zum Nationalpark erklärt, bekannt ist der Uludağ jedoch als Topdestination zum Skifahren. Von Dezember bis Mitte März ist der Ort Oteller Bölgesi mit seinen vielen Restaurants ziemlich überlaufen. Skibegeisterte drängeln sich um Plätze im Café, Sessellift und auf den Pisten. Helikopter-Skifahren steht ebenfalls auf dem Programm. Wochentags ist es erheblich ruhiger. Im Sommer zieht es Radfahrer, Wanderer und Vogelfreunde in diese Gegend. Die schönste Möglichkeit, auf den Uludağ zu gelangen, bietet die *teleferik*, eine Standseilbahn aus den 1960er Jahren *(€€, Auf- und Abfahrt).* Sie startet an der Talstation Teferrüç *(erreichbar per dolmuş, €, Abfahrt vor dem Stadtmuseum Bursa, hinter der Atatürk-Statue in der Atatürk Caddesi)* und verkehrt im Winter täglich im 40-Minuten-Takt *(8.30–20 Uhr),* im Sommer alle zehn Minuten *(8.30–22 Uhr).* Man ist rund eine halbe Stunde unterwegs. Die Strecke teilt sich in zwei Abschnitte von jeweils acht Minuten. Oben in Sarıalan muss man dann noch einen *dolmuş* nach Oteller Bölgesi nehmen *(Fahrzeit 10 Min., €).*

Ausrüstung & Skipässe: In Uludağ besteht die Möglichkeit, eine Ausrüstung zu leihen. Anorak, Skihose, Handschuhe, Stiefel, Ski oder Snowboard *(halbtags €€€)* sind erschwinglich. Für den Lift gibt es eine Tageskarte. Einzelstunden oder Tageskurse gibt es für alle Leistungsniveaus. ■

Uludağ
☎ 0224/285 21 11
www.snow-forecast.com/resorts/Uludag

Uludağ Oteller Bölgesi
☎ 0212/518 87 34
www.uludagotelleri.com

Ankara

Nachdem Atatürk das alte osmanischen Regime beseitigt hatte, erklärte er 1923 das Dorf in Zentralanatolien zur neuen Hauptstadt der Türkischen Republik. Er wünschte sich eine moderne europäische Stadt mit breiten Boulevards und Grünflächen, was nicht ganz gelang. Immerhin präsentiert sich Ankara heute mit bedeutenden Museen, Parks und Moscheen als lohnendes Reiseziel.

Gedenkstätte für Kemal Atatürk, den Gründer der Türkischen Republik

Ankara
Umschlaginnenseite vorn

Besucherinformation
Esenboga Havalimani Dis Hatlar Yolcu Çikisi
0312/231 55 72
www.ankara.com

Die geschäftige Fünf-Millionen-Metropole hat Besuchern viel zu bieten. Zu den Highlights gehören das Museum für Anatolische Zivilisation, die Zitadelle sowie das Atatürk-Mausoleum, wo der Gründervater der Türkei ruht.

Ulus

Die meisten Museen, Parks und Sehenswürdigkeiten befinden sich in der alten Vorstadt Ulus, deren Zentrum der zweistöckige Art-déco-Bahnhof bildet. Im Bahnhof ist ein kleines **Eisenbahnmuseum** untergebracht. Zu sehen sind hier alte Pläne mit Streckenführungen, nostalgische Uniformen, Pfeifen, Modelleisenbahnen sowie Atatürks Privatwaggon. Im **Gençlik-Park** am Bahnhof treffen sich die Liebespaare. Cafés im Freien, ein See, auf dem man im Sommer Boot fahren kann, und ein Vergnügungspark gehören dazu.

Am Cumhuriyet Bulvarı, der den Park im Norden begrenzt, steht das **Republic Museum** *(Cumhuriyet Muzeum, Cumhuriyet Cad. Ulus/Ankara, Tel. 0312/310 53 61, Mo geschl., €)*. Der Prachtbau war einst Sitz des zweiten Parlaments der Türkei. Audioführer erklären die mit Atatürk-Exponaten bestückte Ausstellung. Das renovierte **Ankara Palas** gegenüber dient bei Staatsbesuchen als Gästehaus. Den Ballsaal nutzte Atatürk für glanzvolle Festlichkeiten. Ankaras Sehenswürdigkeiten aus der Zeit vor Gründung der Republik liegen alle jenseits des Atatürk Bulvari, nördlich und südlich der Hisarparki Caddesi.

Die hohe **Haci-Bayram-Moschee** *(Hükümet Caddesi, Ulus, Fr vormittags geschl.)* aus dem 15. Jahrhundert birgt das Grabmal des berühmtesten muslimischen Heiligen von Ankara. Der Sakralbau wurde auf dem Fundament des **römischen Augustus-Tempels** (ca. 25–20 v. Chr.) errichtet. Einige Mauern des antiken Tempels blieben dabei erhalten. Auf dem **Basar** von Ulus in der Nähe türmen sich Trockenobst, Kleidung, Wasserpfeifen

Eisenbahnmuseum Ankara

✉ Gar Ulus, 19 Mayis Caddesi, Ankara

Atatürk-Mausoleum

✉ Anit Caddesi Tandogan

☎ 0312/231 79 75

ERLEBNIS: Besuch des Atatürk-Mausoleums

Das *anıtkabir* genannte Mausoleum des Gründervaters der Türkei beherrscht die Skyline von Ankara. Dort erweisen auch ausländische Staatsgäste der Türkei ihren Respekt. Für jeden Ankara-Besucher ist das monumentale Denkmal ein Muss.

Besichtigung der Stätte

Am Mausoleum gelten strenge Sicherheitsvorkehrungen, deshalb unbedingt den Pass einstecken. Innen geht man 15 Minuten zu Fuß durch einen gepflegten Park bis zu einer prächtigen Piazza mit Säulen. Der Blick über Ankara ist ein Foto wert. Am besten macht man es wie die Einheimischen und lichtet einen schmuck gekleideten Wachsoldaten ab; um Erlaubnis bitten muss man nicht, sie dürfen mit Besuchern nicht sprechen.

Ehrenhalle

Auf den Stufen hinauf zur Ehrenhalle ist Schweigen geboten. Den Hut nimmt man respektvoll ab. Das 17 Meter hohe Mausoleum mit der vergoldeten Decke wirkt ehrfurchtgebietend. Das Grabmal Atatürks ist aus einem massiven Steinblock gehauen. Materialien aus allen Landesteilen wurden symbolisch für die Errichtung des Gesamtkomplexes verwendet. Obwohl Atatürk 1938 verstarb, begannen die Arbeiten erst 1944, gegen Ende des Zweiten Weltkriegs. Die Vollendung der Ehrenhalle im September 1953 stellte die Krönung des Projekts dar.

Die Museen

Die kleinen Museen rund um den monumentalen Platz zeigen Kleidungsstücke des Politikers. In einem Raum hängen Porträts, die Atatürk in verschiedenen Lebensphasen zeigen, in einem anderen findet man seine Privatbibliothek und in einem weiteren seine Staatskarossen – zwei gepflegte Cadillacs und einen Lincoln.

Rahmi M. Koç-Museum
- Depo Sokak Güzergahı 1, Tarihi Ankjara, Kalesi, Ulus, Ankara
- 0312/309 68 00
- Mo geschl.
- €€

www.rmk-museum.org.tr

Museum für Anatolische Zivilisationen
- Gözcü Sokak 2, Ulus, Ankara
- 0312/324 31 60
- €€€

www.anadolumedeniyetlerimuzesi.gov.tr

Kocatepe-Moschee
- Kültür Mh., Atatürk Bulvari, Ankara
- Fr vormittags geschl.

Atakule
- Cinnah Caddesi, Atakule Sokak, Çankaya
- 0312/438 98 61
- €€

und Schuhe. Über die Hisarparki Caddesi gelangt man bergauf zur Zitadelle.

Zitadelle & Rahmi M. Koç-Museum

Die von sämtlichen Besatzern – von den Römern bis zu den Seldschuken – mit Wehranlagen versehene Zitadelle bietet heute ein Bild vom Anatolien der 1950er Jahre. Holzhäuser teilen sich die alten Gassen mit römischen und byzantinischen Relikten. Den Mittelpunkt bildet eine frei zugängliche Burgruine. In den Straßen rund um das Rahmi M. Koç-Museum wird Kunsthandwerk – Webwaren, Strickarbeiten, Metallobjekte und Töpfereiwaren – angeboten. Das Museum zeigt in einer Karawanserei aus dem 16. Jahrhundert Oldtimer, Fahrräder und technische Geräte.

Angorawolle

Ob es nun an den harten Wintern liegt oder andere Gründe hat – die meisten Tiere in Ankara sind weiß und flauschig. Die Angorakatze, die Angoraziege (von der das Mohair stammt) und das Angorakaninchen sind allesamt nach dem Namen benannt, den die türkischen Hauptstadt in der Antike trug: Angora. Das Angorakaninchen mit Schlappohren und weichem seidigem Fell ist so weit verbreitet, dass die Rasse Anfang des 20. Jahrhunderts sogar die USA eroberte. Die Tiere werden drei- bis viermal pro Jahr geschoren, die Haare des Fells werden zur flauschigen Angorawolle verarbeitet.

INSIDERTIPP

Hübsch ist ein Abendspaziergang über die Tunalı Hilmi, eine belebte Straße mit guten Cafés, Restaurants und Bars. Hier schlägt das wahre Herz Ankaras.

KEMAL NURYADIN
Chefredakteur,
NATIONAL GEOGRAPHIC *Türkei*

Museum für Anatolische Zivilisationen

Der ehemalige Markt (*bedestan*) unter zehn gewaltigen Kuppeln beherbergt heute eine Sammlung antiker Artefakte. Sie ist so reichhaltig, dass sogar die Statuen und Säulen in den Gärten in jedem anderen Museum noch als Hauptattraktion präsentiert würden. Die 10 000 Jahre alte paläolithische Sammlung mit alten Feuersteinen, Pfeilspitzen und Äxten eröffnet den Reigen. Die Artefakte aus der Bronzezeit – zerbrechliche Skulpturen von Frauengestalten und wilden anatolischen Tieren, Kelche und edle Schmuckstücke – stammen überwiegend aus der Gegend um Ankara. Der Handel in vorchristlicher Zeit wird durch Keilschrift und Siegel nachvollziehbar: Die Tontafeln enthalten alte Handelsvereinbarungen. Aufregend ist das Atrium in der Mitte mit lebensgroßen Friesen von Löwen, Stieren, Krokodilen und Kriegern, die in Anatolien ausgegraben wurden. An den Wänden sind Schwarz-weiß-Fotos von riesigen Statuen zu bestaunen, die freigelegt werden.

Kızılay & Kavaklıdere

Die beiden Nobelvorstädte befinden sich an der Westseite des Atatürk Bulvarı und sind ein wahres Einkaufsparadies. Unterirdische Einkaufszentren, über mehrere Etagen verteilte Geschäfte und Straßenmärkte wechseln sich mit Restaurants und Cafés ab. Wer das Prestigeviertel kennenlernen möchte, nimmt ein Taxi zur **Tunalı Hilmi Caddesi** und bummelt gen Norden zur **Kocatepe-Moschee** (Kocatepe Camii, 1967–87), der prächtigsten Moschee der Stadt. Rund vier Kilometer weiter südlich ragt der **Atakule** auf, ein 125 Meter hoher Beobachtungsturm mit Shopping-Mall unten und Drehrestaurant oben.

Cer Modern

Ankara hat 2010 mit der Eröffnung der **Cer Modern** versucht, Istanbul in Sachen moderner Kunst den Rang abzulaufen. Der weitläufige Bau bietet drinnen und draußen Fotogalerien, einen Skulpturenpark sowie einen Saal für Wechselausstellungen – alles in umgestalteten Nebengebäuden der Bahn und in einer Lokwerkstatt südlich des Bahnhofs.

Statue der Muttergottheit im Museum der anatolischen Zivilisationen, Ankara

Verkehrsmittel in Ankara

Ankara verfügt über hervorragende Verkehrsverbindungen in alle Landesteile. Perfekt ist es an Istanbul angebunden: Moderne **Hochgeschwindigkeitszüge** (siehe Kasten S. 39) verkürzen ab 2015 die Fahrzeit auf drei Stunden. Zudem werden auf dieser Strecke bequeme Nachtzüge eingesetzt. **Busse** brauchen fünf bis sechs Stunden. Im Stundentakt starten **Flugzeuge** von Ankara aus zum Istanbuler Atatürk- oder Sabiha-Gökçen-Flughafen *(Flugzeit: 1 Std.)* Ein Havas-Flughafenbus fährt im 30-Minuten-Takt

Cer Modern
✉ Altınsoy Caddesi 3
☎ 0312/310 00 00
🕒 Mo geschl.
$ €
www.cermodern.org

Flughafen Atatürk
✉ Havalimani Basmüdürlügü, Istanbul
☎ 0212/463 30 00
www.ataturkairport.com/eng

Flughafen Sabiha Göçken
✉ ISG Yönetim, Binasi Pendik, Kurtköy, Istanbul
☎ 0216/585 50 00
www.sgairport.com

Türkinnen legen an einem Markt in Ankara eine Einkaufspause ein

Flughafen Esenboga

✉ Havalimani Basmüdürlügü, Esenboga, Ankara

☎ Call Center 444 9 TAV (828)

www.esenbogaairport.com

Archäologische Stätte Górdion

✉ Yassıhüyük

sites.museum.upenn.edu/gordion

von der Vorstadt Ulus zum Airport Esenboga (Ankara).

Neben den gelben Taxis fahren Busse den Atatürk Bulvari hinauf und hinunter, sodass die meisten Sehenswürdigkeiten der Stadt gut erreichbar sind. Wer nach Norden will, nimmt einen Ulus-Bus, nach Süden einen Kızılay- oder Kavaklıdere-Bus. Die effiziente **U-Bahn** verkehrt bis Ulus, Tandoğan (zum Atatürk-Mausoleum) und Aşti (zum Busbahnhof/ *otogar*).

Rund um Ankara

In der Umgebung von Ankara gibt es mehrere kleinere archäologische Stätten. Die Fundstücke befinden sich jedoch alle im Museum für Anatolische Zivilisation (siehe S. 172). Die Stätte, die sich ihre ursprüngliche Gestalt am besten bewahren konnte, ist die antike Phrygerstadt **Górdion** (Gordium) bei Polatlı, 94 Kilometer südwestlich von Ankara in der Nähe der modernen Stadt Yassıhüyük. In der Steppe liegen dort mehrere alte *tumuli* (Grabhügel). Hier löste 333 v. Chr. Alexander der Große den gordischen Knoten, indem er ihn kurzerhand mit dem Schwert durchschlug. Der **Gölbaşı-See** mit Staudamm, 24 Kilometer südlich von Ankara gelegen, ist bei den Einheimisch als Wandergebiet und Picknickareal beliebt. Die Thermalquellen bei **Haymana**, 64 Kilometer südlich von Ankara, bieten neben mineralreichem, dampfendem Wasser auch

Unterkünfte. Das Wasser der türkischen Bäder von Haymana ist vulkanisch beheizt und soll bei Arthritis und Rheuma helfen.

Nördlich von Haymana liegt die **Festung der Ungläubigen** (Gavur Kalesi), deren Gelände einst von Hethitern, Phrygern und Römern besiedelt wurde. Die Ruinen der antiken Stadt sind zum Teil von alten Mauern umgeben. Zur Stätte führt eine Prozessionsstraße. In der Mitte der Gavur Kalesi befindet sich ein unterirdisches Hethitergrab. Interessant sind die Steinritzungen aus jener Zeit.

Wer den beschaulichen Marktflecken **Beypazari** heute sieht, ahnt nicht, wie bedeutend dieser Ort einst war. Im Byzantinischen Reich hieß der Ort Anastasiopolis und lag an der Seidenstraße von Konstantinopel nach Bagdad. Heute ist Beypazari ein beliebtes Ziel für einen Tagesausflug von Ankara. Schön ist der Blick auf Beypazari vom felsigen Hirdirlik-Hügel. Reizvoll ist es aber auch, in der Altstadt mit ihren Gebäuden aus osmanischer Zeit durch die Straßen mit Kopfsteinpflaster zu bummeln. Der Lebensmittelmarkt ist nicht nur farbenfroh, sondern auch ein idealer Ort, um die hiesige Spezialität zu kaufen - *sucuk*, klebriges Fruchtkonfekt mit Walnuss. Beypazari ist für seine Karotten bekannt - es gibt sogar Karotteneis. Das Gemüse spielt Anfang Juni auf einem Festival eine Rolle, wenn neben Kunsthandwerk auch die Küche der Region im Blickpunkt steht.

Nördlich von Beypazari erstreckt sich das **Inözü-Tal**, ein beliebtes Ausflugsziel. Das Tal am Grunde einer steilen Felsschlucht mit erodiertem Gestein wirkt dramatisch und spektakulär. Der Fels ist von Höhlen durchzogen und man kann Reste von ins Gestein gehauenen Kirchen und Gräbern erkunden. Das Tal ist der ideale Ort für einen gemütlichen Spaziergang oder ein Picknick. ■

Festung der Ungläubigen
✉ Gavur Kalesi, Haymana
$ €

Wozu die Hauptstadt der Türkei verlegen?

Mit der Verlegung der Hauptstadt von Istanbul nach Ankara im Jahr 1923 vollzog Atatürk einen weiteren Schritt in Richtung Modernisierung der Türkei. Seiner Auffassung nach sollte die Errichtung einer neuen Hauptstadt im europäischen Stil aller Welt Fortschrittlichkeit und Kühnheit der Türkischen Republik demonstrieren - was auch für den Wechsel vom arabischen zum lateinischen Alphabet galt. Strategisch war die Verlegung ein kluger Schachzug. Wie zu Zeiten Konstantins des Großen, der 1700 Jahre zuvor seine Hauptstadt von Rom nach Konstantinopel verlegt hatte, war das von Atatürk auserkorene Ankara frei von alteingesessenen Eliten oder Istanbuler Politgrößen. Dank der Lage im Zentrum des Landes konnten die Machthaber die junge Nation und ihre Grenzen leichter im Auge behalten.

Westliche Türkei

Die wogenden Dardanellen, die leidgeprüfte Halbinsel Gallipoli und die archäologische Stätte Troja sind ein Paradies für alle, die sich für Geschichte begeistern

Troja & Gallipoli

Die heute friedliche, stille Anzac-Bucht war 1915 der Schauplatz erbitterter blutiger Gemetzel während der alliierten Invasion auf Gallipoli

Troja & Gallipoli

Die Dardanellen bilden einen Teil des Seewegs zwischen dem Mittelmeer und dem Schwarzen Meer. Die Oberflächenströmung dieser Meerenge fließt südwärts, während sich eine tiefere Strömung in die entgegengesetzte Richtung bewegt. Mit diesem Phänomen hatten die Schiffe, die in der Antike die Armeen nach Troja und im 20. Jahrhundert nach Gallipoli brachten, schwer zu kämpfen.

Auf seinem Feldzug gegen die Griechen ließ der persische König Xerxes I. 482 v. Chr. eine Pontonbrücke über die Dardanellen bauen. Als ein Sturm sein Werk zerstörte, gab er den irrwitzigen Befehl, die Wasserstraße mit Peitschenhieben zu bestrafen. Trotz allem war Xerxes siegreich. 480 v. Chr. siegte er z. B. in der Schlacht bei den Thermopylen, obwohl 300 Spartaner zu einem selbstmörderischen letzten Gefecht antraten. 334 v. Chr. rückte der griechische Eroberer Alexander der Große durch die Meerenge aus umgekehrter Richtung an, um es den Persern mit gleicher Münze heimzuzahlen.

Im März 1915 stieß eine anglofranzösische Flotte durch die Dardanellen nach Istanbul vor, um die osmanische Hauptstadt vom Meer aus zu bombardieren. Damit wollten die Alliierten das wankende Osmanische Reich mit einem Schlag zerschmettern und aus dem Kriegsgeschehen eliminieren. Doch der Angriff misslang. Dem Rückzug der Marine folgte bald das katastrophale Scheitern der Invasion auf der nahen Halbinsel Gallipoli. Knapp ein Jahrhundert später prägen Gärten, Wälder und Strände die idyllische Halbinsel. An den Krieg erinnern nur noch die zahlreichen Kriegerdenkmäler.

Südlich der Halbinsel fand Jahrtausende früher der Trojanische Krieg mit seinen mythischen Figuren Odysseus, Agamemnon, Achilles und Helena sowie dem berühmten Holzpferd statt. Trojas Ruinen (seit 1998 Unesco-Welterbe) befinden sich an einem Ort, der über die Jahrtausende mehrmals durch Feuer, Erdbeben und Kriege zerstört und wieder aufgebaut wurde. Ein Kontrastprogramm zu diesem symbolträchtigen Ort bildet die Insel Bozcaada. Inmitten anderer griechischer Inseln liegt sie im warmen Ägäischen Meer. Sie kann mit Stränden, Weinbergen, innovativer Küche und attraktiven Unterkünften aufwarten.

Auch die lebendige Hafenstadt Çanakkale hat einiges zu bieten, angefangen von mittelalterlichen Burgen über

NICHT VERSÄUMEN

Die ländlichen Schlachtfelder der Halbinsel Gallipoli erkunden 182–189

Die anrührenden Soldatenbriefe im Kriegsmuseum Kabatepe 185

Die 3000 Jahre alten Ruinen der antiken Stadt Troja 186–187

Einen Bummel auf der Uferpromenade von Çanakkale und einen *çay* im Tulpenglas trinken 188

Eine Radtour rund um die Insel Bozcaada, die Weininsel der Türkei 190

In einer der renommierten Weinkellereien auf Bozcaada ein halbes Dutzend Rotweine verkosten 191

Kriegsmuseen bis hin zu Läden mit handgefertigten einheimischen Töpferwaren. Vom Ezine-Yükyeri-Kai fahren Fähren zur Halbinsel Gallipoli sowie zu den Inseln Gökçeada und Bozcaada. In südliche Richtung nach Troja, Assos und Alexandria Troas bringt der regelmäßig verkehrende *dolmuş*. Çanakkales Touristeninformation am Hauptplatz bietet Karten mit den Schlachtfeldern, Broschüren über die Geschichte Trojas, Fährenfahrpläne und vieles mehr. ■

Gallipoli

Auf der 64 Kilometer ins Ägäische Meer ragenden Halbinsel Gallipoli lösen jedes Frühjahr Wildblumen den Winterfrost ab und die Gärten und Fischerdörfer erwachen zu neuem Leben. Im Sommer genießen türkische Touristen die meist einsamen Strände, bis in den Wäldern, die Gallipoli säumen, die Herbstfarben ihren Einzug halten. Die traurigere Seite der Halbinsel zeigt sich in ihren 31 Soldatenfriedhöfen.

An der Küste der Halbinsel Gallipoli zerstreut liegen Soldatenfriedhöfe

Gallipoli
181 B4
Besucherinformation
Iskele Meydani 6, Çanakkale
0286/217 11 87

Gallipoli ist ursprünglich ein griechischer Name und bedeutet „schöne Stadt". Als Schauplatz von Tod und Leid hat dieser einen schalen Beigeschmack. Vor einem Jahrhundert ließen Zehntausende Soldaten aus aller Herren Länder auf der Halbinsel ihr Leben. Hier fand eine der blutigsten Schlachten des Ersten Weltkrieges statt. Herzergreifende Gedenkstätten halten die Erinnerung an die Opfer wach.

Schlachtfelder

Das 70 000 Mann starke, multinationale Mittelmeer-Expeditionskorps bestand größtenteils aus britischen, australischen und neuseeländischen Truppen. Mit dabei waren aber auch irische, indische, Gurkha- und senegalesische Regimenter sowie ein

INSIDERTIPP

Am Anzac Day, dem 25. April, kommen Tausende neuseeländische und australische Besucher auf die Halbinsel Gallipoli, um der Toten zu gedenken.

TOM JACKSON
NATIONAL GEOGRAPHIC-Mitarbeiter

jüdisches Regiment aus Palästina. Beträchtliche französische See- und Landstreitkräfte unterstützten das Korps. Befehlshaber der Gegenseite waren der deutsche General Otto Liman von Sanders und Mustafa Kemal Atatürk, der eine türkische Division anführte. Nach einem Ablenkungsangriff der französischen Marine auf das türkische Festland landeten die alliierten Streitkräfte im Morgengrauen des 25. Aprils 1915 auf Gallipoli: am Kap Helles an der Südspitze sowie 32 Kilometer weiter nördlich am Westrand der Halbinsel an der (später so genannten) Anzac-Bucht und der Suvla-Bucht.

Die Angriffsplanung war chaotisch. Man ging von einem raschen Sieg über die Türken aus. Doch die osmanischen Truppen kämpften unerwartet zäh, vor allem an der Front, die Atatürk persönlich befehligte. Als der Grabenkrieg begann, forderten Hygienemissstände und

ERLEBNIS: Gedenkstätten von Gallipoli

Viele Frontlinien auf Gallipoli lassen sich zu Fuß erkunden – mit einer Karte (erhältlich in Çanakkales Touristeninformation; siehe S. 187) und festen Schuhen. Vor dem Start an Gallipolis Hafen Eceabat *(von Çanakkale verkehren Fähren von 7–12 Uhr stündlich, im Sommer alle 30 Minuten, Tel. 0286/814 10 33)* sollte man sich die Telefonnummer eines einheimischen Taxifahrers besorgen, falls die Tour unterwegs zu anstrengend wird. Mit einem *dolmuş* geht es zum Kriegsmuseum Kabatepe (siehe S. 185), wo die Straße zu Landestellen der Alliierten führt. Bis zur Anzac-Bucht sind es drei Kilometer am Strand entlang.

Von der Anzac-Bucht (siehe S. 183) weisen Schilder zu den Friedhöfen Shrapnel Valley und Shell Green sowie hinauf zum australischen Lone-Pine-Denkmal. Richtung Norden geht es entlang der ehemaligen Frontlinie zu weiteren Friedhöfen und zum neuseeländischen Kriegerdenkmal von Chunuk Bair. Das Kriegsmuseum Kabatepe liegt 4,5 Kilometer südwärts.

Die Alternative zu einer großen Wandertour – Kriegsmuseum Kabatepe, Anzac-Bucht, Kap Helles und die Kriegerdenkmäler – ist die Fahrt mit dem eigenen Auto oder eine geführte Tour. Entsprechende Ausflüge organisieren **Travel Planet** *(Tel. 0212/511 48 69, www.traveltoplanet.com)* und **Trooper Tours** *(Tel. 0212/516 90 24, www.troopertours.com)* in Istanbul oder **Hassle Free Tours** *(Tel. 0286/213 59 69, www.anzachouse.com)* in Çanakkale.

Hitze mehr Opfer als die eigentlichen Kriegshandlungen.

Noch tragischer verlief das Geschehen in der **Anzac-** und **Suvla-Bucht.** Aufgrund einer abgedrifteten Bake (Markierungsboje) landete das Australian and New Zealand Army Corps (ANZAC) nicht wie geplant am Sandstrand von Kabatepe, sondern zwei Kilometer weiter nördlich an einer schlammigen Steilküste. Die kleine Bucht (später von der türkischen Regierung in Anzac-Bucht umbenannt) war der Schauplatz schrecklicher Verluste, weil sich die Alliierten nicht mehr einen Kilometer weit ins Binnenland vorkämpften konnten.

Soldatenfriedhöfe

Entlang der Frontlinien der Anzac-Truppen reihen sich 21 Friedhöfe mit 22 000 Gräbern aneinander. Die meisten liegen am Meer und sind mit Bäumen und Blumen bepflanzt. Benannt sind sie nach den Schlachten, wie die Friedhöfe **Shrapnel Valley** und **Shell Green** an der Küstenstraße, **The Nek**, wo die Soldaten der berühmten Kavalleriebrigade ruhen, die der australische Regisseur Peter Weir in seinem Film *Gallipoli* beschreibt, sowie **Quinn's Post** und **Johnston's Jolly** weiter landeinwärts. Der Friedhof **Lone Pine** mit dem australischen Kriegerdenkmal liegt auf einer Hochebene der Victoria Gully. Sein Name geht auf die Kiefern zurück, die türkische Soldaten dort fällten, um damit ihre Schützengräben zu tarnen. Das neuseeländische Ehrenmal auf dem Friedhof **Chunuk Bair** ist eine Pilgerstätte für Neuseeländer und Australier.

Der größte der Teil der britischen und französischen Friedhöfe befindet sich nahe dem **Kap Helles,** darunter der Friedhof **V-Beach**. Dieser liegt am Strand zwischen Kap Helles und dem Dorf Seddülbahir, wo die Verlustrate der Landungstruppen am ersten Kampftag 70 Prozent betrug.

Das türkische Denkmal auf der Halbinsel Gallipoli zeigt einen einfachen türkischen Soldaten – einen „Mehmet" im Vormarsch auf seine Feinde, die „Johnnies"

Mahnmale: Das **Helles-Kriegerdenkmal** an der äußersten Spitze der Halbinsel Gallipoli gedenkt der 18 985 britischen, 248 australischen und 1530 indischen Soldaten, die namenlos beerdigt wurden oder auf See gefallen sind. Ebenfalls am Kap Helles an Gallipolis Südspitze steht das riesige türkische Kriegerdenkmal. Es ist den schätzungsweise 66 000 türkischen Soldaten gewidmet, die im Kampf um Gallipoli

Kampf um die Dardanellen im Ersten Weltkrieg

Neben dem Marinemuseum in Çanakkale (siehe S. 188–189) steht ein Nachbau des osmanischen Minenlegers *Nusrat* (www.nusratmayingemisi.com), das einen historischen Meilenstein setzte. Auf Befehl Winston Churchills (damals Marineminister) kämpfte die Marine in den Dardanellen in der Hoffnung, Istanbul (Hauptstadt des Osmanischen Reichs, das ein Verbündeter Deutschlands war) zu erobern. Anfang März säuberte die Marine der Alliierten die Dardanellen tagsüber von Minen. Nachts verlegte jedoch die tapfere Crew der *Nusrat* die Minen erneut, oft bei Nebel, unter Beschuss und ohne Radar. Als die alliierte Flotte am 18. März auf dem Weg nach Istanbul zuversichtlich die Dardanellen durchquerte, versenkten diese Minen die *H.M.S. Ocean*, die *H.M.S. Irresistible* und das französische Kriegsschiff *Bouvet*. Ein weiteres Viertel der Flotte wurde durch Minen und Kanonenfeuer von der Küste stark beschädigt. Das anglofranzösische Oberkommando befand diese Verluste als untragbar – Marineminister Churchill musste zurücktreten. Die anschließende Entscheidung, die Dardanellen mithilfe einer Invasion zu sichern, nennen manche konsequent, andere vermessen. Sechs Wochen dauerte die Formierung der Landstreitkräfte, zu denen das ANZAC, eine Einheit aus australischen und neuseeländischen Truppen, zählte. Dieses Freiwilligencorps hatte schon in Ägypten und an der deutschen Westfront (Frankreich, Belgien) gekämpft. Als die Soldaten am 25. April 1915 endlich die Küste von Gallipoli stürmten, hatten die Türken, unterstützt von deutschen Beratern, die Halbinsel mit Stacheldraht und hoch gelegenen Maschinengewehrstellungen gesichert – sie waren zum Kampf gut gerüstet.

fielen (manche schätzen den Verlust auf 80 000). Die meisten organisierten Touren schließen Kap Helles nicht ein. Besucher können einen Fremdenführer engagieren, der sie dorthin bringt, oder mit dem eigenen oder Mietwagen hinfahren.

In Çanakkale kann man z. B. bei **Gezgin Oto** *(Cumhuriyet Meydanı. Tekke Sok. 2, Tel. 0286/212 83 92, www.gezginrentacar.com)* oder **Rumeli Oto** *(Tel. 0286/ 213 29 42)* ein Auto mieten.

Kriegsmuseum Kabatepe

Das Kriegsmuseum Kabatepe (Kabatepe Müzesi) ist ein sehenswertes Museum. Es steht auf dem Gelände des **Historischen Nationalparks Gallipoli** und beherbergt Hunderte Exponate aus dem Gallipoli-Konflikt, angefangen von Uniformen, Waffen und Munition bis hin zu so makabren Dingen wie dem durchschossenen Schädel eines türkischen Soldaten. Gezeigt werden auch Augenzeugenberichte wie Briefe in die Heimat oder Bilder von Soldaten auf ihrem Weg zur Front. Schaubilder der Kampfstätten sowie der Ausblick auf die Anzac-Bucht und das Lone-Pine-Mahnmal vermitteln eine Vorstellung vom Ablauf des Kampfgeschehens. ■

Kriegsmuseum Kabatepe

✉ Historischer Nationalpark Gallipoli

☎ 0286/814 10 25

🕒 Mo geschl.

$ €

www.gytmp.milliparklar.gov.tr

Troja, Çanakkale & Bozcaada

Das antike Troja glänzt nicht mit Säulen und Amphitheatern wie die römischen Ruinen der Westtürkei. Troja ist viel älter und seine Überreste sind von Feuersbrunst, Erdbeben und Schlachten gezeichnet. In der Nähe liegen die Stadt Çanakkale mit Burgen aus dem 15. Jahrhundert, interessanten Museen und handgemachten Töpferwaren sowie die Strände und Weinberge der Insel Bozcaada.

In Troja erinnert dieses hölzerne Pferd an den berühmten Trojanischen Krieg

Troja

Trojas Ruinen, die sich inmitten von Wiesen erstrecken, sind ein Schlüssel zum Verständnis der Geschichte der Antike und des Trojanischen Krieges. Bei dem von 3000 v. Chr. bis ins 4. Jahrhundert n. Chr. kontinuierlich besiedelten Troja handelt es sich um neun übereinander gebaute Städte (der Abfolge entsprechend mit Troja I bis IX bezeichnet). Ihre Überreste verteilen sich auf ein mehrere Hektar großes Gelände. Informationstafeln geben Auskunft über die einzelnen Perioden, jeden Stein, jede Säule, jede Mauer. Ein Informationszentrum mit Rekonstruktionen und Beschreibungen der Stadt erweckt die Stätte zum Leben. Kinder lieben das in Originalgröße rekonstruierte **Trojanische Pferd**. Zum Fotografieren dürfen Besucher in den Bauch klettern.

Unter den Überresten von Torbögen, Säulen und einem Amphitheater ist die wohl beeindruckendste Ruine der

INSIDERTIPP

Das antike Troja liegt dicht bei Çanakkale nahe dem Dorf Tevfikiye. Das Trojanische Pferd aus dem 2004 gedrehten Film *Troja* ist in Çanakkale ausgestellt und zum Wahrzeichen der Stadt geworden.

KEMAL NURYADIN
Chefredakteur,
NATIONAL GEOGRAPHIC *Türkei*

Grundriss lässt sich anhand der verbliebenen Fundamente rekonstruieren. Die Mauern von Troja VII umgeben einen Großteil der Stätte. Sie vermitteln einen guten Eindruck, wie Troja und andere wichtige Siedlungen in einer vom Krieg erschütterten Zeit als Festungsstadt aussah. Interessant ist das **Megaron** (prunkvolle Vorhalle) aus der frühen Bronzezeit (um 3000 v. Chr.), von dem etliche Backsteinreste übrig sind. Schön sind auch die Quellen in einer Ruhezone.

Troja
Tevfikiye Köyü Truva, Çanakkale
0286/283 00 61
€€€€

www.muze.gov.tr/troia-en

Troja und seine Geschichte

Was wir heute überTroja und seinen zehn Jahre währenden Verteidigungskampf im Trojanischen Krieg wissen, stammt aus Homers Epos „Ilias". Griechische Historiker, darunter Herodot (ca. 484–25 v. Chr.) datieren Homers Troja ins 13. Jahrhundert v. Chr. Um 333 v. Chr. besuchte Alexander der Große das Grabmal des Achilles in Troja, um dem Helden zu huldigen. Er nahm für sich in Anspruch, ein Nachfahre des Achilles zu sein. Im 1. Jahrhundert v. Chr. erzählt Vergil die Geschichte Trojas in seinem Epos „Aeneis", womit er der griechischen Sage eine römische Dimension verlieh.

In moderner Zeit machte sich der britische Amateurarchäologe Frank Calvert (1828–1908) um Troja verdient. Er begann mit den Ausgrabungsarbeiten in Hisarlik (Troja), die der deutsche Archäologe Heinrich Schliemann (siehe Kasten S. 188) später fortführte.

Die entscheidende Erkenntnis, dass es sich bei Troja um mehrere Siedlungen handelt, brachten die Ausgrabungen von 1932 bis 1938. Sie fanden unter der Leitung von Carl Blegen (1887–1971), Professor der Universität Cincinnati, statt. 1988 bekam der deutsche Archäologe Manfred Korfmann (1942–2005), Professor am Institut für Vor- und Frühgeschichte in Tübingen, die Erlaubnis zu weiteren Ausgrabungen (wiederum unterstützt von der Universität Cincinnati). Sein gut illustriertes Buch „Troia. Archäologie eines Siedlungshügels" ist das derzeit modernste Werk über die Ruinen. Als Dank für sein Engagement verlieh man ihm 2004 die türkische Staatsbürgerschaft.

aus Marmor gebaute **Tempel der Athene**, der um das 1. Jahrhundert v. Chr. auf den Überresten mehrerer anderer Tempel errichtet wurde. Sein

Von Çanakkale aus, einer Stadt 20 Kilometer nördlich von Troja, ist die archäologische Stätte mit dem Minibus leicht zu erreichen.

Der wahre Heinrich Schliemann

Der deutsche Kaufmann Heinrich Schliemann (1822–90) widmete den größten Teil seines Lebens der Ausgrabung und Entdeckung Trojas. Zu Ehren der Figuren des Trojanischen Krieges nannte er sogar seine beiden Kinder Andromache und Agamemnon. Auch seinen Bediensteten gab er Namen von Gestalten der griechischen Mythologie. Diese Besessenheit und der Mangel an einer formellen archäologischen Ausbildung trübten jedoch zeitlebens sein Ansehen. Auf Schliemanns Ausgrabungen in Troja gruben die Arbeiter (bis zu 150 am Tag) planlos in die Tiefe, ohne auf die einzelnen Schichten der Überreste zu achten.

Dreiste Diebstähle befleckten Schliemanns Namen. So gelangte etwa zu Beginn der Ausgrabungen ein Relief des Sonnengottes Apollo in Schliemanns Garten – trotz seiner Zusage, die osmanische Regierung an allen Funden zu beteiligen. Sein bedeutendster Fund war der jahrtausendealte „Schatz des Priamos": Gefäße, Silbervasen und Schmuck (Schliemanns junge griechische Gattin zeigt ihn auf einem berühmten Foto) wurden aus dem Land geschmuggelt und ins Berliner Völkerkundemuseum gebracht. 1945 konfiszierte die Rote Armee den Schatz als Beutekunst. Heute befindet er sich im Puschkin-Museum in Moskau.

Çanakkale
181 C4

Marinemuseum
Fevzipasa Mahallesi, Çimenlik Sokak,
0286/213 17 30
Mo & Do geschl. (Park tgl. geöffnet)
€
www.denizmuzeleri.tsk.tr

Çanakkale

Da die Stadt auf halbem Weg zwischen Gallipoli und Troja liegt, bildet sie einen guten Ausgangspunkt. Obendrein lockt Çanakkale mit farbenprächtigen Töpferwaren, die quasi an jeder Straßenecke verkauft werden. Ein Bummel durch die **Fetvane Sokak** lohnt sich. An der einen Block vom Meeresufer entfernten Straße reihten sich früher prächtige Villen. Heute ist sie eine kleine Allee mit Cafés und Buchläden. Vier oder fünf Blocks weiter südlich befindet sich der **Aynalı Bazaar,** ein überdachter Markt und eine Fundgrube für Mitbringsel.

Marinemuseum (Deniz Müzesi): Die Hauptattraktion des Museums der Marinekommandantur der Dardanellen (Deniz Müzesi) ist der Nachbau des Minenlegers *Nusrat* (siehe Kasten S. 185). Zu einem Bummel am Ufer der Dardanellen lädt der Park rund um den Museumskomplex ein. Mit der Fülle der ausgestellten Minen, Torpedos und Kanonen des Ersten Weltkrieges bildet er ein eigenes Open-Air-Museum.

Bezahlt macht sich der Eintritt für die Gallipoli-Galerie in einer alten Holzvilla im Park. Hier erzählen Schaubilder, Waffen, Armeeuniformen und Beutestücke Gallipolis Geschichte aus türkischer Sicht. Dieser Blickwinkel spielt eine große Rolle, denn die Kämpfe des Jahres 1915 schürten die Legende vom „Vater der Türken" – Atatürk, 1915 Befehlshaber der osmanischen Armee und 1923 Begründer der Türkei.

Die Eintrittskarte gilt auch für die **Burg Çimenlik.** Sie steht ebenfalls auf dem

INSIDERTIPP

Kaufen Sie auf Bozcaada die örtliche Spezialität: Tomatenkonfitüre, die es sonst nirgendwo in der Türkei gibt.

SALLY MCFALL
NATIONAL GEOGRAPHIC-Mitarbeiterin

Gelände des Museums und ziert Çanakkales Stadtwappen. Mehmet II. der Eroberer ließ diese riesige Festung 1461 zusammen mit der Burg Kilitbahir auf der gegenüberliegenden Seite der Meerenge errichten, um die südliche Zufahrt nach Istanbul zu kontrollieren. Später erweiterte Sultan Süleyman der Prächtige die Burg Çimenlik. Ein Netzwerk an Rampen entlang der äußeren Festungsmauern ermöglichte es, die Artillerie im Handumdrehen in Stellung zu bringen. Im Burghof faszinieren der massiv befestigte Wohnturm und die Zugbrücke. Einen Teil der Burg nimmt heute Çanakkales **Militärmuseum** (Askeri Müzesi) ein. Es widmet sich der türkischen Geschichte und dem Gallipoli-Feldzug. Interessant sind die Einschusslöcher in den Festungsmauern und die Exponate zu den nahe gelegenen Kriegerdenkmälern.

Archäologie über die Jahrtausende: Das **Archäologische Museum** (Arkeoloji Müzesi) in Çanakkale umfasst fünf Säle. Neben anderen Ausstellungen sind im Saal 1 antike Keramiken und eine Wandtafel mit den Standorten antiker Siedlungen der Region zu sehen. Saal 2 beherbergt Çanakkales älteste Sammlung, z. B. Kunstwerke aus Troja, Waffen aus der Steinzeit, Fossilien und Teile prähistorischer Ruinen. Saal 3 zeigt hellenistische Kunst, darunter Fundstücke von Ausgrabungen auf Bozcaada. Die Exponate in Halle 4, darunter Bronzeteile, Textilien und Schmuck, stammen vom Tumulus (Hügelgrab) des Dardanus, den man südlich von Çanakkale fand. In Saal 5 ausgestellt sind Kunstwerke, Münzen und Glas aus Assos (Behramkale, 75 Kilometer südlich von Çanakkale) sowie aus Gülpınar (vom Apollon

ERLEBNIS: Streifzug über die Insel Bozcaada

Fahrräder sind das beste, mitunter einzige Fortbewegungsmittel auf Bozcaada – zu leihen z. B. bei Tenedos Bikes *(Tel. 0545/541 95 15, www.bozcaadarehberi.com)* am Hafen. Strände säumen die ganze Insel. Diejenigen an der Südküste, z. B. der Ayazma- und Habbele-Strand, sind mit dem *dolmuş*-Service leicht zu erreichen. Vom Hafen Geyikli Yükyeri *(Tel. 0286/444 07 52, www.gestasdenizulasim.com.tr)*, südlich von Çanakkale, fahren Fähren zur Insel: im Winter dreimal, im Sommer bis zu achtmal pro Tag. Zwischen dem Hafen und Çanakkale besteht eine Busverbindung. Im Sommer fährt eine Schnellfähre *(deniz otobüsü)* direkt von Çanakkale zur Insel (ausschließlich Passagierverkehr).

Militärmuseum
- ✉ Çimenlik Sokak
- ☏ 0286/213 17 30
- 🕒 Mo & Do geschl.
- $ €

Archäologisches Museum
- ✉ Barbaros Mahallesi, 100 Yıl Caddesi
- ☏ 0286/217 65 65
- 🕒 Mo geschl.
- $ €

Fahrt durch die schöne Inselstadt Bozcaada

Festung von Bozcaada
✉ Bozcaada, Hafen
$ €

Smintheion, 96 Kilometer südwestlich von Çanakkale). Im Garten des Museums stehen Sarkophage und große Skulpturen.

Bozcaada

Die Insel Bozcaada (früher Tenedos) ist lediglich 20 Quadratkilometer groß und hat nur 2500 Einwohner. Mit ihrer strategischen Lage am Eingang der Dardanellen stand sie stets im Blickpunkt der jahrtausendelangen Turbulenzen der Geschichte und musste Angriffe von Römern, Venezianern, Genuesen und zaristischen Russen erdulden. Durch jüngere Konflikte zwischen Griechenland und der Türkei war der Zutritt zur Insel für Ausländer bis zum politischen Tauwetter Mitte der 1990er Jahre verboten. Folglich bewahrte die Insel ihre ruhigen Strände für künftige Generationen.

Besuchern sticht bei ihrer Ankunft im Hafen die **Festung von Bozcaada** (€) ins Auge. Sie ist eine der besterhaltenen Burgen der Türkei und überrascht durch ihre Größe. Hell angestrahlt, bildet sie abends eine imposante Kulisse. Die Festungsanlage bezeugt den Frontcharakter der Insel in der Geschichte der Region. Immer wieder wurde sie aufgerüstet und erweitert. Ihr letzter „Kampfeinsatz" fand 1815 statt. Heute hütet sie Grabsteine, Säulen und Amphoren und bietet einen herrlichen Ausblick aufs Meer.

Das Städtchen Bozcaada ist ein echter Geheimtipp. Rund um den Hauptplatz liegen Fischrestaurants, Cafés sowie die von Istanbuler Freigeistern eröffneten Bars im Shabby Chic Style, Boutiquen und ausgefallene Gästehäuser. Der morgendliche farbenfrohe **Markt** quillt über vor frischen Produkten, Olivenöl, Fisch und Meeresfrüchten. Zu den eingemachten Genüssen zählt die Tomatenkonfitüre, eine fruchtige Spezialität, die es nur auf dieser Insel gibt (das „Salto"-Schild markiert die Einkaufsquelle). ■

ERLEBNIS: Weinprobe auf Bozcaada

Wer gerne einen guten *sarap* (Wein) trinkt, sollte einen Besuch auf der kleinen Insel Bozcaada nicht versäumen, wo köstliche Weine auf ihre Verkostung warten. Seit 5000 Jahren gehört der Weinbau zum Inselleben, und Bozcaadas exzellente Weinernten sind seit Jahrhunderten berühmt. Mit vier bedeutenden Weinproduzenten, die Weinproben und Weintouren anbieten, sowie einem fröhlichen Weinfest im Juni haben Besucher die Qual der Wahl.

Sämtliche Invasoren der Insel Bozcaada wussten ihre Weine zu schätzen. Wie ein Flickenteppich bedecken Hunderte kleine Weinberge die Insel. Das Anbaugebiet Bozcaada liefert ungefähr zehn Prozent der türkischen Weine. Die Vielfalt der gebotenen Sorten dürfte selbst leidenschaftliche Weinliebhaber trunken machen, noch bevor sie einen Schluck probiert haben. Das Beste daran: Die Weine sind alle preisgünstig und unschlagbar köstlich.

Ein beliebter Weinproduzent und eines der größten Weingüter der Insel ist **Talay** *(Lale Sokak 5, Tel. 0286/697 80 80)*. In seinem ausgezeichneten Laden im Dorf bietet Talay in einem Verkostungsraum eine Weinprobe mit sechs bis acht Flaschenweinen inklusive einheimischem Käse und regionalen Früchten. **Yunatçılar Camlibag** *(Cumhuriyet Mahallesi, Emniyet Sokak, 24, Tel. 0286/697 80 55)* produziert traditionelle Weine. Die noch relativ neue, kleinere Winzerei **Corvus** *(Tuzburnu Mevkii, Tel. 0286/697 58 80)* verkauft ihre Weine hauptsächlich an die auf der Insel ansässigen Restaurants. Das vierte bedeutende Weingut der Insel ist **Gülerada** *(Tekirbahçe Mevkii, Tel. 0286/697 01 77)*.

Während der Erntezeit veranstaltet das Weingut Talay Weinverkostungs- und Weinlesetouren. Auf diesen Touren lernen die Teilnehmer die einzelnen Stationen der Weinherstellung kennen oder können sogar bei der Weinlese helfen. Zum Angebot der Winzereien auf Bozcaada zählen Weißweine aus den knackigen Vasilaki- und den süßen Çavus-Trauben sowie die kräftigen Rotweine aus den Rebsorten Karasakiz, Karalahna und Kuntra.

Ein Besuch auf Bozcaada lohnt sich besonders während des **Weinfestes**, das meistens am letzten Juniwochenende stattfindet. Bei Zigeunermusik, Tanz, klassischer Musik und zahllosen Weinproben wird in ausgelassener Fröhlichkeit gefeiert. Ein Wettbewerb ermittelt die süßesten weißen Trauben des Jahres.

Einheimische Kinder zeigen stolz die geernteten Weintrauben in einem Weinberg auf Bozcaada

Goldgelbe Sandstrände, Wassersport und antike Tempel gehören zu den reizvollen Attraktionen der westlichen Türkei

Ephesus & das römische Kleinasien

Kopf einer antiken Skulptur im Sebasteion in Aphrodisias

Ephesus & das römische Kleinasien

Antike Siedlungen findet man überall in der Westtürkei. İzmir ist die größte Stadt an der Küste. Von Griechen, Italienern und Levantinern abstammende Einwohner bilden mit Ostanatoliern eine multikulturelle Bevölkerung. In der Nähe ragt die Halbinsel Çeşme westwärts ins Ägäische Meer.

Die monumentale Fassade der Celsus-Bibliothek in Ephesus ist besonders sehenswert

In dieser Region liegt Ephesus, eine der berühmtesten antiken Städte der Türkei und einst der wichtigste Hafen der Ägäis. Die Stadt wurde um 1000 v. Chr. gegründet. Durch Sedimentation verschob sich die Küstenlinie, sodass die heutigen Ruinen (die v. a. aus dem 4. Jh v. Chr. datieren) mehrere Kilometer im Landesinneren liegen. Ephesus beherbergte den Tempel der Artemis, eines der Sieben Weltwunder. Unter römischer Herrschaft wurde Ephesus zur Provinzhauptstadt ausgebaut und es entstanden Prachtbauten wie die Celsus-Bibliothek. In der früh dem Christentum zugeneigten Stadt hielten sich im 1. Jahrhundert n. Chr. die Apostel Paulus und Johannes auf (angeblich auch die Jungfrau Maria). Im näheren Umkreis von Ephesus liegen Ruinen anderer antiker Städte: Priene, Milet mit seinem Heiligtum im nahen Didyma, Pergamon, Laodikeia und Aphrodisias. Weiter östlich erstrecken sich die ausgedehnten, weitgehend unberührten Ruinen von Hierapolis oberhalb der Travertinbecken von Pamukkale. Diese sind ein Naturphänomen. Auf den ersten Blick wirken sie wie schneebedeckte Felsen, doch ihr weißes Glitzern deckt den Irrtum auf: Entstanden sind sie durch ein

Netzwerk von 17 Mineralquellen, die kalkhaltige Stoffe ausschieden, die sich als Travertin (Kalksinter) in Schichten ablagerten. Dieses Naturwunder hat Pamukkale zu einem der faszinierendsten Orte der Türkei gemacht.

Auch wenn einem die Vergangenheit der Region auf Schritt und Tritt begegnet, hat die Gegend weit mehr zu bieten als Sarkophage und Ruinen. Nahe bei Ephesus spiegeln die rührigen Städte Selçuk und Şirince das Flair von İzmir und der Halbinsel Çeşme wider. Ausflüge zu den griechischen Inseln, Wanderungen und etliche Aquaparks sorgen für Abwechslung. Gute Plätze für Wassersport gibt es an der ganzen Küste, und jeden Sommer findet in Alaçatı die Kitesurf-Weltmeisterschaft statt. ■

NICHT VERSÄUMEN

Einen sonnigen Nachmittag an einem der Strände von Altınkum 197

Kiten oder Windsurfen in Alaçatı, einem der führenden Wassersportzentren der Türkei 197

Die antiken Ruinen von Ephesus einschließlich der beeindruckenden Hanghäuser erkunden 198-199

Ohne Massenandrang die weniger besuchten archäologischen Stätten Aphrodisias oder Priene durchstreifen 202-203

Das in Stein gemeißelte Medusenhaupt in Didyma 203

In Pamukkale die Travertinterrassen und die Thermalbäder bei Sonnenuntergang bewundern 204-205

In Hierapolis inmitten von antiken Ruinen im Bad der Kleopatra schwimmen 205

Halbinsel Çeşme

Die Halbinsel Çeşme ragt westlich von İzmir ins Ägäische Meer. Sie besticht mit goldgelben Sandstränden, Wassersportmöglichkeiten, antiken Ruinen, gutem Essen und regionalem Charme. Auf die Besucher, die aus dem Trubel der historischen Hafenstadt İzmir kommen, warten alte Olivenhaine, Berglandschaften und das azurblaue Wasser der Ägäis.

In Alaçatı ist Kitesurfen zu einer beliebten Wassersportart geworden

İzmir
195 B2
Besucherinformation
Akdeniz Mahallesi 1344 Sokak 2 Pasaport, İzmir
0232/47 42 12 46 16
www.tourismturkey.org

İzmir

İzmir, drittgrößte Stadt der Türkei, ist das Tor zur Halbinsel Çeşme. Die Architektur, in der sich osmanische und Jugendstilelemente mischen, spiegelt die bewegte Vergangenheit dieser Handelsstadt wider. İzmir ist nach wie vor eine Bastion der ethnischen Vielfalt, obwohl der Ort vor knapp einem Jahrhundert Schauplatz heftiger Kämpfe zwischen Griechen und Türken war. Die Stadt besitzt einige interessante Museen und ein pulsierendes Nachtleben, vor allem im Stadtviertel Alsancak. Das sehenswerte **Archäologische Museum** (Arkeoloji Müzesi) zeigt römische Funde, die zum Teil in der Agora in İzmirs Zentrum ausgegraben wurden.

Stadt Çeşme

Der Ferienort liegt an der Spitze der gleichnamige Halbinsel. Von der Strandpromenade fällt der Blick auf die griechische Insel Chios, zu der die Fähren von Erturk Lines

INSIDERTIPP

Mit seinem beständigen Wind und kristallklaren Wasser ist Alaçatı für Windsurfer ideal.

KEMAL NURYADIN
Chefredakteur,
NATIONAL GEOGRAPHIC Türkei

(Beyazit Cad. 6–7, Çeşme-İzmir, Tel. 0232/712 67 68, www.erturk.com.tr) täglich übersetzen. Eine Burg (16. Jh.) beherbergt das exzellente **Archäologische Museum Çeşme** (Çeşme Müzesi). Das ehemalige Waffenmuseum zeigt heute Ausgrabungsfunde aus Ildir, z. B. Skulpturen, Münzen und Amphoren. Von Mai bis Oktober verkehren wöchentlich Fähren zwischen Ancona (Italien) und Çeşme.

Alaçatı

Das malerische Dorf liegt neun Kilometer südwestlich von Çeşme. Perfekt restaurierte Gebäude aus hellem Stein und einige hervorragende Restaurants, die Spezialitäten wie *gözleme* (mit Spinat, Feta oder Kartoffeln gefülltes Fladenbrot) servieren, säumen seine engen Gassen. Hier kann man gut essen, faulenzen oder surfen (Alaçatı ist auch der Austragungsort der Kitesurf-Weltmeisterschaften).

Alaçatıs Nachtleben zieht die Jugend scharenweise an. Für andere Besucher liegt der Reiz vor allem in den Ruinen der ionischen Stadt Litri, das antike im 11. Jahrhundert v. Chr. erbaute Erythrai nahe dem heutigen Dorf **Ildır**.

Altınkum

Altınkum („Goldener Sand") ist ein Küstenabschnitt einige Kilometer südlich der Stadt Çeşme am südwestlichen Zipfel der Halbinsel. In der felsigen Landschaft locken schöne Strände mit weichem Sand, reichlich Platz und schattigen Strandbars. Infolge einer kalten Strömung ist das Wasser im Sommer angenehm kühl. Für den Transport von und nach Çeşme sorgen *dolmuş*-Betriebe. Alternativ können Sie auch einen Motorroller mieten. ■

Archäologisches Museum İzmir
✉ Halil Rifat Paşa Cad. 4 Bahribaba Parkı içi Konak
☎ 0232/489 07 96 24
🕒 Mo geschl.
$ €

Çeşme
195 A2

Besucherinformation
✉ Kale Sokak 1
☎ 0232/484 21 48

Archäologisches Museum Çeşme
✉ İnkılap Caddesi, Çeşme
☎ 0232/712 66 09
🕒 Mo geschl.
$ €

ERLEBNIS:

Wassersport in Alaçatı

Alaçatı ist der ideale Ort für Wassersportler. Kite-Turkey *(Progressive Boardsports, Myga Surf City, Çark Yolu 39, Alaçatı, Tel. 0538/381 56 86, www.kite-turkey.com)* bietet Kurse für Anfänger und Fortgeschrittene. 30 Kilometer östlich von Alaçatı betreibt Kite-Turkey ein weiteres Zentrum. Die Bucht von Alaçatı ist ideal zum Windsurfen, vor allem ihre geschützte, flache Nordwestseite. Myga Surf City *(Çark Mevkii, 8011 Sokak 4, Alaçatı, Tel. 0232/716 64 68, www.myga.com.tr)* und Alaçatı Surf Paradise Club *(1 Alaçatı Liman Mevkii, Alaçatı, Tel. 0232/716 66 11, www.alacati.info)* veranstalten Kurse, verleihen Boards und lagern mitgebrachte Ausrüstung. Alaçatıs Wassersportzentren liegen drei Kilometer südlich des Stadtzenzentrums. Der regelmäßige *dolmuş*-Verkehr verbindet die beiden Bereiche. Zudem befinden sich zahlreiche Hotels in der Bucht.

Ephesus & Umgebung

Neben Istanbuls historischen Stätten verzeichnen die Ruinen des antiken Ephesus die höchste Anzahl an ausländischen Besuchern. Ephesus liegt drei Kilometer westlich von Selçuk und 84 Kilometer südlich von İzmir. Zur Zeit ihrer Gründung im 10. Jahrhundert lag die Stadt direkt an der ägäischen Küste. Die gut erhaltenen Tempel, Kaufmannshäuser und Theater sind atemberaubend.

Die Ruinen des römischen Amphitheaters in Ephesus

Ephesus
- 195 B2
- 3 km von Selçuk
- €€€€; Hanghäuser €€€

Ephesus

Vom Eingang am **Oberen Tor** führt der Weg zur oberen **Agora** (Marktplatz). Unterwegs liegen rechts die **Variusthermen.** Kurz darauf ist das **Odeon** (2. Jh. n. Chr.) mit seinen 1500 Sitzplätzen erreicht. Wer die Sitzreihen hinaufwandert, wird mit einem schönen Blick auf das **Prytaneum** (Rathaus) und zwei benachbarte **Tempel** belohnt. Im nahen **Tempel der Artemis** wurden zwei Statuen der Göttin gefunden, die heute im Efes Müzesi in Selçuk (siehe S. 200) ausgestellt sind.

Die einst von Kolonnaden gesäumte Hauptstraße verläuft bergab zum **Polliobrunnen** und zum **Domitiantempel** (beide 1. Jh. n. Chr.) auf der linken Seite. Auf der rechten Seite befinden sich das **Grab des Memmius** (1. Jh. n. Chr.) und der **Monumentalbrunnen** (1.–4. Jh. n. Chr.). Das **Herkulestor** steht am Anfang der **Kuretenstraße,** an der sich während der Glanzzeit der Stadt die Läden reihten. Weiter geht es zum **Trajantempel** (1. Jh. n. Chr.), dessen Skulpturen heute im Efes Müzesi in Selçuk zu sehen sind. Es folgt der faszinierende **Hadriantempel.** Er wurde im 2. Jahrhundert n. Chr. anlässlich eines Besuchs Kaiser Hadrians errichtet und im 4. Jahrhundert restauriert. Hinter dem Tempel liegen die öffentlichen **Latrinen** und das **Bad der Skolasticia**, ebenfalls im 2. Jahrhundert n. Chr. erbaut und im 4. Jahrhundert umgestaltet.

An der Kuretenstraße liegen auch die **Hanghäuser.** Sehenswert (trotz der zusätzlichen Eintrittsgebühr) ist das Hanghaus Nr. 2. Dieser verschachtelte Komplex mit sechs luxuriösen Wohnhäusern aus dem 1. und 2. Jahrhundert wird noch restauriert. Im 3. Jahrhundert verließen die Bewohner ihre Häuser nach mehreren Erdbeben. Doch die kostbare Ausstattung der Gebäude blieb relativ intakt. In der Einheit Nr. 6 werden die in Tausende Stücke zerbrochenen Marmorwände des Bankettsaals mühevoll zusammengesetzt. In Einheit Nr. 2 und Nr. 3 sind schöne Wandmalereien und Mosaikböden zu sehen.

Eine Attraktion der Stätte ist die imposante **Celsus-Bibliothek.** Konsul Gaius Julius Aquila (110 n. Chr.) ließ sie zu Ehren seines Vater, des Statthalters der Provinz Asia, errichten (135 n. Ch. fertiggestellt). In Nischen der Fassade stehen Kopien der Statuen der vier Tugenden. Die Bibliothek hütete einst Tausende von Schriften, die jedoch beim Einfall der Goten im 3. Jahrhundert verbrannten.

ERLEBNIS: Streifzug durch Ephesus

Während des Streifzuges durch die Ruinen von Ephesus bekommt man ein Gespür für das frühere Leben in dieser einst so großartigen Stadt. Wer dem Menschenandrang entfliehen will, kommt früh am Morgen und beginnt seine Tour am Oberen Tor. Von dort aus führt der Weg bergab. Nehmen Sie Proviant und reichlich Wasser mit! In der gesamten Stätte gibt es weder Speisen noch Getränke. Sehenswerte Stellen sind in Türkisch und Englisch beschriftet. Hilfreich sind Audioguides *(€€€)* oder mehrsprachige Führer *(€€€€€ pro Gruppe, zwei Stunden)*, die am Eingang warten. Die meisten Hotels in Selçuk (drei Kilometer östlich) bringen ihre Gäste kostenlos nach Ephesus und wieder zurück.

Rechts neben dem Bibliothekseingang bildet das **Mazaeus-Mithridates-Tor** den Zugang zur unteren Agora. Das 16 Meter hohe Tor mit drei Durchgängen errichteten die ehemaligen Sklaven Mazaeus und Mithridates zu Ehren des Kaisers, der ihnen die Freiheit schenkte. Zurück geht es Richtung Nordosten über die **Marmorstraße** mit dem **Bordell** auf der rechten Seite. Nicht zu übersehen ist das **Große Theater** (1.–4. Jh. n. Chr.) mit 25 000 Plätzen. Die oberste Sitzreihe bietet einen guten Ausblick auf das **Theatergymnasium** und die

Selçuk
195 B2
Besucherinformation
Atatürk Mah. Agora Çarşısı 35, Selçuk
0232/892 69 45
www.selcukephesus.comgen.tr

Efes Müzesi
Atatürk Caddesi, Uğur Mumcu Sevgi Yolu 28, Selçuk
0232/892 60 10
Mo geschl.
€€

Hafenstraße. Von der Hafenstraße führt der Weg erst nord-, dann ostwärts zum Ausgang am **Unteren Tor.**

Selçuk

Viele Besucher übernachten in Selçuk lediglich vor und nach ihrer Ephesus-Tour. Doch vieles spricht für einen längeren Aufenthalt.

Ephesus-Museum (Efes Müzesi): Das Museum liegt direkt der Besucherinformation gegenüber. Es zeigt antike Exponate aus den nahen Ausgrabungsstätten. Ein Diorama stellt das römische Alltagsleben in einem Wohnhaus dar. Besondere Stücke sind z. B. die Statuen des Polliobrunnens oder die Öllampe mit einem eingravierten Eros im Eros-Saal. Die Highlights beherbergt der **Artemis-Saal:** drei wunderschöne Skulpturen der Artemis (1./2. Jh.) und ein Modell des **Artemistempels** (Artemision). Nur zehn Gehminuten vom Museum

INSIDERTIPP

Selçuk ist berühmt für seinen *çöp şiş* – kleine Spieße mit Lamm und Gemüse. Am köstlichsten schmecken sie, wenn man zehn oder zwölf Stück in einer Imbissstube kauft und aus der Hand isst.

KEMAL NURYADIN
Chefredakteur,
NATIONAL GEOGRAPHIC Türkei

An der Mauer der Meryemana hinterlassen die Besucher Wunschzettel

ERLEBNIS: Wasserspaß im Aquapark

Besonders für Kinder ist der 45 Hektar große Aqua Fantasy AquaPark *(Ephesus-Strand, Selçuk, Tel. 0232/850 85 00, www.aquafantasy.com)* ein ideales Kontrastprogramm zum Marathon durch römische Ruinen. Wasserrutschen, Wellenbäder und riesige Meerestiere aus Plastik sorgen für Spaß. Das zentrale Becken ist vollgepackt mit Vergnügungen für die Kleinen, darunter die Piratenrutsche oder der Abenteuerfluss. Ältere Kinder genießen die Röhrenrutschen oder magenumdrehende Sieben-Sekunden-Rutschpartien in Geschwindigkeiten bis zu 80 Kilometern pro Stunde im X-Treme. Eltern erholen sich im Erwachsenenbecken, im türkischen Bad und bei Wellnessanwendungen vom turbulenten Wasserspaß.

entfernt liegen die Überreste des ursprünglichen Tempels – eines der Sieben Weltwunder, von dem nur ein paar große Steine und eine Säule übrig geblieben sind.

Johannesbasilika: Im 1. Jahrhundert wurde der Apostel Johannes auf dem Stadthügel Ayasoluk begraben. Drei Jahrhunderte später ließ Kaiser Konstantin über dem Grab eine riesige Basilika errichten, die Kaiser Justinian im 6. Jahrhundert erweiterte. In der heutigen Ruine sind das Grab des Johannes und die früheren Umrisse der Kirche markiert. Bei Sonnenuntergang bietet die Ruine einen schönen Blick auf die **İsa Bey Camii** (14. Jh.), Selçuks Moschee.

Meryemana

Meryemana (Haus der Maria), eine Waldkapelle auf dem Berg Koressos bei Ephesus, ist für Christen wie Muslime eine Pilgerstätte. Es heißt, die Jungfrau Maria sei mit dem Apostel Johannes hierher gekommen und habe an diesem Ort ihre letzten Jahre verbracht. Das Haus wurde 1891 von einem Pfarrer entdeckt.

Şirince

Das malerische, acht Kilometer von Selçuk entfernte Dorf wurde im 19. Jahrhundert von Griechen gegründet. In der warmen Jahreszeit strömen die Besucher nach Şirince zum *köy kahvaltısı* (Dorffrühstück) oder Mittagessen im Freien. Läden und Stände verkaufen dann handgefertigte Textilien und köstliche Obstweine.

Unterwegs vor Ort

Dolmuş-Betriebe sorgen an allen genannten Orten für den Transport, manchmal aber nur einmal am Tag. Bequemer als selbst zu fahren ist eine organisierte Tour mit sprachkundigem Führer, wie sie z. B. **Ephesus Tours** *(Liman Caddesi Belediye Çarşısı 17 Kuşadası/Aydın, Tel. 0256/618 32 68, www.ephesustours.org)* oder **Meander Travel** *(Kibris Caddesi 1/A Kuşadası/Aydın, Tel. 0256/614 38 59, www.ephesustours.net)* anbieten. ■

Meryemana
8 km von Selçuk
€€€

Şirince
195 B2
8 km von Selçuk

Das antike Kleinasien

Die nachfolgend genannten Orte zählen zu den berühmtesten antiken Stätten der Westtürkei. In Milet können Besucher Münzen bewundern, in Pergamon den Zeusaltar, während Didyma und Aphrodisias mit imposanten Köpfen von Skulpturen beeindrucken.

Aphrodisias ist nach dem Tempel der Aphrodite benannt

Pergamon

Die ausgedehnten Ruinen von **Pergamon** erstrecken sich 100 Kilometer nördlich von İzmir auf einem Hügel. Ihre Blüte erlebte die Stadt unter König Eumenes II., der 197–59 v. Chr. herrschte. Seine **Bibliothek** mit 200 000 Schriften war eine der größten ihrer Zeit. Den berühmtesten Ausgrabungsfund, den **Zeusaltar** (Pergamonaltar), bewahrt das Pergamon-Museum in Berlin. Das Museum **Bergama Müzesi** *(Zafer Mahallesi, Cumhuriyet Caddesi 6, Tel. 0232/631 2883, Mo geschl., €)*, zeigt ein maßstabgetreues Model.

Priene, Milet & Didyma

Priene liegt rund 35 Kilometer südlich von Ephesus. Es wurde zunächst als Hafenstadt am Fuß einer Klippe erbaut. Als der Schlick des verlandenden Flusses Mäander drohte, die Stadt unter sich zu begraben, wurde sie im 4. Jahrhundert v. Chr. 16 Kilometer landeinwärts neu gegründet. Die Ausgrabung der alten Stadt begann im 19. Jahrhundert. Zu den Funden zählen der **Tempel der Athena,** der unter der Schirmherrschaft Alexanders des Großen errichtet wurde, und das kleine **Theater.** Ausgegraben wurde auch eine **Agora,** ein **Prytaneion** (Regierungssitz) und ein **Bouleuterion** (Ratssitz).

Die Hafenstadt **Milet,** 22 Kilometer nördlich von Priene, ist wesentlich älter als ihr Nachbar und war ebenfalls wohlhabend. Ihre Blütezeit begann um 700 v. Chr. Die Stätte bietet antike griechische

INSIDERTIPP

Aphrodisias ist weniger überlaufen als Stätten wie Ephesus. Da es an zuverlässigen Verkehrsverbindungen mangelt, sind organisierte Touren oder das eigene Auto die Alternativen.

SALLY MCFALL
NATIONAL GEOGRAPHIC-Mitarbeiterin

Ruinen wie das gut erhaltene **Theater** und römische Ruinen des **Hafens** der Stadt. Neben dem Theater liegen Überreste einer byzantinischen **Festung.** Mit einer zerfallenen Moschee, der bemerkenswerten **İlyas Bey Camii,** ist auch das Mittelalter vertreten. Der **Marmortempel** mit dem berühmten steinernen **Medusenhaupt** (siehe rechts; 4. Jh. v. Chr.) in **Didyma** war eine weithin bekannte Orakelstätte des Gottes Apollo, die dem nahegelegenen Milet gehörte.

Aphrodisias

Die römische Stadt **Aphrodisias,** 200 Kilometer östlich von Didyma, verdankte den exzellenten Marmorskulpturen der hier ansässigen Künstler ihren Ruhm. Das hervorragende **Museum** *(Geyre, Aydın, Tel. 0256/448 80 86, Mo geschl.)* vor Ort beherbergt heute einen Teil dieser beeindruckenden Kunstwerke. Besonders sehenswert sind die 80 Skulpturen, die aus dem freigelegten **Sebasteion** (Kaisertempel; 20–60 n. Chr.) stammen, und eine große, detaillierte Darstellung der Aphrodite. Der **Tempel der Aphrodite** (spätes 1. bis 2. Jh. n. Chr.) ist das bedeutendste Bauwerk der antiken Stadt. Weitaus beeindruckender ist aber das schlank-ovale **Stadion.** Seine Tribünen mit 22 Sitzreihen (30 000 Plätze) sind zum Teil komplett erhalten. Mit ihren stattlichen Ausmaßen von 262 x 59 Metern ist die Arena sogar größer als das ursprüngliche olympische Stadion in Griechenland.

Das berühmte Medusenhaupt in Didyma stammt aus dem 4. Jahrhundert v. Chr.

Dr. Kenan Tefvik Erim (1929–1990)

Obwohl die Arbeiten schon seit Beginn des 20. Jahrhunderts stattfanden, verdankt Aphrodisias seine sorgsame Ausgrabung fast ausschließlich einem einzigen Mann: Dr. Kenan Tefvik Erim. Der in Istanbul geborene und in der Schweiz und den USA aufgewachsene Archäologe kam 1959 an die Ausgrabungsstätte, die ihn sofort faszinierte. Damals lag die Stätte noch unter der modernen Stadt Geyre, die später umgesiedelt wurde. In den folgenden 30 Jahren sorgte Erim dafür, dass die Ausgrabungen überaus gewissenhaft erfolgten.

Nach seinem Tod 1990 in Ankara wurde Erim seinem Wunsch entsprechend in Aphrodisias begraben. Sein gut gepflegtes Grab liegt in der Nähe des zweibogigen Tören Kapısı (200 n. Chr.), des Zeremonientors.

Pamukkale & Hierapolis

Die kleine Stadt Pamukkale liegt 20 Kilometer von der Provinzhauptstadt Denizli entfernt. Sie schmiegt sich an den Fuß der Travertinterrassen, die zu den touristischen Hauptattraktionen der Türkei zählen. Auf dem Berg oberhalb von Pamukkale erstreckt sich eine weitere Sensation: das antike Hierapolis („Heilige Stadt") mit seinen Thermalquellen, die Besucher aus aller Welt anlocken.

Kalksteinterrassen mit Travertinbecken in Pamukkale

Pamukkale & Hierapolis
195 C2
Besucherinformation
Örenyeri Pamukkale
0258/272 20 77
www.pamukkale.gov.tr

Pamukkale

Seit Tausenden von Jahren zieht Pamukkale („Baumwollfestung") Besucher an. Auf dem Plateau oberhalb der schneeweißen Terrassen aus Travertin (erstarrtem Kalziumkarbonat) entstand die antike Stadt **Hierapolis** und zog mit ihren 17 Thermalquellen Gäste an. Vor allem seit den 1980er Jahren kam es jedoch durch den Tourismus zu Schäden: Auf den kostbaren Hängen dieser einzigartigen Stätte wurden fünf Hotels erbaut (und wieder abgerissen), bis der Ort 1988 zum Unesco-Weltnaturerbe erklärt wurde. Heute sind die lumineszierenden Travertinbecken streng geschützt. Das Wasser wird so umgeleitet, dass sich die in der Vergangenheit zerstörten Kalkablagerungen wieder regenerieren können. Auf markierten Pfaden können Besucher über die Travertinterrassen hinaufwandern, jedoch nur ohne Schuhe. Auf der festgelegten Route ist Schwimmen erlaubt.

ERLEBNIS: Das Bad der Kleopatra

Im warmen, sprudelnden Bad der Kleopatra zu tauchen gleicht dem Besuch einer versunkenen Stadt. Die Temperatur des mineralreichen Wassers beträgt konstant 36 °C. Das Becken im Herzen von Hierapolis hat täglich geöffnet. Sein türkisfarbenes Wasser bedeckt antike Säulen, die im 17. Jahrhundert bei einem Erdbeben abrutschten. Neben Badesachen und Handtuch sollte man also eine Taucherbrille für die bessere Sicht unter Wasser mitbringen. Das Baden im von Heilquellen gespeisten Schwimmbecken ist idyllisch, vor allem frühmorgens oder am Spätnachmittag. Eintrittskarten *(zwei Stunden gültig, Erwachsene €€€€; Kinder von sechs bis zwölf Jahren €€€; unter sechs Jahren frei)* gibt es am Schalter links im Eingangsbereich. Rechts davon, im flachen gelben Gebäude, befinden sich die Umkleidekabinen und kostenlose Schließfächer.

INSIDERTIPP

Bei Sonnenaufgang und -untergang reflektieren die Travertinterrassen und Pamukkales Bäder glitzern rosa oder goldfarben.

TOM JACKSON
National Geographic-Mitarbeiter

Hierapolis

Eumenes II., König von Pergamon (siehe S. 202), legte im 2. Jahrhundert v. Chr. den Grundstein dieser hellenistischen Stadt. Doch zu einem berühmten urbanen Zentrum entwickelte sich Hierapolis erst unter der späteren römischen Herrschaft. Die Ruinen der Stadt sind bis heute erhalten. Hinter den antiken Bädern befindet sich das **Plutonion.** Hier sprach der Gott Apollo Karneios im Dunst giftiger Gase als Orakel zu den Priesterinnen. In der Nähe liegen die Überreste des **Apollotempels** (1.–3. Jh. n. Chr.) und das **Amphitheater** (3. Jh.). Fünf Gehminuten in Richtung Nordosten markiert das **Martyrion des Apostels Philippus** (5. Jh. n. Chr.) die Stelle, an der dieser 80 n. Chr. gesteinigt wurde. Die **Agora** (2. Jh.) sowie die mit Kolonnaden gesäumte **Via Frontinus** (1.–6. Jh. n. Chr.) und die **Nekropole** (1.–3. Jh. n. Chr.) liegen auf dem Weg zum Nordtor. Drei Räume der römischen Bäder beherbergen das **Archäologische Museum Hierapolis.** Es zeigt u. a. Götterstatuen, Gladiatorenreliefs, Münzen, Werkzeuge und Sarkophage. Die Fundstücke stammen aus Hierapolis und nahen Grabungsstätten, z. B. **Laodikeia** (zehn Kilomter südlich), das in byzantinischer Zeit als bedeutendes sakrales Zentrum galt. Shuttlebusse (€) pendeln zwischen Bäderkomplex, Amphitheater, Nekropole, Theater und Südtor. Die Fahrt mit dem Bus zum Nordtor ist kostenlos. ■

Archäologisches Museum Hierapolis
✉ Hierapolis
☎ 0258/272 20 34
🕒 Mo geschl.
$ €

Bad der Kleopatra
✉ Pamukkale
☎ 0258/272 20 24
$ €€€€

www.pamukkalethermal.com

Unberührte antike Ruinen, verlassene Buchten, fantastische Strände: verborgene Schätze, die die unglaubliche Türkisküste der Türkei säumen

Die Türkisküste

Der Strand von Kaputas, Kalkan, an der Türkisküste

Die Türkisküste

Dieser Küstenabschnitt, der Teil der türkischen Mittelmeerküste ist, ist eine andere Welt als belebte Ägäis-Badeorte wie Bodrum weiter nördlich. An dieser Küste gibt es etliche Stellen, an denen Sie eher auf eine Meeresschildkröte oder einen Silberreiher stoßen als auf einen Menschen.

Ein Tag am Mittelmeer nahe Kekova

Die Türkisküste, also die türkische Mittelmeerküste, die vom Jachtzentrum Göcek bis nach Antalya reicht, bietet zerfallende Ruinen, Strände und Seebäder, Fischerorte und einige der besten Wassersportmöglichkeiten des Landes. Wenn Sie mit dem Segelboot, einem *gulet* oder Kajak das Festland verlassen, werden Sie weitere großartige Flecken entdecken.

Ein Großteil der Region bildete früher Lykien, eine Gruppe alter Städte, deren Gründung die Historiker auf das 13. Jahrhundert v. Chr. datieren. Diese Städte, die sowohl von Persern als auch von Alexander dem Großen beherrscht wurden, bildeten zu Beginn des 2. Jahrhunderts v. Chr. den Lykischen Bund, die erste dokumentierte Demokratie der Geschichte. 46 n. Chr. wurde er in das alles überwältigende Römische Reich integriert.

Heute sind die Lykier vor allem durch ihre in den Fels gehauenen Gräber, wie man sie z. B. in Myra findet, und durch den Lykischen Pfad (auf Türkisch *likya yolu*) in Erinnerung geblieben. Letzterer ist eine Kombination aus Wanderweg und Maultierpfad, der sich auf 509 Kilometern an der Küste von Fethiye nach Antalya erstreckt.

Das sonnenverwöhnte Antalya am Ostende ist die größte Stadt der Türkisküste. Als urbanes Zentrum wird es zugunsten der Badeorte in der Umgebung gern links liegen gelassen, doch mit seinen ausgezeichneten Museen – dem Ethnographischen und dem Archäologischen Museum – und der reizvollen Altstadt Kaleiçi ist es für die Erkundung der Region ein guter Ausgangspunkt.

Preiswerte Flüge nach Dalaman und Antalya von Istanbul und weiter entfernten Orten aus und eine Busverbindung, die im Wesentlichen eine Küstenschleife entlangführt, sorgen dafür, dass die Türkisküste auch ohne eigenes Fahrzeug gut zugänglich ist. Die besten Jahreszeiten für einen Besuch dieser Gegend sind Frühling und Herbst. Der Küstenstreifen ist übersät mit verschlafenen Fischerdörfern wie Çıralı und Ulupınar und überwachsenen alten Ruinen wie Letoon und Xanthos oder Olympos und Phaselis weiter im Westen. ■

NICHT VERSÄUMEN

Entspannen in Ölüdeniz, einem der schönsten Strände in der Türkei 210

Eine oder zwei Wochen auf einer hinreißenden „Blauen Reise" 211

An den geschützten Stränden von Patara oder Çıralı Unechte Karettschildkröten entdecken 211, 217

Einen einsamen Abschnitt des Lykischen Pfades erwandern 212–215

Um die versunkenen Ruinen bei Kekova paddeln 218

Die antiken Stätten von Olympos oder Phaselis erkunden 217–219

Die im Archäologischen Museum von Antalya ausgestellten Schätze 219

Von Göcek bis Kaş

Die Küstengegend zwischen Göcek mit seinem herrlichen Naturhafen und dem Tauchzentrum von Kaş grenzt an die südlichste Ägäis. Es gibt erstklassige Jacht- und Wassersportmöglichkeiten, alte Ruinen, unberührte Strände und unzählige Kreuzfahrtangebote. Abenteuerlustige können bei Antalya Kajak fahren oder bei Fethiye Paragliding betreiben, während andere lieber am Strand von Patara entspannen.

Ein Taucher stößt vor Kaş auf einen Strauchschwamm

Von Göcek bis Ölüdeniz

Göcek ist ein beliebter Ausgangpunkt für Kreuzfahrten der „Blauen Reise" (siehe Kasten gegenüber) oder private Segelkurse. Im weiter südlich gelegenen ehemaligen Fischerdorf **Fethiye** befindet sich das sehr gute **Fethiye Müzesi** (Fethiye Museum; *Kesikkapı Mh. 505 Sk. 4, Tel. 0252/614 11 50, http://fethiyemuzesi.gov.tr, Mo geschl., €*). Halten Sie Ausschau nach der dreisprachigen Stele, einer Schrifttafel in Griechisch, Lykisch und Aramäisch.

Zehn Kilometer südlich von Fethiye ist eine Geisterstadt zu entdecken: **Kayaköy** wurde 1923 beim griechisch-türkischen Bevölkerungsaustausch (siehe Kasten S. 32) von den anatolisch-griechischen Bewohnern aufgegeben. Die etwa 20 Kilometer weiter südlich von Fethiye in eine Bucht ragende Sandbank von **Ölüdeniz** *(www.oludenizbeach.com)* ist sehr belebt. Hier verbinden sich Wassersportmöglichkeiten und Nachtleben mit **Paragliding-Angeboten** vom aufragenden Babadağ *(Skysports Turkey, Carsi Caddesi, Tonoz otel alti, Ölüdeniz, Fethiye, Tel. 0252/617 05 11,* *www.skysports-turkey.com)* und Wandergelegenheiten *(www.altitudeaction.com)*.

Kalkan & Kaş

Kalkan *(www.kalkanturkey.com)* ist der beste Ausgangspunkt, um die zum Unesco-Welterbe gehörenden Stätten von **Xanthos** (Lykiens einstige Hauptstadt) und **Letoon** zu erkunden, dazu das Amphitheater und den insgesamt 17 Kilometer langen Strand von **Patara**, an dem die gefährdeten Unechten Karettschildkröten ihre Eier ablegen. **Kaş** ist ein Wassersportzentrum und Ausgangspunkt für Touren zu den Ruinen von Kekova (siehe S. 216) oder Myra (siehe S. 216–217) weiter östlich. ■

INSIDERTIPP

Kaş gehört mit vielen Schiffswracks und einem reichen Unterwasserleben zu den besten Tauchrevieren des Mittelmeers.

KEMAL NURYADIN
Chefredakteur, NATIONAL GEOGRAPHIC Türkei

Göcek
209 A2
Besucherinformation
Skopea Marina, Göcek, Fethiye
0532/363 30 80
www.gocek.info

Kaş
209 B1
Besucherinformation
Cumhuryet Meydani, 5
0242/836 12 38

Patara
209 A1

ERLEBNIS: Auf zur „Blauen Reise"

Mit ihrem kristallklaren Wasser und den bunten Fischerdörfern bietet sich die Türkisküste für eine Kreuzfahrt an. Schiffsfahrten an der Küste entlang sind als „Blaue Reisen" gestaltet, die bis zu zwei Wochen dauern können. Man kann in den meisten größeren Städten der türkischen Mittelmeerküste, etwa in Göcek, Fethiye, Kalkan, Kaş und Antalya, an Bord gehen.

Die meisten Reisen finden mit einem *gulet* statt, einem traditionellen türkischen Segelboot mit zwei Masten, Holzdecks und jeder Menge Charme. Auf den Booten können zwischen zwölf und 20 Passagiere übernachten, zusammen mit einer Crew von drei oder vier Mann, die segeln und jeden Tag drei Mahlzeiten zubereiten. Für die Gäste an Bord gibt es wenig mehr zu tun als die Schnorchelausrüstung, das Dingi und das gelegentlich ebenfalls an Bord befindliche Surfbrett zum Windsurfen zu nutzen. Die Reiserouten hängen vom Charterer ab. Highlights sind die Inseln in der Bucht von Göcek, die geschichtsträchtige Insel Kekova und die antiken Ruinen bei Çıralı. In jedem der Küstenzentren stoßen Besucher auf die Reihen von vertäuten *gulets*, die auf eine Charter warten. Kleinere Ausflüge können vor Ort ausgehandelt und bar bezahlt werden. Eine Dreitagesfahrt kostet für eine zehnköpfige Gruppe pro Person zwischen €200–€300, je nach Schiffsgröße und Saison.

Einwöchige Fahrten belaufen sich auf um die €480–€730 pro Person und lassen sich am besten ein paar Monate im Voraus organisieren. Zu den seriösen, von Familien betriebenen Anbietern gehören **Turkish Gulet** *(Tel. 0252/645 11 31, www.turkishgulet.com)* mit Büros in Göcek und **Turhan Yachting** *(Tel. 0252/417 46 50, www.bluevoyagegulet.com)*. Für eine exklusive *gulet*-Fahrt in Begleitung des gefeierten Archäologen und Historikers Peter Sommer wenden Sie sich an **Peter Sommer Travels** *(Tel. 44 1600/88 82 20, www.petersommer.com)* mit Sitz in Großbritannien.

Wandern auf dem Lykischen Pfad

Der alte Lykische Pfad schlängelt sich von Ovacik nahe Fethiye bis nach Antalya über 509 Kilometer die Küste entlang. Er lässt sich am besten zwischen September und Mai bewandern, denn während der türkischen Sommermonate mit hohen Temperaturen und brennender Sonne ist es dazu einfach zu heiß.

Leuchtturm bei der Stadt Fethiye

Die Route des Lykischen Pfades ist etwa alle 90 Meter mit weiß-roten Querstrichen markiert. Bei unklaren Kreuzungen wird durch ein rotes „x" angezeigt, welcher Gabelung man nicht folgen soll. Wichtige Anschlussstellen sind mit gelben „Likya Yolu"-Schildern markiert, und die Entfernungen sind in Kilometern angegeben. Wenn Sie ein längeres Stück auf dem Lykischen Pfad wandern möchten, schauen Sie auf Kate Clows sehr nützliche Website *(www.lycianway.com)* oder erwerben Sie ihr Buch *Der Lykische Pfad: Der erste Fernwanderweg der Türkei (Upcountry Ltd, 2005)*. Sie müssen genügend Proviant und Wasser mitnehmen, da es unterwegs keine Kioske gibt und öffentliche Brunnen versiegen können. Beide Wanderungen beginnen in Çıralı *(www.cirali.org)*, und so ist auch dieser beschauliche Küstenort für die Unterkunft ideal. Die Rückfahrt erfolgt mit dem Taxi.

NICHT VERSÄUMEN

Antike Ruinen von Olympos • Ein Picknick an einer kleinen Schäferhütte mit Blick auf Adrasan • Morgendlicher Blick auf den Berg Tahtalı • Abgelegene Sandbuchten • Der Strand von Maden mit seinen aufgelassenen Abbaumaschinen

Von Çıralı nach Adrasan

Nehmen Sie zu Beginn der Wanderung die Hauptstraße in **Çıralı** Richtung Süden. Halten Sie Ausschau nach dem **gelben „Likya Yolu"-Schild** ❶ sowie nach den Wegmarkierungen mit roten und weißen Querstreifen, die Sie während der gesamten Wanderung begleiten. Gehen Sie am Flussufer nach Osten und überqueren Sie das Wasser, wenn Sie die Trittsteine erreicht haben. Gehen Sie durch den **Restaurantgarten von Olympos Merhaba** und an den Strand. Wandern Sie am Kieselsaum des Strandes bis zu den Ruinen von **Olympos** ❷ (siehe S. 217), wo Sie Eintritt bezahlen müssen *(€)*, um die archäologische Stätte durchqueren zu können. Bleiben Sie 450 Meter auf dem Hauptweg des Parks, bis Sie den eingezäunten Parkplatz erreichen. Erklettern Sie das felsige Flussufer und gehen Sie am Strom entlang, bis Sie die **Trittsteine** erreicht haben, die sich direkt

Von Çıralı nach Tekirova
Siehe Umgebungskarte S. 209
Çıralı
10 Std. (ohne Pausen)
21 km
Tekirova
Tekirova
Lykischer Pfad
zweiter Brunnen
einsamer Strand
Lykischer Pfad
Strand von Maden
schwarze Sandbucht
Atbükü-Bucht
START
„Likya Yolu"-Schild
Golf von Antalya
„Likya Yolu"-Schild
Çıralı
START
Çıralı-Bucht
Olympos
Lykischer Pfad
Baumstamm
Schäfer-hütte
Musa Dagi 987m
Sazak-Bucht
zerfallenes Steinhaus
Çavuş
Lykischer Pfad
Yeşil Bahçe Café
Adrasan
0
2 Kilometer
Von Çıralı nach Adrasan
Siehe Umgebungskarte S. 209
Çıralı
8 Std. (ohne Pausen)
19 km
Adrasan

gegenüber dem Schild für die südliche Nekropole befinden. Rechts vom „Nekropolen"-Schild finden Sie eine rot-weiße Wegmarkierung. Klettern Sie den Hügel hinauf und achten Sie dabei auf die weiteren Wegmarkierungen und Steinmännchen. Während der Pfad einem ausgetrockneten Flussbett nach oben folgt, erreichen Sie bald einen gut sichtbaren Waldweg und ein Plateau.

Der Pfad führt nun nach unten, und ein mächtiger gefällter **Baumstamm** ❸ teilt Ihre Route. Klettern Sie darum herum, indem Sie dem schmalen, aber gut sichtbaren Pfad wiederum nach oben folgen. Der Pfad windet sich durch eine baumlose Gegend und führt dann nach links in sanfte, goldene Wiesen zwischen einem kleinen Brunnen und einem Bach. Orientieren Sie sich an der kleinen **Schäferhütte** ❹ auf dem Hügelkamm. Das schattige Plätzchen direkt hinter der Hütte ist ideal für ein Picknick mit Blick auf die Stadt Adrasan. Von diesem Punkt an fällt der Weg langsam ab, wiederum einem ausgetrockneten Flussbett folgend. Nachdem Sie einen kleinen Bach passiert haben, wendet sich der Pfad nach links um ein **zerfallendes Steinhaus** ❺. Halten Sie sich erneut links und laufen Sie zum Fluss hinunter. Durch einen breiten Forstweg sind die Markierungen hier nicht mehr vorhanden. Auf dem ebenen Fußweg legt man die verbleibenden vier Kilometer nach Adrasan jedoch leicht zurück. Halten Sie unmittelbar vor der Stadt Ausschau nach dem **Yeşil Bahçe Café** ❻, wo Sie den flachen Fluss durchwaten müssen. Wenden Sie sich nach rechts und folgen Sie der Asphaltstraße am Flussufer bis zum Taxistand oder weiter bis zur Sandbucht der Stadt. Adrasan selbst ist eine schöne Stadt am Fluss. Wenn Sie am Sonntag eintreffen, können Sie den dortigen Sonntagsmarkt besuchen.

Von Çıralı nach Tekirova

Diese Wanderung führt nie höher als 280 Meter. Kurze, steile Aufstiege gehören aber dazu. Der Pfad führt über einige der schönsten verlassenen Strände der Gegend. Nehmen Sie zu Beginn der Wanderung in Çıralı die Hauptstraße Richtung Norden. Halten Sie am Nordausgang des offenen Tals Ausschau nach dem **gelben „Likya Yolu"-Schild** ❶ sowie nach den Wegmarkierungen mit roten und weißen Querstreifen, die Sie während der gesamten Wanderung begleiten. Gehen Sie den felsigen Abhang hinauf. Dort eröffnet sich eine weite

Kurze Wanderungen

Beide Wanderungen können genauso wundervoll sein, wenn man sie abkürzt. Von Çıralı nach Adrasan: Folgen Sie den Wegbeschreibungen bis nach Olympos. Erkunden Sie die Ruinen einschließlich des überwachsenen Hamams auf dem Südufer des Flusses. Nehmen Sie ein geruhsames Bad im Meer, bevor es zurückgeht nach Çıralı. Für den Weg nach Olympos und zurück benötigen Sie etwa zwei Stunden, plus der Zeit für die Erkundung der Ruinen, fürs Schwimmen und Mittagessen am Strand.

Von Çıralı nach Tekirova: Nehmen Sie alles für ein Mittagspicknick mit und folgen Sie den Wegbeschreibungen zur schwarzen Sandbucht. Verbringen Sie ein paar Stunden mit Schwimmen, Sonnenbaden und Faulenzen, bevor es zurückgeht nach Çıralı. Für die Wanderung zur Bucht und zurück können Sie vier Stunden ansetzen.

Touristen am Ort des ewigen Feuers der Chimäre in Olympos (siehe Kasten S. 217)

Aussicht zurück bis zu den Ruinen von Olympos. Der Pfad verläuft nun auf und ab und an den Ausläufern zweier Buchten vorbei, mit dem Tahtalı (siehe S. 219) im Nordwesten am Horizont. Der Pfad steigt bald zu einer **schwarzen Sandbucht** 2 ab, einem idyllischen Platz zum Picknicken oder Plantschen. Wenden Sie sich ins Landesinnere. Wegmarkierungen an der Nordspitze des Strandes führen Sie nach oben, bevor es wieder hinab zur **Atbükü-Bucht** geht. Gehen Sie bis zum Ende des Strandes am Wasser und folgen Sie dem ausgetrockneten Flussbett ins Landesinnere, bevor sich der Weg nach rechts wendet und wieder nach oben führt. Der nächste Abstieg bringt Sie zum grasbewachsenen, mit Bäumen bestandenen **Strand von Maden** 3. Am Ostende des Strandes betreibt Mustafa in offenen Becken eine Fischfarm für Seebarsche. Er freut sich, Sie bei der Erkundung der früheren **Chrom-Minen** und der 200 Jahre alten schwedischen Bohrmaschinen in der Nähe zu begleiten. Ab dieser Stelle ist der in steilem Auf und Ab verlaufende Weg breit und gut erkennbar. Sie kommen an einem Brunnen vorbei, steigen dann wieder auf und passieren einen **einsamen Strand** 4, ein idyllisches Plätzchen, um eine Stunde auszuruhen, bevor es weitergeht nach Tekirova. Beachten Sie, dass in diesem zweiten Abschnitt der Wanderung über weite Strecken die Markierung fehlt, doch Sie sollten einfach auf dem Hauptweg bleiben. Wenn die Route einen **zweiten Brunnen** 5 erreicht, wenden Sie sich nach links und gehen am Rand eines eingezäunten Privatgrundstücks entlang. Der Pfad mündet auf die **Hauptstraße** 6, drei Kilometer vor dem Zentrum von Tekirova. Wenn Sie zu Fuß weiter wollen, wenden Sie sich nach links ins Zentrum dieser ruhigen Hafenstadt, um sich in einem Restaurant oder Café zu erholen. Wer noch die Energie hat, kann dieses Tagesabenteuer mit einem Trip nach Phaselis (siehe S. 218–219) abrunden. Dorthin geht es mit dem *dolmuş* von der nächstgelegenen Bushaltestelle an der Hauptstraße.

Von Kekova bis Antalya

Das Herz des alten Lykien liegt dort, wo die türkische Ägäisküste der eigentlichen Mittelmeerküste Platz macht. Von der Insel Kekova bis zu abgelegenen Abschnitten des Lykischen Pfades (siehe S. 212–215) bietet diese Gegend die passende Kulisse für Entdecker und Sonnenanbeter.

Die Ruinen der lykischen Gräber in Myra (Demre)

Kekova

Die nur einen Katzensprung nach Osten von Kaş entfernte Region Kekova umfasst die geschützte Insel Kekova und die gegenüberliegende Festlandsküste. Diese Gegend wurde berühmt durch die Vielzahl ihrer Ruinen und das klare Wasser. Ein Großteil von Kekova ist am besten mit dem Schiff von Kaş, Kalkan und Demre aus erreichbar. Der hübsche, 19 Kilometer von der Hauptstraße entfernte Hafen **Üçağız** hat sich seine dörfliche Atmosphäre bewahrt. Hier starten **Ausflüge mit dem Meereskajak** (siehe Kasten S. 218), um die teils unterseeischen Ruinen bei der Insel Kekova zu erkunden, die sog. **Batık Şehir** (Versunkene Stadt). Die Ruinen der Nekropolen von **Teimiussa** und **Simena** (siehe Kasten S. 218) ganz in der Nähe vor der Stadt Kale, und vom weiter westlich gelegenen **Aperlae** sind ein lohnendes Nachmittagsziel.

Demre (Myra)

Demre – die alte Stadt Myra – liegt 20 Kilometer östlich von Üçağız. Hier hatte der hl. Nikolaus (270–346) lange seinen Bischofssitz inne. Die über dem Grab des Heiligen

INSIDERTIPP

Übernachten Sie in einem Baumhaus mitten im historischen Nationalpark von Olympos, genießen Sie die wunderschöne Landschaft und sehen Sie sich die lykischen Ruinen aus der Vogelperspektive an.

KEMAL NURYADAIN
Chefredakteur,
NATIONAL GEOGRAPHIC *Türkei*

erbaute Nikolauskirche ist zum **Nikolausmuseum** (Noel Baba Müzesi) umgewidmet. Tausende Besucher kommen alljährlich hierher, insbesondere rund um den Nikolaustag. Etwa 1,6 Kilometer nördlich der modernen Stadt finden sich an einem Berghang die Ruinen des alten **Myra**, darunter eine in den Fels geschnittene Nekropole und ein Amphitheater.

Olympos & Çıralı

Weiter östlich und etwa 80 Kilometer südlich von Antalya stehen die antiken Ruinen von **Olympos**. Ursprünglich im 2. Jahrhundert v. Chr. ein lykischer Hafen, wurde Olympos ein Jahrhundert später von den Römern eingenommen. Reisende lassen sich gern in den Baumhäusern von Olympos nieder. Halten Sie Ausschau nach dem zerfallenen **antiken Badehaus mit Mosaikboden**, das von einem Kanal gespeist wird, oder besuchen Sie im Süden die **Genueserfestung** und die Reste eines Theaters. Den Strand hinauf etwa 3 Kilometer nördlich liegt am Meer das verschlafene **Çıralı**. Hier gibt es viele Pensionen und Restaurants im Familienbesitz, und am geschützten Strand legen Unechte Karettschildkröten ihre Eier ab. Das natürliche **ewige Feuer der Chimäre** (siehe Kasten), das ausgeschildert und leicht zu Fuß

Kekova
🗺 209 B1

Myra
✉ Demre
☎ 0242/238 56 88/-89
$ €

Nikolausmuseum
✉ Müze Caddesi, Demre
☎ 0242/871 68 20
$ €€€

Olympos
✉ Olympos, Kemer
☎ 0242/892 13 25
$ €

Çıralı
🗺 209 C1
www.cirali.org/en

Phaselis
✉ 3 km N von Tekirova
☎ 0242/824 45 06
$ €€

Das ewige Feuer der Chimäre

In der antiken Welt wurde das Feuer als heilig angesehen, und die Lykier beteten Hephaistos (römisch: Vulcanus), den griechischen Gott des Feuers, an. Die Nähe des ewigen Feuers der Chimäre unter dem heute „Tahtalı" genannten Berg (einem der vielen früher Olympos genannten Berge, auf dem Hephaistos lebte, bevor seine Mutter Hera ihn von dort ins Meer stürzte) war von höchster Bedeutung für die Bewohner des antiken Olympos. Die Flammen selbst entstehen dadurch, dass aus Felsspalten austretendes Gas sich spontan entzündet. Aus Erzählungen von Reisenden weiß man, dass diese Flammen vor ein paar Jahrhunderten sehr viel explosiver waren und in alten Zeiten sogar als primitiver Leuchtturm genutzt wurden. Tagsüber sind sie kaum zu sehen.

Einige Historiker behaupten, dass das olympische Feuer ursprünglich hier entzündet und dann nach Olympia im heutigen Griechenland gebracht wurde – ein Vorläufer des heutigen olympischen Fackellaufs.

INSIDERTIPP

Ein weiterer größerer markierter Wanderweg an der Türkisküste ist der in Perge startende Paulusweg *(www.lycianway.com)*. Zu den Highlights gehört die Überfahrt über den See Egirdir mit dem Fischerboot.

TOM JACKSON
NATIONAL GEOGRAPHIC-Mitarbeiter

erreichbar ist, lässt sich mit Einbruch der Abenddämmerung gut erkennen. Im westlich davon gelegenen Dorf **Ulupınar** reiht sich ein Forellenrestaurant ans andere.

Phaselis

Die Ruinen des im 7. Jahrhundert v. Chr. gegründeten Phaselis stehen an der Grenze zwischen den antiken Regionen Lykien und Pamphylien. Das kleine, aber perfekt gelegene Phaselis gelangte von persischer unter karische Herrschaft, bevor es 333

ERLEBNIS: Meereskajakfahren rund um Kekova

In den abgelegenen Buchten östlich von Kaş liegen eine untergegangene römische Stadt, lykische Felsgräber und eine eindrucksvolle byzantinische Festung. Da viele dieser Ruinen durch eine Folge von Erdbeben teilweise im Meer versunken sind, nähert man sich ihnen am besten mit dem Meereskajak. Ein solcher Tag auf dem Wasser ist für jedes Alter zwischen 8 und 80 geeignet. Unter den etlichen Firmen in Kaş, die Ausflüge mit dem Meereskajak anbieten, ist **Bougainville Travel** (siehe Reiseinformationen S. 265) am zuverlässigsten.

Die meisten Tagesausflüge beginnen mit einer 45-minütigen Busfahrt von Kaş zum Fischerdorf Üçağız. Da diese einsame Bucht erst vor zwei Jahrzehnten durch eine Asphaltstraße erschlossen wurde, ist sie noch weitgehend unberührt. Mehrere aus dem Fels gehauene Gräber liegen unmittelbar östlich von Üçağız, das in vorrömischer Zeit Teimiussa hieß. Ihre Reiseleiter werden Ihnen dann bei der Wahl eines robusten Meereskajaks behilflich sein. Für Personen mit Kindern sind auch zweisitzige Kanus erhältlich.

Nach einer kurzen Einweisung legt die Flotte ab. Die 20 Kajaks legen den Weg übers Wasser zur unbewohnten Insel Kekova zurück, ein Schutzboot mit dem Gepäck im Gefolge, das Nachzügler gern ins Schlepptau nimmt.

Nach einem Bad in der Tershane-Bucht von Kekova – mit einer verfallenen Kirche, in den Fels gehauenen Stufen und Gräbern – paddeln die Kajaks an der **Batık Şehir**, der „versunkenen Stadt“, vorbei. Diese einst florierende römische Siedlung ist durch Erdbeben halb im Wasser versunken. Da Tauchen und Schwimmen hier verboten sind, bietet das Kajakfahren die einzige Möglichkeit, sich die antike Hafenmauer, Felskirchen und Häuser anzusehen.

Der Weg zurück zum Festland bei Kale, dem antiken Simena, ist kurz. Darüber liegt eine **mittelalterliche Burg (€€)**, die von den Rittern des Johanniterordens erbaut wurde. Zwischen den Olivenbäumen liegen mehrere 2000 Jahre alte Sarkophage. Man paddelt an einigen versunkenen Gräbern lykischer Adliger vorbei und zurück nach Üçağız zu einem im Preis inbegriffenen Mittagessen.

Musiker bei einem Auftritt in Antalya

v. Chr. von Alexander dem Großen erstürmt wurde. Die meisten heute erhaltenen Ruinen stammen aus römischer und byzantinischer Zeit und säumen den Hauptweg. Das Südtor - das **Hadrianstor** - wurde 129 n. Chr. zu Ehren des Besuchs von Kaiser Hadrian errichtet. Am Strand finden sich zwischen dem Gestein auch Stücke von alten Sarkophagen. Die Erkundung von Phaselis lässt sich gut mit einer Fahrt mit der *teleferik* (Seilbahn; *www.tahtali.com*) auf den 2365 Meter hohen Berg **Tahtalı** (oder Olympos) verbinden. Die Seilbahn verkehrt täglich alle 30 Minuten *(im Winter 10–17, im Sommer 9–19 Uhr)*. Die Fahrt auf den Gipfel - mit Restaurant - dauert etwa zehn Minuten. Die Umgebung gehört zum **Olympos-Bey Daglari Nationalpark**.

Antalya & Umgebung

Das reizvollste Viertel Antalyas ist **Kaleiçi**. In seiner Marina liegen viele *gulets*, die Tagesausflüge anbieten. Das **Hadrian Kapısı** (Hadrianstor; Atatûrk Caddesi) mit drei Bogendurchgängen muss man gesehen haben. Das ethnografische Museum **Suna-İnan Kıraç Kaleiçi Müzesi** stellt Kütahya-Keramik und eine Fotosammlung der Brüder Abdullah aus, Fotoberichterstatter des Osmanischen Reichs. Das Museum **Antalya Müzesi** westlich von Kaleiçi beherbergt eine Auswahl von Artefakten vom Paläolithikum bis in osmanische Zeiten. Außerhalb der Stadt bieten sich Tagesauflüge etwa zu den Ruinen von **Perge** (18 km nordöstlich), **Aspendos** (48 km östlich) und **Termessos** (33 km nordöstlich), den **Düden-Wasserfällen** (10 km südöstlich) oder zum Badeort **Side** an. ■

Antalya
209 C2
Besucherinformation
Cumhuriyet mah., Ozel Idare ishani. Alti 2
0242/241 17 47

Antalya Müzesi
Konyaaltı Caddesi
0242/238 56 88
Im Winter Mo geschl.
€€€
www.antalyamuzesi.gov.tr

Suna-İnan Kıraç Kaleiçi Müzesi
Barbaros Mahallesi, Kocatepe Sokak 25
0242/243 42 74
Mi geschl.
€
www.kaleicimuzesi.com

Eine Landschaft wie aus einer anderen Welt: mit natürlichen Feenkaminen, mit Wandmalereien geschmückte Kirchen mit unterirdischen Städten und mit von Blumen rosig angehauchten Tälern

Kappadokien

Unweit von Zelve sind Höhlenhäuser in die Feenkamine geschlagen worden

Kappadokien

Die Unesco-Welterbestätte Kappadokien, südlich von Ankara, östlich von Konya und vom Meer mehrere Stunden landeinwärts, wartet mit erstaunlichen geologischen Phänomenen auf – großen, pilzförmigen „Feenkaminen", vor 8000 Jahren entstandene Kegel aus erstarrter vulkanischer Asche.

Die Altstadt von Göreme besteht aus Höhlenhäusern, die in den Tuffstein gegraben wurden

In der einst stark vulkanischen Region spien die Berge Göllü Dağ, Hasan Dağı und Erciyes Dağı bis vor 8000 Jahren Asche über die anatolische Hochebene. Diese erstarrte zu weichem Tuffstein. An Stellen, an denen festerer Basalt ausgetreten war, wusch der Regen den Tuff darunter fort. Zurück blieb ein pilzartiger Feenkaminkegel mit einer dicken Felskappe.

Kappadokiens Lage an der Seidenstraße brachte der Region im Mittelalter Wohlstand ein, der Begehrlichkeiten von außerhalb weckte. Der weiche Tuffstein der Gegend war ideal, um Häuser, Ställe und Sakralräume hineinzugraben. Mit der Zeit und angesichts wachsender Gefahren, besonders für aus religiösen Gründen verfolgte Christen, wuchsen die berühmten unterirdischen Städte der Region. Einige der vielstöckigen Komplexe boten mehr als 20 000 Menschen Obdach und beherbergten Schulen, Krankenhäuser und Kirchen. Besucher, die heute das Rosental, das Rote oder das Ihlara-Tal durchstreifen, finden viele Kirchen und Tausende von Behausungen.

Aber in Kappadokien geht es nicht nur um lange zurückliegende Geschichte. Zwischen Göreme und Avanos stehen acht riesige Land-Art-Skulpturen mit dem Titel Time and Space, 2007–09 vom australischen Künstler Andrew

Rogers mit viel lokaler Unterstützung geschaffen. Die Figurationen, zu denen ein gigantisches Pferd und der Baum des Lebens zählen, sind aus dem All zu erkennen, aber zu bewundern sind sie wohl am besten aus dem Heißluftballon in der Morgendämmerung. In vielen Ortschaften in Kappadokien werden Touren zu den wichtigsten Sehenswürdigkeiten der Region organisiert. Auch viele Hotels greifen auf erfahrene Führer, Fahrer und Touranbieter zurück. Die Einwohner der unterirdischen Städte sind zwar in den 1950er Jahren über die Erde gezogen, aber das Übernachten in einem der kappadokischen Höhlenhotels ist ein einzigartiges Vergnügen. ■

NICHT VERSÄUMEN

Durch jenseitig erscheinende Täler wandern **224-225, 231**

Eine Nacht in einem Höhlenhotel mit seiner ganz besonderen Atmosphäre verbringen **226**

Die unvergesslichen Fresken in der Dunklen Kirche im Open-Air-Museum in Göreme betrachten **226**

Bei Sonnenaufgang im Heißluftballon über die Region schweben **227**

Die atemberaubende Aussicht von der Spitze des alten Dorfs Çavuşin **230**

Die Höhlenstädte Derinkuyu und Kaymaklı besuchen **231**

Zu Fuß durchs Rosental

Der folgende Weg, der vielleicht in einigen Jahren gut ausgeschildert und viel besucht ist, ist heute noch eine gemütliche Panoramatour zu „Feenkaminen" und mit Fresken geschmückten Kirchen. Die Route ist nicht sonderlich anspruchsvoll, nur zwei kurze Abschnitte sind etwas beschwerlich.

Ein Bauer passiert die dramatischen Felsformationen unweit des Rosentals

Startpunkt ist das aus dem Stein gehauene **Panorama-Restaurant** ❶ im Dorfzentrum von Çavuşin, ein kurzes Stück oberhalb der **Kirche Johannes der Täufer** ❷ (siehe S. 230). Beim Verlassen des Lokals geht es nach rechts. Die asphaltierte Straße wird zum Schotterweg, der ins Tal führt, vorbei am Friedhof zur Linken. Es geht immer geradeaus, aber Sie sollten sich umdrehen, um einen Blick auf die kegelförmige Feenkamin-Kirche am Rand des Friedhofs zu werfen. Hier sind Griffmulden zu erkennen, die in alter Zeit die Gläubigen nutzten, um in das erhöhte Eingangsloch zu klettern. Nach etwa 200 Metern halten Sie sich an der Gabelung links.

Der Weg verläuft durch eine Landschaft mit Weinstöcken, Olivenbäumen und Birken, auf der linken Seite sind weitere Feenkamine zu sehen. Nach 200 Metern zweigt links ein schmaler Pfad mit einem Wegweiser zur **Ayvalı-Höhlenkirche** (Ayvalı Kulesi) ❸ ab. Nochmals 200 Meter weiter geht es nach links zu Überresten von Höhlenkirchen mit schlecht erhaltenen Wandmalereien. Zurück auf dem Hauptweg, gehen Sie 50 Meter geradeaus und dann an der Gabelung rechts, wo ein Wegweiser zum **Rosental** ❹ leitet. Der schmale Pfad führt

NICHT VERSÄUMEN

Kirche Johannes der Täufer • Taubenschläge • Haçli-Kirche

200 Meter bergauf. Oben auf dem Hügel macht der Pfad eine Biegung nach rechts und verläuft auf dem Kamm. Weiter geht es vorbei an den **Taubenschlägen 5** (siehe Kasten S. 231) rechts und den Fenstern, die links hoch oben in die rote Felswand gehauen sind.

900 Meter sind es bis zur roten Felskirche aus dem 11. Jahrhundert, der **Haçli-Kirche 6**. Die Innendecke weist ein riesiges Keltenkreuz-Relief auf und das Schiff ist mit verblassten, aber schönen Fresken geschmückt. Der Weg ist hier stellenweise ausgewaschen und verläuft in Bögen rund um zahllose schöne Feenkamine. Neben der Höhlenkirche steht ein schlichtes Teehaus mit dem Namen **Flintstone's Café 7**. Vom Teehaus geht es auf dem linken Weg bergab, dann nach 20 Metern an der Gabelung rechts weiter bergab. Dieser Pfad führt in den schattigen Talgrund. Auf der rechten Seite gibt es hoch oben noch mehrere Kirchen mit Wandmalereien zu sehen.

Nach 200 Metern gehen Sie an der Einmündung rechts und folgen dem Weg 100 Meter bis zu einer Lichtung. Hier können Sie durch ein Gitter in eine weitere **Kirche mit Fresken 8** spähen. Um die Ecke steht noch eine Höhlenkirche, die einen Besuch lohnt.

Von der Lichtung aus gehen Sie weitere 900 Meter geradeaus und bergab unter zwei riesigen Steinbögen hindurch. Sie überqueren die alte Hauptstraße Çavuşin-Göreme, an der ein weiteres einfaches Teehaus liegt. Direkt auf der anderen Seite der Hauptstraße geht es, einem steilen Pfad geradeaus folgend, bergauf und über den Hügel. Oben angekommen, lohnt der Blick zurück: Das ganze Rosental öffnet sich vor den Wanderern. Voraus tauchen in der Ferne schon die roten Dächer von Göreme auf. Von hier schlängelt sich der Weg 2,4 Kilometer weit Richtung **Göreme 9**.

Göreme & Umgebung

Göreme, im Herzen von Kappadokien gelegen, steckt voll religiöser und geologischer Bedeutung, verkörpert in den Feenkaminen, Höhlen, verlassenen Dörfern und Felsen, die wie auf dem Mond wirken. Buchen Sie eine Tour in die unterirdischen Städte und Sie erhalten eine Vorstellung, wie es wäre, dort zu leben.

Göreme
223 B3
Besucherinformation
Teminal Meydani, Göreme
0384/271 11 11
www.goreme.org

Göreme

Göreme ist der beste Ausgangspunkt, um die Region zu erkunden. In den Fels gehauene Behausungen wechseln sich mit moderneren Unterkünften ab, Straßencafés und Freiluftrestaurants verleihen dem Ort Farbe. Nach Norden zu liegt **Avanos** am Ufer des Kızılırmak. Es ist für handgearbeitete Töpferwaren und Steingut bekannt. Kleine Weinberge umgeben **Ürgüp,** Standort mehrerer gehobener Höhlenhotels (siehe Reiseinformationen S. 259), eines Weingroßhandels und eines Weinfests (Anfang September). In der Nähe bieten zwei Zitadellen auf Berggipfeln, **Ortahisar** und **Uçhisar**, unvergleichliche Aussichten über die einzigartige Landschaft.

Im Heißluftballon über die Feenkamine von Kappadokien

Christliches Kappadokien

Eine Gruppe ehemaliger Kirchen, Kapellen und Klöster liegt 1,6 Kilometer östlich von Göreme im **Göreme Nationalpark** *(Göreme Milli Parklar, Avanos Nevsçehir, Tel. 0384/ 213 36 59)*, einer Unesco-Welterbestätte. Das **Göreme Open-Air-Museum** ist ein Muss.

Im Zentrum des Museumskomplexes stehen die St. Basilius-Kapelle, die Apfelkirche und die St. Barbara-Kapelle, die alle aus dem 11. Jahrhundert stammen. In der **St. Basilius-Kapelle** (Aziz Basil Şapeli) ist die Apsis mit Bildern der Jungfrau Maria mit dem Kind geschmückt, auf der Nordwand der Kapelle ist der hl. Theodor zu sehen, auf der Südwand der hl. Georg. Die **Apfelkirche** (Elmalı Kilise) – der Name stammt wohl von einem längst verschwundenen Apfelgarten – ist die interessanteste der drei mit detailreichen, farbkräftigen Fresken aus dem 11. und 12. Jahrhundert. Die **St. Barbara-Kapelle** (Azize Barbara Şapeli), mit roten geometrischen Mustern dekoriert, besitzt ebenfalls farbenreiche Fresken der hl. Barbara und des hl. Georg sowie eine Darstellung des Christus Pantocrator. Dem hl. Onophrios ist die **Schlangenkirche** (Yılanlı Kilise) geweiht, die nie vollendet wurde. Sie enthält Wandmalereien, die den Einsiedler und auch Kaiser Konstantin den Großen zeigen. Der Name der Kirche leitet sich von der schlangenartigen Darstellung des Drachens des hl. Georg ab.

Hinter dem **Refektorium** liegt die **Dunkle Kirche** (Karanlık Kilise, 12. und 13. Jh.). Die Kirche wurde bis in die 1950er Jahre als Taubenhaus genutzt, und die über Jahrhunderte ausgeschiedenen Taubenexkremente konservierten die lebhaften Fresken fast perfekt. Farbenfrohe Szenen zeigen das Leben Jesu sowie Ereignisse aus dem Alten Testament. Die kleine Zusatzgebühr für den Besuch der Kirche lohnt sich. Auf dem Rückweg zum Eingang des Museums windet sich der Weg an der **St. Katherinenkirche** (Azize Catherine Şapeli) aus dem 11. Jahrhundert vorbei, gefolgt von der **Sandalenkirche** (Çarıklı Kilise; 12./13. Jh.). Letztere besitzt überwältigende Wandmalereien und leitet ihren Namen von den beiden Fußabdrücken unter der Darstellung von Christi Himmelfahrt her. Die Eintrittskarte braucht man nochmals für die Besichtigung der **Schnallenkirche** (Tokalı Kilise) mit vier Kammern, leicht bergab etwa 50 Meter Richtung Göreme außerhalb des Museums gelegen. Sie gilt als älteste Kirche in dem Gebiet (frühes 10. Jh.). Viele ihrer Wandmalereien zeigen Szenen aus dem Leben Jesu auf tiefblauem Grund.

(Fortsetzung auf S. 230)

ERLEBNIS: Fahrt mit dem Heißluftballon

Die spannendste Art, die Region Kappadokien zu erkunden, ist eine Fahrt mit dem Heißluftballon. Buchen Sie mindestens ein oder zwei Tage im Voraus, denn die Flüge sind äußerst beliebt. Die meisten starten in der Morgendämmerung, dauern etwa eine Stunde und enden mit einem Glas Sekt. Die Zahl der Passagiere pro Flug variiert. Billig ist das Erlebnis nicht *(€€€€€, Kinder oft zum halben Preis oder kostenlos)*, doch wer über das Hotel bucht, bekommt oft einen Preisnachlass von etwa 10 bis 15 Prozent. Ansonsten können Sie es bei Kapadokya Balloons *(www.kapadokya balloons.com)*, Göreme Balloons *(www.goremeballoons.com)* oder Anatolian Balloons *(www.anatolianballoons.com)* probieren.

Avanos
223 B3
Besucherinformation
Atatürk Caddesi Avanos, Nevsehir
0384/511 43 60

Ürgüp
223 B3
Besucherinformation
Park Ici, Ürgüp
0384/341 40 59

Göreme Open-Air-Museum
Göreme National Park, Göreme
0384/271 21 67
€€€

Geschichte & Architektur: Wohnhöhlen

Seit der Mitte des ersten Jahrtausends v. Chr. haben Kappadokiens Höhlenbewohner Krankenhäuser und Schulen – oder in jüngerer Zeit Kirchen und Moscheen – ausgegraben und unterirdische Städte aufgebaut, die mehr als zehn Stockwerke tief unter die Erdoberfläche reichen.

Besucher bestaunen die Fresken in der Dunklen Kirche im Open-Air-Museum Göreme

Drei wichtige Vorteile hatte es, in Kappadokien in Höhlen zu wohnen, die aus den „Feenkaminen" gegraben waren: Der erste ist geologischer Natur. Die Hochebene um das Taurusgebirge liegt auf 914 Meter in einem Klima mit kalten, schneereichen Wintern und trocken-heißen Sommern. Doch im atmungsaktiven Tuffstein bleiben die Temperaturen konstant bei etwa 15 °C. Der zweite Vorteil ist die Sicherheit. Handelsrouten einschließlich der Seidenstraße führten durch Kappadokien und machten die Region wohlhabend und damit zum Ziel für Überfälle. Wer die unterirdischen Städte Derinkuyu oder Kaymaklı (siehe S. 231) besucht, erfährt, wie sich Zehntausende Menschen monatelang unter die Erdoberfläche flüchten konnten.

Der dritte und vielleicht wesentlichste Grund für die Existenz dieser unterirdischen Behausungen war die Ruhe vor religiöser Verfolgung. Das Christentum gelangte dank der ersten von mehreren missionarischen Reisen des Apostels Paulus durch die Region früh nach Kappadokien. Die neue Religion entfaltete sich erst einige Jahrhunderte später zu ganzer Blüte, teils wegen der Reformedikte Konstantins des Großen (272–337), des ersten christlichen Herrschers des Römischen Imperiums. Die Lehren des hier geborenen hl. Basilius (330–79), der später einer der kappadokischen Kirchenväter wurde, trugen dazu bei, den Glauben hier zu verankern.

Verfolgte Christen

Tuffsteinhöhlen dienten in frühchristlicher Zeit als Orte des klösterlichen Rückzugs oder als geheime Kultstätten für die noch sektiererische Religion. Im 7. und 8. Jahrhundert trieben arabische Angreifer die frühen Christen tiefer unter die Erde. Massive Felsbrocken wurden vor die unscheinbaren Zugänge zu ihren Höhlen gerollt. Zur gleichen Zeit spaltete der Bilderstreit das Byzantinische Reich: Kaiser Leo III. (685–741) verbot die Anbetung all dessen, was er als Götzenbilder ansah, und vertrieb damit viele, die Ikonen anbeteten. Ihre Ankunft in Kappadokien läutete eine goldene Ära der Wandmalerei ein, die mehrere Jahrhunderte anhielt. Die Felskirchen bergen einige der weltweit schönsten Fresken. Mehrere frühe Bilder befinden sich in der **Kirche Johannes der Täufer** (siehe S. 230), einer alten Pilgerstätte.

INSIDERTIPP

Höhlenhotels in dem Gebiet reichen von einfach bis Fünfsterne-Komfort. Cappadocia Turkey hilft bei der Suche nach der idealen Unterkunft *(www.cappadociaturkey.net).*

TIM HARRIS
NATIONAL GEOGRAPHIC-Autor

Die Fresken in der nahen **Kirche Nicephorus Phocas** (siehe S. 230) erinnern an die Durchreise dieses byzantinischen Herrschers durch Kappadokien um das Jahr 964. Einige Stätten wie die **St. Barbara-Kapelle** in Göreme (siehe S. 227) sind mit schlichten geometrischen Mustern verziert, dem einzigen Schmuck, den die früheren Bilderstürmer gestatteten.

Ein verlassenes Dorf in Kappadokien

Unterirdische Architektur

Zu den architektonischen Merkmalen der unterirdischen Höhlendörfer zählen Müll- und Luftschächte, Kamine, Brunnen und Häuser, die durch unterirdische Gänge miteinander verbunden sind. Die unteren Geschosse wurden als Andachtskapellen, als Vorrats- oder Arbeitsräume genutzt, um Korn zu mahlen oder Wein herzustellen, während die oberen Etagen als Wohnräume dienten. Viele der Höhlenbehausungen sind noch heute bewohnt und modern ausgestattet. Eine Übernachtung in einer Wohnhöhle gehört für Besucher der Region zu den aufregendsten Attraktionen. Die Optionen variieren von türkischen Familien, die Unterkünfte in Höhlenhäusern mit zwei oder drei Zimmern anbieten, bis zu luxuriösen Fünf-Sterne-Höhlenhotels. Eins der ersten Höhlenhotels war das **Esbelli Evi** (siehe Reiseinformationen S. 259) in Ürgüp. Heutzutage bieten die Wohnhöhlen ein fantastisches, jenseitiges Ambiente, das Gäste aus aller Welt anlockt.

Çavuşin
223 B3

Kirche Nicephorus Phocas
Çavuşin
€€

Zelve
223 B3

Open-Air-Museum Zelve
Zelve, Ürgüp in Göreme National Park
0384/271 2687
€€

www.goreme.com/zelve-open-air-museum.php

Çavuşin

Etwa 1,6 Kilometer nordöstlich Göremes liegt Çavuşin, Standort zweier außergewöhnlicher Kirchen. Die **Kirche Nicephorus Phocas** (963–69) ist einer der wenigen sakralen Orte in dem Gebiet, der genau datiert werden kann. Sie enthält ein Fresko des byzantinischen Kaisers Nicephorus Phocas. Er wurde in Kappadokien geboren und durchquerte die Region auf seinen Reisen nach Osten. Çavuşins unbewohntes altes Dorf liegt im Osten des modernen Ortes, eine verlassene Reihe schöner Fassaden und in den Fels gehauener Behausungen. Der Gang zu den Ruinen der **Kirche Johannes der Täufer** aus dem 5. Jahrhundert führt steil bergan.

INSIDERTIPP

Beobachten Sie bei Sonnenuntergang das weiche Licht über den blassrosafarbenen Felsformationen im Rosental.

ATIL ULAŞ CÜCE
Naturführer, Kappadokien, Çavuşin

Zelve

Die Siedlung Zelve, ein Zentrum des klösterlichen Lebens vom 9. bis 13. Jahrhundert, war bis 1952 bewohnt. Ein Netzwerk von rosafarbenen verlassenen Häusern, von Kirchen, Taubenschlägen und Moscheen füllt vier Täler. Drei der engen Schluchten lassen sich im **Open-Air-Museum Zelve**

Wanderer in Çavusin legen eine Pause ein, um die dramatisch geformten Täler zu bewundern

Kappadokiens Taubenschläge

Die kappadokische Ebene ist mit Taubenschlägen übersät, die in den weichen Tuffstein gegraben wurden. Die Taubenzucht wurde in alter Zeit gefördert, denn die Vögel dienten dazu, Nachrichten an weit entfernte Orte zu überbringen. Zudem galt der Dung als perfekte Ergänzung zu der fruchtbaren Vulkanerde, die den hier angebauten Früchten eine süße Note verlieh. Taubeneier waren ein essenzieller Bestandteil in der lokalen Farbenproduktion und wurden gebraucht, um die große Zahl von Höhlenkirchen in Kappadokien mit Wandmalereien zu versehen. Die berühmte Dunkle Kirche (siehe S. 227) wurde einst als gigantischer Taubenschlag genutzt. Es waren die Vogelexkremente, die die Fresken fast tausend Jahre lang in perfektem Zustand erhielten.

(Zelve Açık Hava Müzesi) erkunden. **Turkish Heritage Travel** in Göreme bietet Touren an. Zu den Höhepunkten zählen die frühchristlichen Symbole in der **Kirche mit dem Hirsch** (Geyikli Kilise), der **Kirche mit Weintrauben** und der **Kirche mit Fischen** (Baliki Kilise). Westlich von Zelve liegt die **Kapelle im Mönchstal** (Paşabağları), die dem hl. Simeon geweiht ist. Hier kann man glatte Felsformationen bewundern.

Kappadokiens Täler

Das **Ihlara-Tal** (Ihlara Vadisi) ist das faszinierendste Tal in Kappadokien. Der **Melendiz-Fluss,** der durch das Tal fließt, hat den 14 Kilometer langen Canyon ausgewaschen. Er ist mit zahlreichen alten Behausungen, von denen einige bis ins 4. Jahrhundert zurückdatieren, und etwa 60 byzantinischen Kirchen (11.–13. Jh.) gesprenkelt. In der Nähe liegt der frühere griechische Ort **Güzelyurt** zwischen dem Ihlara-Tal und den unterirdischen Städten Derinkuyu und Kaymaklı. Das **Devrent-Tal** (Devrent Vadisi) durchquert die Landschaft rund um Göreme. Es ist ein Labyrinth von Feenkaminen. Im **Rosental** (Güllüdere, siehe S. 224–225) und im **Roten Tal** (Kizilcukur) kann man sich gut zu Fuß umtun.

Unterirdische Städte

Kappadokiens unterirdische Städte dienten verfolgten Christen als Versteck. Jede autarke Stadt hatte ihre eigene Wasserquelle, Schule, Krankenhaus und Andachtsort. Die berühmtesten sind **Derinkuyu** und **Kaymaklı**. Die Höhlen, die durch unterirdische Gänge miteinander verbunden waren, beherbergten vom 5. bis 10. Jahrhundert Zehntausende Menschen. Enge Gänge und steile Treppen führen tief in die Erde, bevor sie in größere Säle münden. ■

Ihlara-Tal
223 A1

Rosental
223 B3

Rotes Tal
223 B3

Derinkuyu
223 A1
50 km südlich von Zelve
0384/271 21 67
€€
www.muze.gov.tr/derinkuyu-en

Kaymaklı
223 B1
Nevsihir, 41 km südlich von Zelve
€€
www.kaymakli.net

REISEINFORMATIONEN

Ein Kutscher wartet in Sultanahmet, Istanbul, auf Fahrgäste

REISEPLANUNG

Reisezeit

Istanbul ist eine Stadt der Extreme. Es kann im Sommer heiß und überfüllt sein, im Winter herrschen dagegen oft schneidende Winde und der Himmel ist auch schon einmal schneeverhangen. Die ideale Zeit für einen Besuch in Istanbul sind der Frühling (April–Juni) und der Herbst (Sept.–Nov.). Während dieser gemäßigten Monate stellen die Cafés und Restaurants ihre Tische nach draußen, die Bewohner von Istanbul sind noch nicht in ihre Feriendomizile verreist und in der Stadt herrscht eine lebendige Stimmung.

In Kappadokien (siehe S. 221–231), Troja und Gallipoli (siehe S. 178–191) und auf den Ausflügen, die in Kapitel 5 vorgestellt werden (siehe S. 153–175), herrscht im Allgemeinen das gleiche Klima wie Istanbul. An der Türkisküste (siehe S. 207–219) finden Reisende von März bis November warmes, sonniges Wetter. Wenn Sie auf dem Lykischen Pfad (siehe S. 212–215) wandern wollen, sollten Sie am besten zwischen September und Mai reisen. Die Ruinen von Ephesus (siehe S. 198–203) sind stark der Sommersonne ausgesetzt, und im Hochsommer sollten Besuche morgens oder abends stattfinden.

Denken Sie bei Ihrer Reiseplanung an nationale und religiöse Feiertage (siehe S. 237–239), da dann sowohl Unterkünfte als auch Verkehrsmittel im Land teuer und überfüllt sein können.

Nicht vergessen

Vergessen Sie nicht, die persönlichen Gegenstände mitzunehmen, die Sie unbedingt brauchen. Nehmen Sie eine ausreichende Menge an benötigten verschreibungspflichtigen Medikamenten mit und transportieren Sie diese im Handgepäck. Eingeführte Waren, wie Einmalkontaktlinsen und Kontaktlinsenflüssigkeit, werden in der Türkei hoch besteuert und sind deshalb meist teurer als zu Hause. Ausrüstungsgegenstände zum Wandern, Radfahren oder Schnorcheln sollten vor der Reise gekauft und gründlich getestet werden.

Wenn Sie etwas vergessen haben sollten, dürften Sie eigentlich keine Schwierigkeiten haben, es in Istanbul zu bekommen. Viele große Firmen besitzen Fabriken in der Türkei, und ihre Waren werden günstig neben No-Name-Produkten in den Straßen der Stadt verkauft.

Viele Sehenswürdigkeiten in der ganzen Türkei bieten Studentenermäßigungen. Um diese in Anspruch nehmen zu können, wird oft ein gültiger internationaler Studentenausweis (ISIC) benötigt.

Versicherungen

Türkeireisende sollten eine private Reisekrankenversicherung abschließen. Da Sie zunächst für die Behandlung in der Türkei bezahlen müssen, ist es wichtig, alle Belege gut aufzubewahren, damit Sie zu Hause das Geld erstattet bekommen. Beachten Sie, dass Reisegepäckversicherungen gestohlene Gegenstände nur ersetzen, wenn Sie bei der Polizei Anzeige erstatten und dies auch belegen können.

Formalitäten

Visa

Staatsbürger Deutschlands und der Schweiz benötigen für einen Aufenthalt bis zu 90 Tagen nur den Personalausweis. Seit Mitte April 2014 müssen österreichische Staatsbürger ihr Visum bereits vor Reisebeginn online beantragen und ausdrucken. Die elektronische Beantragung kann über das „Electronic Visa Application System" erfolgen. Weitere Informationen zum E-Visum finden Sie auf der Homepage des türkischen Generalkonsulats in Wien. Die türkischen Behörden behalten als Übergangsmaßnahme während der Reisesaison 2014 die Möglichkeit bei, das Visum bei der Einreise zu erhalten. Touristenvisa sind an jeder Einreisestelle erhältlich, darunter ab allen Zollstationen an Zugstrecken und Straßen sowie an allen Flughäfen vor der Passkontrolle. Die Kosten für das Visum betragen 15 Euro. Wenn Kinder unter 16 Jahren mitreisen, empfiehlt es sich, dass sie einen eigenen Kinderpass mit Lichtbild besitzen.

Wer länger als 90 Tage in der Türkei bleiben will, muss sich an die Fremdenpolizei (Yabancılar Şube Müdürlüğü; *yabancilar.iem.gov.tr*) wenden, die die entsprechende Genehmigung erteilt. Weitere Informationen, auch auf Deutsch, finden Sie unter *www.konsolosluk.gov.tr*

Türkische Botschaften

Deutschland

Rungestr. 9, 10179 Berlin
Tel. 030/27 58 50
Fax 030/27 59 09 15
E-Mail botschaft.berlin@mfa.gov.tr
www.berlin.be.mfa.gov.tr

Österreich

Prinz-Eugen-Str. 40,
1040 Wien
Tel. 0043 1 505/73 78
Fax 0043 1 505/36 60
E-Mail: botschaft.wien@mfa.gov.tr
www.vienna.emb.mfa.gov.tr

Schweiz

Lombachweg 33,
3006 Bern
Tel. 0041 31/359 70 70
Fax 0041 31/352 88 19
E-Mail turkemb.bern@mfa.gov.tr
www.bern.emb.mfa.gov.tr
(nur auf Türkisch)

Zoll

Geschenke bis zu einem Gesamtwert von 300 Euro dürfen zollfrei eingeführt werden. 400 Zigaretten, 150 Zigarren, 200 Gramm Tabak sowie eine Flasche (100 cl) oder zwei Flaschen (75 cl) eines alkoholischen Getränks sind erlaubt (für Reisende über 18 Jahre). Eine Liste, welche Gegenstände zollfrei mitgeführt werden dürfen, findet sich auf der Website der Botschaften unter „Einreisebestimmungen".

Drogen und Betäubungsmittel

Drogen – Marihuana, Kokain, Ecstasy und Heroin – sind in der Türkei illegal. Besitz, Verkauf und Drogenhandel werden mit hohen Geldstrafen (berechnet nach Gramm) und bis zu 20 Jahren Gefängnis geahndet.

Quarantäne

Haustiere dürfen in die Türkei mitgenommen werden, vorausgesetzt sie besitzen ein international gültiges Gesundheitszertifikat.

Währungsbeschränkungen

Es ist illegal, mehr an türkischen Lirasi als den Gegenwert von 5000 US-Dollar auszuführen. Es bestehen keine Beschränkungen, wie viel Geld eingeführt werden darf.

LITERATUR

Auf S. 50-51 finden Sie eine Liste mit historischen Titeln, und im Kasten auf S. 27 sind die besten Buchhandlungen Istanbuls aufgeführt.

Kultur

„Die Brücke von Istanbul" von Geert Mak (2007)
„Istanbul" von Ara Güler (2009)
„Tales from the Expat Harem", hrsg. von Anastasia M. Ashman und Jennifer Eaton Gökmen (2006)

Führer

„Orientalische Vorspeisen" von Anisa Helou (2008)

Belletristik

„Der Bastard von Istanbul" von Elif Shafak (2007)
„Belsazars Tochter" (2004), „Stille Wasser"(2004), „Tod am Bosporus" (2005) und „Death by Design" (2010) von B. Nadel
„Traum aus Stein und Federn" von Louis De Bernieres (2006)
„Das schwarze Buch" (2006), „Rot ist mein Name" (2003), „Schnee" (2005) und „Das Museum der Unschuld" (2010) von Orhan Pamuk
„Die Weisheit des Eunuchen" (2006) und „Die Bellini-Verschwörung" (2011) von Jason Goodwin
„Memed mein Falke" von Yaşar Kemal (1955)

Natur

„Der Lykische Pfad: Der erste Fernwanderweg der Türkei" von Kate Clow und Terry Richardson (2005)

Reiseberichte und Memoiren

„Der Fez. Eine Reise durch die Türkei auf der Suche nach einem Hut" von Jeremy Seal (1998)
„Istanbul: Erinnerungen an eine Stadt" von Orhan Pamuk (2008)
„Briefe aus dem Orient" von Lady Mary Wortley Montagu (1716; Nachdruck 2006)

ANREISE

Mit dem Flugzeug

Von den meisten großen Städten aus werden Nonstopflüge nach Istanbul angeboten, etwa von Berlin, Frankfurt, München, Hamburg, Wien, Zürich, London, Paris oder Mailand.

Internationale Flüge landen an einem der beiden Flughäfen der Stadt. Die großen Fluggesellschaften nützen in der Regel den größeren, Istanbul Atatürk Havalimanı *(Istanbul Atatürk Airport; Yeşilköy, Tel. 0212/465 55 55, www.ataturkairport.com)* im europäischen Teil der Stadt, während Billigflieger im Allgemeinen am Flughafen Sabiha Gökçen Havaalanı *(Sabiha Gökçen Airport; Pendik, Tel. 0216/585 50 00, www.sgairport.com)* im asiatischen Teil ankommen. An beiden Flughäfen gibt es internationale und nationale Terminals, Banken, Wechselstuben sowie Geldautomaten.

Der Flughafen Istanbul Atatürk liegt 28 Kilometer westlich der Stadt. Taxis fahren vor der Ankunftshalle ab. Ein Taxi braucht etwa 40 Minuten in die Innenstadt und kostet rund 45 TL. Wenn Sie nicht zu viel Gepäck dabeihaben, können Sie auch mit der U-Bahn fahren. Folgen Sie den rot-blauen Zeichen „M" (Metro) zur Station Aksaray-Havalimanı Hafif Metrosu (Aksaray-Flughafen Metro). Kaufen Sie einen Jeton für 3 TL und werfen Sie ihn am Drehkreuz ein, um zur U-Bahn zu kommen. Die Bahnen fahren alle paar Minuten ab, alle in Richtung Aksaray. Der Flughafen Sabiha Gökçen, auf der anderen Seite des Bosporus, liegt 50 Kilometer östlich des Taksim-Platzes. Taxis warten vor der Ankunftshalle. Ein Taxi in die Innenstadt braucht etwa eine Stunde und kostet rund 70 TL.

Mit dem Schiff

Istanbuls größter Fährhafen ist Yenikapı Hızlı Feribot Iskelesi *(Fatih, Tel. 0212/455 69 00, www.ido.com.tr)*. Hier legen Schiffe von Orten rund ums Marmarameer an, wie etwa aus Yalova, Bursa, Bandırma (İzmir) und von den asiatischen Vororten.

In den Sommermonaten folgt in Karaköy ein Kreuzfahrtschiff dem anderen. Zu den Gesellschaften, die in Istanbul anlegen, zählen MSC und Costa Cruises.

Mit dem Zug

Züge aus Europa, beispielsweise aus Thessaloniki, Sofia, Budapest und Bukarest, kommen am Sirkeci Tren İstasyonu *(Sirkeci-Bahnhof; Sirkeci Meydanı, Eminönü, Tel. 0212/458 88 34)* an. Der Bahnhof besitzt eine gute Anbindung an das öffentliche Verkehrsnetz. Sirkeci liegt an der Straßenbahnlinie Zeytinburnu-Kabataş. Am Sirkeci-Bahnhof gibt es ein Restaurant, einen Zeitungsstand, eine kleine Touristeninformation und Gepäckschließfächer.

Mit dem Bus

In Istanbul gibt es zwei große Busbahnhöfe. Der wichtigste ist der europäische Büyük Istanbul Otogarı *(Bayrampaşa, Tel. 0212/ 658 05 05, www.otogaristanbul.com)*. Er liegt an der U-Bahn-Linie Aksaray-Havalimanı und hat damit direkte Verbindung zum Flughafen Istanbul Atatürk. Um mit öffentlichen Verkehrsmitteln in die Innenstadt zu gelangen, nehmen Sie die U-Bahn bis zur Endstation Aksaray. Eine Taxifahrt in die Innenstadt kostet etwa 30 TL.

Harem Otogarı liegt am asiatischen Ufer Istanbuls. Alle asiatischen Busse, die nach Istanbul kommen, halten zuerst hier, bevor sie auf die europäische Seite zum Büyük Istanbul Otogarı fahren. Fähren verkehren regelmäßig von Harem nach Eminönü, und meist kommt man mit diesem Verkehrsmittel wesentlich schneller ins Stadtzentrum.

UNTERWEGS IN DER TÜRKEI

Mit Flugzeug

Mit Ausnahme einiger weniger Strecken ab Ankara starten Flüge zu Zielen in der Türkei alle von Istanbul. Inlandsflüge sind häufig und, wenn Sie die Ferienzeit und die Hochsaison meiden, auch preisgünstig. Es gibt eine Reihe von Fluglinien in türkischem Besitz, darunter Turkish Airlines, Pegasus Airlines, Onur Air, Atlas Jet und die in Ankara beheimatete Anadolu Jet.

Andadolu Jet
Tel. 0212/444 25 38
www.anadolujet.com

Atlas Jet
Tel. 0212/663 20 00
www.atlasjet.com

Onur Air
Tel. 0212/468 66 87
www.onurair.com.tr

Pegasus Airlines
Tel. 0850/250 07 37
www.flypgs.com

Turkish Airlines
Tel. 0212/444 08 49
www.thy.com

Mit dem Zug

Zugfahren ist in der Türkei sehr angenehm. Es gibt nicht allzu viele Ziele (Züge fahren nicht an der Ägäisküste entlang) und es kommt oft zu Verspätungen, doch wenn Sie es nicht eilig haben, bietet sich hier eine gute Gelegenheit, die türkische Landschaft zu sehen. Auf vielen Strecken werden ordentliche Schlafplätze und ein Speisewagen angeboten. Die Waggons sind in der Regel sauber und geräumig. Die Hochgeschwindigkeitsstrecke zwischen Istanbul und Ankara ist die beste Verbindung der beiden größten Städte des Landes (siehe Kasten S. 39).

Einzelne Zugstrecken und weitere Informationen finden Sie auf der Website der Türkischen Staatlichen Eisenbahnen *(TCDD; www.tcdd.gov.tr)*. Fahrkarten werden in allen Bahnhöfen und bei manchen Reisebüros verkauft.

Auf dem Wasser

Durch Istanbuls Lage – am Bosporus, am Goldenen Horn und am Marmarameer – bedingt, sind täglich Tausende von Schiffen unterwegs. Die meisten dieser Fähren befördern Pendler (oft mit ihren Autos) von Eminönü, vor dem Gewürzmarkt, in das Wohngebiet von Üsküdar, vom asiatischen Kadıköy zum europäischen Ufer in Karaköy und vom geschäftigen Kabataş zu den Prinzeninseln. Beachten Sie, dass die meisten Fähren ihren Betrieb um 21 Uhr einstellen. Fähranleger, Fahrpläne und Fahrpreise finden Sie unter *www.sehirhatlari.com.tr.*

Mit dem Bus

Busse sind auf der großen Fläche der Türkei die wichtigsten Verkehrsmittel. Lange Strecken werden häufig so zurückgelegt.

Zu den zuverlässigsten Busgesellschaften zählen Kamil Koç *(www.kamilkoc.com.tr)*, Pamukkale *(www.pamukkaleturizm.com.tr)*, Ulusoy *(www.ulusoy.com.tr)* und Varan *(www.varan.com.tr)*. Alle besitzen Verkaufsstellen in Istanbul ebenso wie Schalter an den Bushaltestellen. Wenn Ihr Ziel nicht nur selten angefahren wird oder während der Ferien, reicht es, ein Ticket für eine lange Strecke einen oder zwei Tage vorher zu buchen. Die meisten Gesellschaften bieten einen kostenlosen Shuttleservice von ihren

Stadtbüros zum Busbahnhof (nur für Fahrgäste mit Fahrkarte).

Dolmuşe bedienen kürzere Strecken, oft zwischen großen und kleineren Städten, während Hunderte Busse für den Stadtverkehr in Istanbul bereitstehen.

Mit dem Auto

Istanbul ist sehr verkehrsreich: Sie sollten es unbedingt vermeiden, in der Stadt einen Wagen zu mieten und zu fahren. Andererseits ist es eine gute Lösung, einen Wagen zu mieten, um in einigen Gegenden des Landes herumzukommen, die nicht gut mit öffentlichen Verkehrsmitteln ausgestattet sind, etwa in Kappadokien. Autoverleihe gibt es an allen großen Flughäfen.

Mit U-Bahn und Straßenbahn

Istanbuls öffentliches Verkehrsnetz ist ausgezeichnet. U-Bahn, Straßenbahn, Busse und Fähren bringen Sie hin, wohin Sie wollen. Die Jetons (3 TL) gelten in der U-Bahn und der Straßenbahn. Sie können an jeder Haltestelle erworben werden.

Strecken und Fahrpläne finden Sie unter *www.iett.gov.tr.* Eine elektronische Fahrkarte, die Istanbulkart (siehe S. 10) ist die einfachste Art, in Istanbul für öffentliche Verkehrsmittel zu zahlen. Gegen eine Kaution von 6 TL ist sie an den meisten Zeitungskiosken und Bahnhöfen erhältlich und kann mit dem benötigten Betrag aufgeladen werden. Wenn Sie in eine Straßenbahn, einen Zug, eine Fähre, einen Bus oder eine Standseilbahn einsteigen, entwerten Sie die Karte an der elektronischen Sperre.

Mit dem Taxi

In den Straßen Istanbuls verkehren viele leuchtend gelbe Taxis *(taksi)* . Sie sind relativ billig, vor allem wenn drei oder vier Fahrgäste sich ein Taxi teilen. Der Preis wird am Taxameter angezeigt. Zusätzliche Gebühren fallen an für Gepäck und für mautpflichtige Straßen, außerdem wird eine Nachtgebühr *(gece)* für die Zeit zwischen Mitternacht und sechs Uhr erhoben.

PRAKTISCHE TIPPS

Adressen

Istanbul ist von Tausenden winzigen Straßen durchzogen, die es oft schwierig machen, eine bestimmte Adresse zu finden. Deshalb sind Adressen oft mit zwei Straßennamen angegeben. Die erste, größere Straße (meist Bulvarı, Mahallesi oder Caddesi) nennt einen bestimmten Teil eines Viertels. Die zweite Straße (meist Sokak) ist die eigentliche Adresse. Beispielsweise bezeichnet „Alemdar Mahallesi, Çatalçesme Sokak 21, Sultanahmet, Istanbul" das Gebäude Nummer 21 in der Çatalçesme Sokakbei der Alemdar Mahallesi im Viertel Sultanahmet in Istanbul.

Auf den mitunter steilen Hügeln Istanbuls ist der kürzeste Weg nicht immer der einfachste. Seien Sie nicht erstaunt, wenn Sie Einheimische nach dem Weg fragen und eine Reihe verschiedener Antworten, gefolgt von einer hitzigen Diskussion, erhalten.

Kommunikation

Internetzugang

Internet ist vielerorts verfügbar. Wenn Sie mit einem Laptop reisen, finden Sie in fast allen Hotels sowie vielen Cafés und Restaurants kostenloses WLAN. Die ganze İstiklal Caddesi ist mit kostenlosem WLAN abgedeckt, für das Sie sich nur beim ersten Mal anmelden müssen. Einige Websites sind in der Türkei verboten, die bekannteste ist YouTube.

Post

Postämter (PTT; *www.ptt.gov.tr)* sind über ganz Istanbul verteilt, und in jeder größeren Stadt gibt es eines. Die Hauptpostämter in Istanbul sind Sirkeci PTT *(Büyük Postane Caddesi, Sirkeci, Tel. 0212/526 12 00)* und Galatasaray PTT *(Yeniçarşı Caddesi 4A, Galatasaray, Beyoğlu, Tel. 0212/251 51 50).*

Wenn Sie ein Päckchen nach Hause schicken wollen, beachten Sie, dass es durchaus üblich ist, dass das Personal am Postamt in Ihrer Anwesenheit die Sendung öffnet und den Inhalt prüft, bevor Sie das Porto bezahlen. Es ist empfehlenswert, das Ganze nur lose zu verpacken und das Päckchen erst am Postschalter gut zu verkleben.

Telefon

Öffentliche Telefone gibt es in Bahnhöfen, an großen Straßen und in oder vor Postämtern. Sie funktionieren mit Kreditkarte oder Telefonkarten *(telekart).* Letztere können Sie in Postämtern, in Läden und an Kiosken kaufen. Die meisten ausländischen Mobiltelefone funktionieren in der Türkei. Wenn Sie während Ihrer Reise viel telefonieren wollen, sollten Sie sich eine türkische SIM-Karte besorgen. Sie müssen hierfür nur mit ihrem Personalausweis oder Reisepass einen Laden von Turkcell, Vodafone oder AVEA aufsuchen und eine SIM-Karte kaufen. Dies ist problemlos möglich und kostet nicht viel. Türkische Telefonnummern bestehen aus elf Ziffern: einer vierstelligen Ortsvorwahl (z. B. 0212 oder 0216 für Istanbul) und einer siebenstelligen Rufnummer. Ruft man eine türkische Nummer vom Ausland aus an, steht vorn die Landesvorwahl 0090, dann folgt die Ortsvorwahl ohne eine vorangehende 0 und anschließend die Nummer des Teilnehmers. Bei Mobiltelefonnummern verhält es sich ähnlich.

Elektrizität

Elektrische Geräte arbeiten in der Türkei mit 220 Volt/50 Hz. Steckdosen bzw. Stecker entsprechen der europäischen Norm.

Etikette und regionale Bräuche

Istanbul ist zwar eine internationale, modern denkende Stadt, doch sie ist sicherlich konservativer als Ihre Heimatstadt. Unauffällige Kleidung in der Öffentlichkeit gilt als höflich, vor allem wenn Sie eine Moschee besuchen wollen. Das heißt: keine kurzen Röcke, keine tiefen Ausschnitte bei Frauen und Shorts weder bei Frauen noch bei Männern. Frauen wird geraten, Oberteile zu tragen, die Schultern und Oberarme bedecken. Es wird nicht erwartet, dass Frauen ein Kopftuch tragen, und wahrscheinlich erregt es mehr Aufsehen, wenn Sie eines tragen als wenn Sie als Gast ohne gehen.

Feiertage

Sie können damit rechnen, dass Banken, staatliche Stellen und viele Läden an den folgenden Feiertagen geschlossen sind. Weitere Tage, an denen viele Stellen geschlossen sind, finden Sie unter „Religiöse Feiertage" (S. 238-239).

1. Januar, Neujahr *(Yılbaşı)*

23. April, Tag der Unabhängigkeit und des Kindes *(Ulusal Egemenlik ve Çocuk Bayramı)*

1. Mai, Tag der Arbeit *(Emek Günü)*

19. Mai, Atatürks Geburtstag sowie Tag der Jugend und des Sports *(Atatürk'ü Anma Gençlik ve Spor Bayramı)*

30. August, Tag des Sieges *(Zafer Bayramı)*

29. Oktober, Tag der Republik *(Cumhuriyet Bayramı)*

10. November, Atatürks Todestag; um 9.05 wird eine Schweigeminute abgehalten

Alkohol

Efes Pilsen (außerdem Hell und Dunkel) ist das einheimische Bier. In der Türkei gedeiht außerdem eine Reihe ausgezeichneter Weine. Kavaklıdere und Doluca sind zwei renommierte, seit Langem bestehende Weingüter. Es gibt aber auch zahlreiche kleinere Weingüter mit Weinen von hoher Qualität. Mehr Information finden Sie bei Bozcaada, der Weininsel der Türkei (siehe S. 190-191). Raki, mit Anisgeschmack, ist der wichtigste einheimische Schnaps (40 bis 45 %). Normalerweise wird er mit Wasser verdünnt und zu *meze* oder während eines Fischessens getrunken.

Alkoholika können in vielen Kiosken, Supermärkten, Restaurants und Bars erstanden werden.

Medien

Zeitungen

In der Türkei gibt es zwei tägliche englische Zeitungen: *Today's Zaman (www.todayszaman.com)* und *Hürriyet Daily News* (früher *Turkish Daily News; www.hurriyet dailynews.com*). Internationale Zeitungen sind häufig erhältlich: In jedem Viertel von Istanbul gibt es sie an wenigstens einem Zeitungskiosk. Tünel- und Taksim-Platz sind gute Stellen, um internationale Zeitungen zu kaufen.

Zeitschriften

Es gibt eine Reihe englischsprachiger Zeitschriften wie *Cornucopia (www.cornucopia.net)* mit gut geschriebenen Artikeln über die Türkei heute und in der Vergangenheit. *Time Out (www.timeout istanbul.com)*, ein Veranstaltungskalender, erscheint monatlich.

Internationale Zeitschriften sind relativ schwierig zu bekommen. Die Supermarktkette Macro Center *(www.macrocenter.com.tr)* lohnt einen Versuch.

TV

Dank des Providers von Satellitenfernsehen Digiturk können Sie in den meisten Hotels auch deutsche bzw. englischsprachige Sender empfangen.

Geld

Informationen über die türkische Lira (Türk lirası, abgekürzt TL) und ihre Stückelungen finden Sie auf S. 10.

Geldwechsel ist in manchen, aber nicht allen Banken möglich. In Istanbul gibt es Wechselstuben an den Flughäfen und an der İstiklal Caddesi. Die Filialen von Döviz *(Hausnummer 39 und 53, und am Taksim-Platz)* sind in der Regel von etwa 9–19.30 Uhr geöffnet.

In Istanbul werden Kreditkarten (Mastercard und Visa, seltener American Express) im Allgemeinen in größeren Hotels, Restaurants und Geschäften akzeptiert oder dort, wo viele Touristen zu finden sind. Sie sollten unbedingt Ihren Pincode wissen.
Es gibt auch viele Banken und Geldautomaten. Außerhalb der Stadt trifft das allerdings nicht immer zu. Sicherheitshalber sollten Sie stets etwas Bargeld mit sich führen. Falls Sie Ihre Kreditkarte verlieren oder sie gestohlen wird, rufen Sie folgende Telefonnummern an:

Mastercard
Tel. 001 31/42 75 66 90
www.mastercard.com
Visa
Tel. 00800/135 35 09 00
www.visaeurope.com

Öffnungszeiten

Die meisten Banken haben Montag bis Freitag von 9 bis 12 und von 13.30 bis 17 Uhr geöffnet. Einige sind auch am Samstagvormittag offen. Die Öffnungszeit der meisten Postämter (PTT) ist in der Regel Montag bis Samstag 8.30–17 Uhr, manche schließen über Mittag für eine Stunde.

Die wichtigsten Sehenswürdigkeiten sind ab 8.30 oder 9 bis 17.30 Uhr zugänglich. Ruhetag ist meist Montag oder Dienstag.

Restaurants bieten ihre Dienste häufig durchgehend an, die Küchen öffnen etwa um 8 Uhr für das Frühstück und schließen erst spät nach der Abendessenszeit, oft gegen Morgen. Türken nehmen ihre Abendmahlzeit im Vergleich zu Mitteleuropäern spät ein. Die beliebten Restaurants füllen sich etwa ab 21 Uhr.

Läden sind normalerweise Montag bis Samstag 10 bis 19 Uhr geöffnet, an der zentral gelegenen İstiklal Caddesi in Istanbul oft auch bis 22 Uhr oder noch länger. Größere Supermärkte haben von 8.30 bis 22 Uhr offen. Die Öffnungszeiten am Abend können allerdings sehr unterschiedlich sein.

Apotheken haben Montag bis Samstag von 9 bis 19 Uhr geöffnet. In jedem Viertel hat jeweils eine Apotheke (im Wechsel) auch über Nacht offen.

Religion

Vorherrschende Religion in der Türkei ist die sunnitische Richtung des Islam. Doch das Land ist eine liberale, weltliche Republik. Auch wer nicht Moslem ist, ist herzlich willkommen, auch in Moscheen.

Die großen Religionen der Welt sind in Istanbul vertreten. Das Ökumenische Patriarchat von Konstantinopel der griechisch-orthodoxen Kirche hat hier seinen Sitz; es gibt zahlreiche Bewohner griechisch-orthodoxen und armenischen Glaubens. Einer eng verbundenen Gemeinschaft von Juden gehören die Synagogen in Galata und Balat. An der İstiklal Caddesi liegen zwei bedeutende katholische Kirchen (siehe S. 111).

Religiöse Feiertage

Die islamischen Feiertage werden nach dem Mondkalender berechnet. Ein Jahr hat knapp 355 Tage und ist damit um elf Tage kürzer als das gregorianische Jahr. Deshalb variieren die Daten der religiösen Feiertage. Alle beginnen am Abend des ersten Tages und dauern bis zum Abend des letzten Tages.

Ramadan (2015: 18. Juni–16. Juli; 2016: 6. Juni–5. Juli): Während dieses Monats religiöser Feierlichkeit fasten gläubige Moslems von Sonnenaufgang bis Sonnenuntergang. In Istanbul haben die meisten Restaurants trotzdem geöffnet. Die Höflichkeit erfordert es, auf der Straße nicht zu essen oder zu trinken. Bei Sonnenuntergang herrscht eine festliche Atmosphäre, wenn die Tische gedeckt werden und das Fasten gebrochen wird. Restaurants servieren spezielle Abendmenüs und es ist sehr empfehlenswert, in den beliebtesten Lokalen im Voraus zu reservieren.

Seker Bayram oder Ramadan Bayramı (2015: 17.–19. Juli, 2016: 5.–7. Juli): An diesen drei Tagen, die das Ende des Ramadan bezeichnen, wird mit Genuss eine

Fülle an Zucker *(şeker)* und Süßigkeiten verzehrt.

Kurban Bayramı (2014: 4. Oktober–7. Oktober; 2015: 23.–26. September; 2016: 12.–15. September): Dieses wichtige vier oder fünf Tage lange Fest feiert die jährliche muslimische Wallfahrt nach Mekka *(hajj)*. Es findet 70 Tage nach Ende des Ramadan statt. Traditionell wird ein Schaf geschlachtet und ein ausgezeichnetes üppiges Mahl zubereitet.

Sowohl während Şeker Bayramı als auch während Kurban Bayramı sind die Verkehrsmittel teuer, verkehren seltener und sind überfüllt, da viele Menschen reisen, um mit der Familie und Freunden zu feiern. Museen und Sehenswürdigkeiten sind am ersten oder an zwei Tagen der Feiertage geschlossen, Büros und Geschäfte während der gesamten Zeit.

Toiletten

Öffentliche Toiletten (*tuvalet*) sind weit verbreitet und kosten in der Regel 1 TL pro Person. Auch Moscheen besitzen immer öffentliche Toiletten. Während Sie manchmal auf Toiletten im westlichen Stil stoßen werden, gibt es noch häufig, vor allem auch außerhalb Istanbuls, asiatische Hocktoiletten. Toilettenpapier sollte immer in den Müll, nicht in die Toilette geworfen werden.

Zeitunterschied

In der gesamten Türkei gilt die Osteuropäische Zeit, die der Mitteleuropäischen Zeit eine Stunde voraus ist. Während der Sommerzeit vom letzten Sonntag im März bis zum letzten Sonntag im Oktober werden die Uhren um eine Stunde vorgestellt.

Trinkgeld

Trinkgelder haben in der Türkei zwar keine Tradition, doch sie werden begeistert entgegengenommen. Die meisten Beschäftigten im Gastgewerbe erwarten ein kleines Trinkgeld, und es ist unhöflich, dem nicht nachzukommen. In Restaurants ist ein Trinkgeld von zehn Prozent großzügig. Überall sonst (Cafés, Bars, Taxis, Gepäckträger) runden Sie den Rechnungsbetrag auf oder lassen ein paar Lira liegen.

Einrichtungen für behinderte Menschen

Teuere Hotels und bekannte Sehenswürdigkeiten sind in der Regel behindertengerecht ausgestattet. Doch das ist auch schon fast alles. Straßen und Gehsteige sind uneben, Rampen selten, Aufzüge und Toiletten oft eng. Die Türken unternehmen große Anstrengungen, um Touristen mit Behinderung zu helfen, aber es lohnt sich, vorab möglichst viele Informationen zu sammeln.

Besucherinformationen

Touristeninformationen

Die örtlichen Touristeninformationen in der Türkei bieten meist nur sehr wenig Informationsmaterial. Das Personal ist sehr freundlich und unternimmt große Anstrengungen, telefoniert und sucht Informationen für Sie. Doch es liegen selten mehr als ein allgemeiner Stadtplan und ein paar Hochglanzbroschüren zum Mitnehmen bereit. Verlassen Sie sich also nicht allein auf diese Institutionen.

Im Gegensatz dazu ist die offizielle Website des Fremdenverkehrsamts *(www.kultur.gov.tr)* übervoll mit Adressen, Telefonnummern und Öffnungszeiten. Google Maps *(maps.google.com)* ist nützlich, um Wege und die genaue Lage von Sehenswürdigkeiten zu überprüfen, bevor Sie sich auf den Weg machen.

Websites

www.goturkey.com
Das offizielle Tourismusportal der Türkei. Im Reiseführerteil bietet es Links zu Unterkünften.

www.ibb.gov.tr Die offizielle Website der Stadtverwaltung Istanbuls.

www.istanbulpost.net Internetmagazin auf Deutsch, das wöchentlich erscheint, mit vielen Informationen.

www.turkey-gay-travel.com Diese Website listet Hotels auf, in denen Homosexuelle freundlich aufgenommen werden, bietet außerdem Links zu empfohlenen Bars, Clubs und Touren.

Weitere praktische Hinweise finden Sie unter „Istanbul-Blogs", siehe S. 16.

IM NOTFALL

Kriminalität und Polizei

Die Türkei ist im Allgemeinen ein sicheres Land. Sie sollten immer Ausweispapiere mit sich führen: Ein Führerschein oder eine Kopie Ihres Passes oder Personalausweises reicht aus. In Istanbul sollten Sie sich vor

Taschendieben in Acht nehmen – behalten Sie Ihre Sachen dicht bei sich, vor allem an vollen Plätzen und in öffentlichen Verkehrsmitteln. Ihre Kamera sollten Sie wegstecken, wenn Sie sie nicht benützen. Zählen Sie Ihr Wechselgeld immer sofort. Es empfiehlt sich, nachts schlecht beleuchtete, leere Straßen zu meiden. Zeigen Sie Probleme sofort bei der Touristenpolizei an *(Yerebatan Caddesi, Sultanahmet, Tel. 0212/527 45 03)*.

Botschaften und Konsulate

Deutsche Botschaft
Atatürk Bulvarı 114,
06690 Kavaklıdere, Ankara
Tel. 0090/312 45 55 100
www.ankara.diplo.de

Deutsches Generalkonsulat
İnönü Cad. 10,
34437 Gümüşsuyu, İstanbul
Tel. 0090/334 61 00
www.istanbul.diplo.de

Österreichische Botschaft
Atatürk Bulvarı 189,
06690 Kavaklıdere, Ankara
Tel. 0090/312 405 51 90
www.bmeia.gv.at

Österreichisches Generalkonsulat
Köybasi cad. 46,
34464 Yeniköy, Istanbul
Tel 0090/212 262 93 15
www.bmeia.gv.at

Schweizer Botschaft
Atatürk Bulvarı 247,
06690 Kavaklıdere, Ankara
Tel. 0090/312 457 31 00
www.eda.admin.ch/turkey

Schweizer Generalkonsulat
1. Levent Plaza, A-Blok Kat 3,
Büyükdere Cad. 173, Istanbul
Tel 0090/212 283 12 82
www.eda.admin.ch/istanbul

Notrufnummern

Ambulanz 112
Feuerwehr 110
Polizei 155
Touristenpolizei 0212/527 45 03

Verlorene Gegenstände

Wenn Sie Ihre Ausweispapiere oder wertvolles Eigentum verloren haben oder es gestohlen wurde, gehen Sie zum Revier der Touristenpolizei in Sultanahmet, das genau gegenüber dem Eingang zur Yerebatan-Zisterne *(Yerebatan Caddesi, Tel. 0212/527 45 03)* liegt. Erstatten Sie offiziell Anzeige. Das ist nötig, damit Sie Ersatzpapiere bekommen bzw. damit die Versicherung den Verlust erstattet.

Gesundheit

Für eine Reise in die Türkei sind keine speziellen Impfungen erforderlich. Sie sollten jedoch auf folgende Aspekte achten: Trinken Sie kein Leitungswasser. Mineralwasser in Flaschen ist preiswert und überall erhältlich. In Istanbul treten immer noch Fälle von Tollwut auf. Sollten Sie also von einem streunenden Tier gebissen werden, gehen Sie sofort in eine Klinik, um eine kostenlose Tollwutimpfung zu bekommen.

Wenn Sie rezeptfreie Medikamente brauchen, finden Sie überall in der Stadt Apotheken *(eczane)*. In Istanbul gibt es auch eine deutsche Klinik:

Alman Hastanesi (Deutsche Klinik)
Sıraselviler Caddesi 119,
Taksim, Beyoğlu
Tel. 0212/293 21 66
www.almanhastanesi.com.tr

Hotels & Restaurants

Hotels in der Türkei sind in der Regel bequeme und einladende Unterkünfte. Vor allem in Istanbul und den westlichen Teilen des Landes, die in diesem Buch behandelt werden, sind die Hotels oft von gehobener Qualität. Türkeireisende dürften für jedes Budget und jeden Anspruch eine entsprechende Herberge finden.

Istanbuls Hotels gliedern sich in vier Kategorien: Luxus, Boutique, historisch und Budget. Jede Kategorie ist in einem bestimmten Bereich der Stadt vorhanden.

Einige umwerfende Luxushotels haben in den letzten Jahren direkt am Bosporus ihre Tore geöffnet. Manche wie das Çırağan Palace Kempinski Istanbul und das Four Seasons Istanbul am Bosporus befinden sich in ehemaligen Palästen. Viele bieten einen eigenen Shuttleservice zum Flughafen - mit dem Schiff - und verfügen über eigene Stadtführer und preisgekrönte Restaurants. Keines dieser teuren Hotels liegt besonders günstig: Man rechnet damit, dass die Gäste ein Taxi zu den Hauptsehenswürdigkeiten nehmen.

Weniger teuer sind die rund zehn Boutique-Hotels, wie Witt Suites oder House Hotel, die in den letzten Jahren eröffnet haben. Alle liegen in den angesagten Vierteln Beyoğlu oder Beşiktaş - mit tollen Buchhandlungen, Modegeschäften und Kunstgalerien, jedoch 15 Minuten Taxi- oder Straßenbahnfahrt von der historischen Altstadt entfernt. In diesen schicken Vierteln gibt es auch einige hippe Appartementhotels.

Wer bereit ist, auf iPod-Anschlüsse, Marmorwaschbecken und unzählige Kissen zu verzichten, findet in Istanbuls historischen Hotels angemessene Preise. Fast alle befinden sich in der Altstadt, sind auf Touristen eingestellt und günstig zu den Sehenswürdigkeiten gelegen. Viele verfügen über altmodische Zimmer mit türkischen *kelims* und jedes ist absolut charmant. Istanbuls Budget-Hotels liegen meist in Beyoğlu oder in den Seitenstraßen der Altstadt. Alle sind sauber, ordentlich und spärlich möbliert.

Hotels in der Türkei auf dem Land sind preiswerter als die in Istanbul. Die in diesem Führer aufgelisteten Hotels sind alle sehr hübsch. In allen außer den teuersten ist ein türkisches Frühstück mit Eiern, Käse, Oliven, Toast und Tee inbegriffen. Viele bieten auch einen Shuttleservice zum Flughafen, aber meist ist ein Taxi billiger. Fast alle Hotels in der Türkei bieten kostenlosen Internetzugang.

Da die Besucherzahlen in der Türkei jährlich steigen, ist es ratsam, vor der Reise eine Unterkunft zu buchen. Gäste, die ihr Hotelzimmer rund zwei Monate im Voraus buchen, erhalten oft über die Website des Hotels einen beachtlichen Rabatt. Es lohnt sich auch, auf Websites wie Booking.com *(www.booking.com)* oder Hotel.de *(www.hotel.de) zu suchen.*

Essen ist in der Türkei ein fantastisches Erlebnis. Es werden nur die frischesten Produkte der Saison verwendet, die Aromen sind hinreißend, die Preise in der Regel niedrig und der Service - vor allem außerhalb der touristischen Altstadt - wären eines Sultans würdig.

Die meisten Restaurants servieren Mittagessen von 12 bis 16 Uhr und Abendessen von 19 bis 24 Uhr. Es gibt auch eine Reihe Lokale, deren Küche durchgehend geöffnet ist. Fast alle in diesem Buch aufgeführten Restaurants sind täglich geöffnet, abgesehen von den religiösen Feiertagen (siehe S. 238-239).

PREISE

HOTELS
Preiskategorien für ein Doppelzimmer in der Hochsaison.

€€€€€ über 500 TL
€€€€ 300-500 TL
€€€ 150-300 TL
€€ 100-150 TL
€ unter 100 TL

RESTAURANTS
Preiskategorien für ein Drei-Gänge-Menü ohne Getränke.

€€€€€ über 80 TL
€€€€ 40-80 TL
€€€ 20-40 TL
€€ 10-20 TL
€ unter 10 TL

In 90 Prozent der Restaurants gibt es neben der türkischen eine englische oder deutsche Speisekarte. Auch ist das Personal meist in der Lage, die Gerichte zu erklären. Viele Einheimische schenken der Speisekarte keinerlei Beachtung, sondern diskutieren mit dem Kellner, was an Fisch, Fleisch oder Gemüse besonders frisch ist. Nur in den allerschicksten Restaurants von Istanbul ist eine Reservierung nötig.

Einheimische beginnen ihre Mahlzeit mit kalten *meze*, wie gefüllten Weinblättern oder Auberginensalat, ausgewählt vom Servierwagen des Kellners. Diese leckeren Appetithappen kosten nie mehr als ein paar Euro pro Stück. Es folgen warme Vorspeisen (darunter gegrillter Tintenfisch und gefüllte Paprika), dann der Hauptgang. Zu den meisten Mahlzeiten gibt es Bier, einheimischen Wein oder *rakı*, den türkischen Anisschnaps, obwohl einige der genannten Restaurants auch alkoholfrei sind. In mittleren bis großen Lokalen werden Kreditkarten fast immer akzeptiert. Trotzdem ist es nützlich, etwas Bargeld dabeizuhaben, etwa für Trinkgelder.

Die meisten Restaurants sind mit brauchbaren Toiletten ausgestattet. Kleine Cafés, die keine besitzen, verweisen Sie an die nächste öffentliche Toilette. Einige der in diesem Buch empfohlenen Restaurants können schwierig zu finden sein. Im Zweifelsfall fragen Sie in einem Laden nach dem Weg.

Hotels und Restaurants sind nachfolgend zunächst nach Preisen und dann im weiteren Verlauf alphabetisch geordnet.

ALTSTADT

HOTELS

FOUR SEASONS ISTANBUL AT SULTANAHMET
€€€€
TEVKIFHANE SOKAK 1,
SULTANAHMET
TEL. 0212/381 40 00
FAX 0212/402 30 10
www.fourseasons.com/istanbul
Das Leben in diesem früheren osmanischen Gefängnis ist wesentlich angenehmer, seit es die Hotelgruppe Four Seasons übernommen hat. Die Zimmer verfügen über Marmorbäder, iPod-Anschlüsse, Bose-Sound-Systeme und ein orientalisches Flair. Das raffinierte Restaurant **Seasons** bietet eine moderne internationale Küche, etwa Garnelen-Ananas-Pastete oder Lamm in Mandelkruste mit süßen Schalotten, außerdem einen beliebten Brunch am Sonntagmittag.
65 115 Alle gängigen Kreditkarten Gülhane

HOTEL EMPRESS ZOE
€€€€
AKBIYIK CADDESI, ADLIYE SOKAK 10, SULTANAHMET
TEL. 0212/518 25 04
www.emzoe.com
Ein echtes Boutique-Hotel mit romantischen Zimmern mit Fresken und Antiquitäten. Hübscher Garten. Von der benachbarten Blauen Moschee erklingt der Ruf des Muezzins. Steile, schmale Treppen können für Gäste problematisch sein.
25 Alle gängigen Kreditkarten Sultanahmet

HOTEL AMIRA
€€€-€€€€
KUCUK AYASOFYA MAHALLESI,
MUSTAFAPASA SOKAK 79,
SULTANAHMET
TEL. 0212/516 16 40
FAX 0212/516 16 45
www.hotelamira.com
Ein neues Hotel der gehobenen Klasse Im Herzen von Istanbuls Altstadt. Die Zimmer sind modisch und bequem ausgestattet. In den Badezimmern gibt es Regenschwallduschen oder Jacuzzibecken. Mehrtägige Aufenthalte können mit einem Familienprogramm (einschließlich einem Besuch von Miniatürk) oder einem langen romantischen Wochenende (mit Schokoladenfondue und Rosenblättern) kombiniert werden. Für Konferenzen und andere Veranstaltungen steht ein Wintergarten zur Verfügung.
30, dazu 2 Suiten
Alle gängigen Kreditkarten Sultanahmet

WHITE HOUSE HOTEL
€€€-€€€€
ALEMDAR MAHALLESI,
ÇATALÇEŞME SOKAK 21,
SULTANAHMET
TEL. 0212/526 00 19
FAX 0212/526 09 14
www.istanbulwhitehouse.com
Aus der Masse der vielen Hotels in Sultanahmet ragt das freundliche White House Hotel heraus. Das Personal ist freundlich und die kleinen Zimmer im osmanischen Stil wurden sorgfältig gestaltet. Perfekte Lage, um alle wichtigen Sehenswürdigkeiten zu erreichen. Erhebliche Preisnachlässe außerhalb der Hauptsaison.
22 60 Alle gängigen Kreditkarten Sultanahmet

AYASOFYA PANSIYONLARI
€€€

SOĞUKÇEŞME SOKAK,
SULTANAHMET
TEL. 0212/513 36 60
FAX 0212/513 36 69
www.ayasofyapensions.com
Ein historisches Hotel, das in einer Reihe traditioneller hölzerner Stadthäuser in der Nähe der Hagia Sophia steht. Dahinter erstreckt sich ein üppiger privater Garten. Es besitzt neun elegante Zimmer - in einigen davon waren Königin Sophia von Spanien und ihre Familie bei einem Besuch in Istanbul untergebracht.
9 Alle gängigen Kreditkarten Gülhane

HOTEL IBRAHIM PASHA
€€€
TERZIHANE SOKAK 7,
SULTANAHMET
TEL. 0212/518 03 94
FAX 0212/518 44 57
www.ibrahimpasha.com
Ein unvergleichlich elegantes Hotel, in dem die Ursprünge aus dem 19. Jahrhundert perfekt mit einem offenen Kamin, modernen Möbeln und einer Bibliothek mit DVDs und Büchern harmonieren. Aus dem Designerfoyer und der Bar, die nur Gästen offensteht, geht es hinauf in schicke, ruhige Zimmer. Von der Dachterrasse aus fällt der Blick auf die Blaue Moschee.
12 Alle gängigen Kreditkarten Sultanahmet

HOTEL POEM
€€€
ARKBIYIK CADDESI, TERBIYIK SOKAK 12, SULTANAHMET
TEL. 0212/638 97 44
FAX 0212/517 68 36
Die Zimmer dieses einladenden Boutique-Hotels, nur Minuten von der Blauen Moschee entfernt, sind nach türkischen Dichtern benannt. Jedes ist reich und romantisch ausgestattet, von manchen geht der Blick aufs Meer. Alle liegen in zwei massiven Villen aus dem 19. Jahrhundert.
16 Alle gängigen Kreditkarten Sultanahmet

SIRKECI KONAK
€€€
TAYA HATUN SOKAK 5,
SULTANAHMET
TEL. 0212/528 43 44
FAX 0212/528 44 55
www.sirkecikonak.com
Ein preisgekröntes Hotel mit Hamam und Spa, dazu einer Dachterrasse. In den Zimmern gibt es eine Auswahl an Kissen sowie eine Kaffee- bzw. Teemaschine. Zu den Restaurants des Hauses zählen das **Neyzade** im obersten Stockwerk mit klassischer anatolischer Küche und das **Sirkeci Balıkçısı**, das erstklassigen Fisch und Meeresfrüchte serviert.
52 120 Alle gängigen Kreditkarten Sirkeci

APRICOT HOTEL
€€
AMIRAL TAFDIL SOKAK 18,
SULTANAHMET
TEL. 0212/638 16 58
FAX 0212/458 35 74
www.apricothotel.com
Ein hübsches, freundliches Budget-Hotel, günstig zu allen Sehenswürdigkeiten von Sultanahmet gelegen. Die modernen Zimmer sind zwar klein, aber alle haben Satellitenfernsehen, manche auch Jacuzzis und einen Blick auf den Bosporus.
5 Alle gängigen Kreditkarten Gülhane

BERCE HOTEL
€€
MUSTAFAPAŞA SOKAK 6, SULTANAHMET
TEL. 0212/518 88 83
www.bercehotel.com
Super Preis-Leistungs-Verhältnis, nur einige hundert Meter von den Sehenswürdigkeiten der Altstadt entfernt, auch von der Blauen Moschee und der Hagia Sophia. Die Zimmer sind modern. Der Hauptanziehungspunkt des Berce ist die Panoramaterrasse, auf der die Gäste frühstücken oder einen Aperitif mit Blick auf den Bosporus genießen.
7 Alle gängigen Kreditkarten Sultanahmet

KARIYE HOTEL
€€
KARIYE CAMII SOKAK 6, EDIRNEKAPI
TEL. 0212/534 84 14
FAX 0212/521 66 31
www.kariyeotel.com
Ein großartiges Hotel für Historiker: Es liegt direkt neben dem Chora-Museum und in der Nähe der Sehenswürdigkeiten von Fatih. Die Zimmer in der renovierten Villa aus dem 19. Jahrhundert besitzen osmanischen Charme, mit hölzernen Betten und antiken Leselampen.
26 Alle gängigen Kreditkarten Aksaray

RESTAURANTS

KONYALI
€€€€
TOPKAPI PALACE,
SULTANAHMET
TEL. 0212/513 96 96
Die Gäste bezahlen gern etwas höhere Preise, um in königlicher Umgebung mit Blick auf den Bosporus zu speisen. Ausländische und einheimische Touristen genießen die traditionelle osmanische Küche, bei der viele Gerichte langsam in einem *tandır*-Ofen gegart werden. Zu den Gerichten zählen Lammbraten und Auberginenkaviar. Frühere Gäste waren u. a. Königin

Elizabeth II. und der amerikanische Boxer Muhammad Ali.
110 Di geschl.
Alle gängigen Kreditkarten
Gülhane

PANDELI
€€€€
MISIR ÇARŞISI 1, SULTANAHMET
TEL. 0212/527 39 09
Seit mehr als einem Jahrhundert gilt es als eines der besten Restaurants von Istanbul. Nur wenig der Ausstattung des Pandeli (Marmortheke, türkisfarbene Kacheln) hat sich seit der Wende zum 20. Jahrhundert verändert, doch die traditionelle Speisekarte zeigt eindeutig den Einfluss der 1950er Jahre. Hier gibt es vor allem klassische Gerichte wie Auberginen-Kebab und gebratene Lammkeule mit Thymian, serviert von ehrerbietigen Kellnern in weißen Sakkos.
70 Alle gängigen Kreditkarten Eminönü

ALBURA KATHISMA
€€€
CANKURTARAN MAHALLESI, AKBIYIK CADDESI 26, SULTANAHMET
TEL. 0212/517 90 31
Sympathisches Restaurant und Café, das zwischen den zahlreichen touristenfreundlichen Lokalen südlich der Blauen Moschee liegt. Kosten Sie dort türkische Küche, von *İskender kebab* mit viel Joghurt bis zu *testi kebab*, im Tontopf gegart, oder wählen Sie internationale Gerichte wie Safran-Hähnchen oder Gorgonzola-Steak.
100 Alle gängigen Kreditkarten Sultanahmet

ASITANE
€€€
KARIYE CAMII SOKAK 6, EDIRNEKAPI
TEL. 0212/635 79 97
www.asitanerestaurant.com
Asitane rühmt sich, 200 authentische osmanische Rezepte aus den Küchenbibliotheken des Dolmabahçe- und des Topkapı-Palasts zu besitzen. Oft wird auf der Speisekarte angegeben, wann das Rezept aufgezeichnet wurde, etwa Mandelsuppe (1539) oder Weinblätter, gefüllt mit Sauerkirschen (1844). Verbinden Sie das Essen in diesem Restaurant mit einem Besuch der nahegelegenen Chora-Kirche, die berühmt ist für ihre fantastischen Mosaiken.
70 Alle gängigen Kreditkarten Aksaray

BALIKÇI SABAHATTIN
€€€
SEYIT HASAN KUYU SOKAK 1, SULTANAHMET
TEL. 0212/458 18 24
Lange ein Geheimtipp für Insider, wird das rustikale, stimmungsvolle Lokal heute allgemein für seine Fischküche gerühmt. Es befindet sich in einer etwas heruntergekommenen Villa aus den 1920er Jahren mit einer von Wein überwucherten Terrasse. Authentische Hausmannskost – kosten Sie Anchovis-Kebabs, Steinbutt oder Tintenfischsalat. Es ist wichtig, früh zu reservieren.
120 Alle gängigen Kreditkarten
Sultanahmet

BEYTI
€€€
ORMAN SOKAK 8, FLORYA
TEL. 0212/663 29 90
Das einzige Restaurant in diesem Abschnitt, das sich außerhalb der Stadt befindet (nahe dem Flughafen Istanbul Atatürk). Der Eigentümer des Beyti gab einem der berühmtesten Kebabs der Türkei seinen Namen, und in den riesigen Speisesälen haben schon Prominente wie die früheren türkischen Präsidenten Süleyman Demirel und Turgut Özal sowie der frühere französische Staatspräsident Jacques Chirac ihr Mahl eingenommen. Grillgerichte stehen im Mittelpunkt der Speisekarte: Filetsteak, *döner kebab* und die Spezialität des Hauses, *beyti-kebab*.
300 Alle gängigen Kreditkarten Florya

CAFÉ TURING
€€€
SOĞUKÇEŞME SOKAK 38, SULTANAHMET
TEL. 0212/513 36 60
Die Preise für Getränke und leichte Snacks in diesem bürgerlichen hölzernen Herrenhaus sind hoch, doch der Standort ist hervorragend: Nur Sekunden von der Hagia Sophia entfernt, gibt es auch eine wunderbare Terrasse.
110 Alle gängigen Kreditkarten Gülhane

DÂRÜZZIYAFE
€€€
ŞIFAHANE SOKAK 6, FATIH
TEL. 0212/511 84 14
Dieses tagsüber ruhige, abends oft laute klassische osmanische Restaurant liegt in den geräumigen früheren Küchen der Süleymaniye-Moschee. Mehr als 50 traditionelle türkische Gerichte werden hier täglich serviert, von Hähnchen-Walnuss-Eintopf bis zu pistaziengefülltem Lamm und *aşure*, ein Dessert aus Kichererbsen, Reis, Weizen, Puderzucker und Rosinen. Auf der Getränkekarte stehen Sorbet, Hagebuttensaft und Granatapfelsaft (kein Alkohol).
720 Alle gängigen Kreditkarten Sultanahmet

DUBB INDIAN RESTAURANT
€€€

INCILI ÇAVUŞ SOKAK 10,
SULTANAHMET
TEL. 0212/513 73 08
Es gilt bei vielen als das beste indische Restaurant der Stadt und serviert herausragende asiatische Küche auf einer Terrasse im Pariser Stil und in Speisesälen im südostasiatischen Stil. Kosten Sie *raita* (Gurkenjoghurt), *chana chat* (Kichererbsen-Curry) oder im Tandoori-Ofen gebackene Peshwari-Kebabs. Die indischen Desserts sind ein Traum.
80 Alle gängigen Kreditkarten Sultanahmet

HAMDI
€€€
TAHMIS CADDESI, KALÇIN SOKAK 17, EMINÖNÜ
TEL. 0212/528 03 90
www.hamdi.com.tr
Seit Jahrzehnten serviert Hamdi auf drei Stockwerken in verschiedenen Speisesälen, von denen einer teilweise im Freien liegt, Kebab-Spezialitäten. Zu den Klassikern zählen *testi kebabı* (ein Fleischgericht aus Kappadokien), *iskender kebab* (ein deftiges Gericht aus Bursa) und *fıstıklı kebab* (mit knusprigen Pistazien).
320 Alle gängigen Kreditkarten Eminönü

AKDENIZ HATAY SOFRASI
€€
ISKENDERPASA MAHALLESI, AHMEDIYE CADDESI 44, AKSARAY
TEL. 0212/531 33 33
Am Tag lohnen die vielfältigen Speisen wie etwa Hummus, *mumbar dolması* (eine Art Leberwurst) oder *muamara* (Dip mit Walnuss und Knoblauch) – fast alle aus der Region Hatay nahe der syrischen Grenze – eine Straßenbahnfahrt ab Aksaray. Am Sonntagvormittag sind die Tische für einen üppigen Brunch gedeckt. Ein besseres Preis-Leistungs-Verhältnis finden Sie vermutlich in ganz Istanbul nicht.
120 Alle gängigen Kreditkarten Aksaray

CAFERAĞA MEDRESESI
€€
CAFERIYE SOKAK, SULTANAHMET
Ein verborgenes Juwel, umgeben von den Säulengängen einer alten religiösen Schule, nur ein paar Schritte von der Hagia Sophia entfernt. Einfache Gerichte wie gefüllte *mantı*-Nudeln, Pasta und Sandwiches mit *köfte* (Fleischklößchen) werden auf hölzernen Stühlen im Hof serviert.
20 Alle gängigen Kreditkarten Gülhane

HAVUZLU
€€
GANI ÇELEBI SOKAK, GROSSER BASAR, SULTANAHMET
TEL. 0212/527 33 46
Ein herrlich stimmungsvolles Lokal im Großen Basar. Auf der verblassenden Tapete findet man vergilbte Zeitungsartikel, an der Decke des Speisesaals hängen Ventilatoren und blitzende Kronleuchter. Platten mit dampfenden *köfte*-Fleischbällchen, Lammkoteletts und Artischocken in Öl, dazu eine große Auswahl an süßen türkischen Desserts.
60 So geschl. Alle gängigen Kreditkarten Beyazit

SULTANAHMET FISH HOUSE
€€
PROFESSOR ISMAIL GURKAN CADDESI 14, SULTANAHMET
TEL. 0212/527 44 41
Das europäische Ufer Istanbuls mag berühmt sein für seine lauten Fischrestaurants, aber dieses Fischlokal in der Altstadt bietet ebenfalls leckeren gebratenen Tintenfisch, Fischsuppe und gegrillten Wolfsbarsch. Die handgefertigten Lampen, die den Speisesaal erhellen, stehen auch zum Verkauf.
70 Alle gängigen Kreditkarten Gülhane

EUROPÄISCHES ISTANBUL

HOTELS

DER BESONDERE TIPP

ÇIRIĞAN PALACE KEMPINSKI ISTANBUL
€€€€€
ÇIRAĞAN CADDESI 32, BEŞIKTAŞ
TEL. 0212/326 46 46
FAX 0212/259 66 87
www.kempinski.com
Dieser osmanische Palast, der sich im früheren Sitz des türkischen Parlaments befindet, ist eines der schönsten Hotels Europas. Die meisten der prächtigen Zimmer und Suiten – manche mit drei Schlafzimmern – gehen auf den Bosporus hinaus. Von den drei Restaurants gilt das **Tuğra** weithin als schönster osmanischer Speisesaal der Welt. Die Gerichte stammen aus kulinarischen Archiven in der ganzen Stadt. Dazu wird eine konkurrenzlose Auswahl an türkischen und französischen Weinen serviert.
313 250 Restaurant Tuğra mittags geschl. Alle gängigen Kreditkarten Beşiktaş

FOUR SEASONS ISTANBUL AT THE BOSPHORUS
€€€€€
ÇIRAĞAN CADDESI 2, BEŞIKTAŞ
TEL. 0212/381 40 00
FAX 0212/381 40 10

www.fourseasons.com/bosphorus

Seit seiner Eröffnung 2008 eines der prachtvollsten Hotels der Stadt. Es befindet sich in einem osmanischen Palast, den nur eine große Terrasse vom Bosporus trennt. Im traumhaften Spa gibt es einen Hamam für Paare und das schönste Hallenbad von Istanbul - mit Unterwassermusik. Zum Hotel gehört das gehobene türkisch-italienische Restaurant Aqua.

195 220 Restaurant Aggua So geschl. Alle gängigen Kreditkarten Beşiktaş

PERA PALACE

€€€€€

MEŞRUTIYET CADDESI 52, BEYOĞLU

TEL. 0212/222 80 90

FAX 0212/222 81 79

www.jumeirah.com

Selbst ein Cocktail im Pera Palace bringt Sie der Geschichte näher. Prominente wie die Spionin Mata Hari, die britische Autorin Agatha Christie und der Gründer der türkischen Republik, Atatürk, waren hier. Das Lieblingszimmer des Letzteren wurde in ein Museum umgewandelt (siehe Kasten S. 109). Das etwas heruntergekommene Grand Hotel wurde, frisch renoviert, im September 2010 wiedereröffnet. Zu den eleganten Lokalen des Hauses gehören das schicke französisch-türkische **Agatha Restaurant**, eine Konditorei und die klassische *Orient Bar.*

115 184 Alle gängigen Kreditkarten Tünel

ANEMON GALATA HOTEL

€€€€

GALATA KULESI MEYDANI, GALATA, BEYOĞLU

TEL. 0212/293 23 43

www.anemonhotels.com

Eine elegante Unterkunft am Platz unterhalb des Galata-Turms. Wer nicht hier übernachtet, ist trotzdem im Dachterrassenrestaurant, dem Pitti Terrace, willkommen, das für sein ausgezeichnetes Frühstück und seinen Brunch am Sonntag ebenso bekannt ist wie für die klassische türkische und internationale Küche zum Mittag- und Abendessen.

30 80 Alle gängigen Kreditkarten Tünel Karaköy

PARK HYATT ISTANBUL-MAÇKA PALAS

€€€€

BRONZ SOKAK 4, NIŞANTAŞI

TEL. 0212/315 12 34

FAX 0212/315 12 35

www.istanbul.park.hyatt.com

Nişantaşıs Maçka Palas ist ein herrlicher Art-déco-Bau, den Mailänder Architekten 1922 entwarfen. Seit 2008 ist es das angesagteste Angebot Hyatts in Istanbul (auch wenn das noch luxuriösere Grand Hyatt am Taksim-Platz liegt), das luxuriöse Zimmer im Stil der 1920er Jahre mit iPod. Anschlüssen und jede Menge Walnussholz und Marmor verbindet. Im schicken Restaurant Prime werden Steaks und frischer Fisch auf heißen Lavasteinen gebraten.

100 150 Alle gängigen Kreditkarten Osmanbey

TOMTOM SUITES

€€€€

BOĞAZKESEN CADDESI, TOMTOM KAPTAN SOKAK 18, CIHANGIR, BEYOĞLU

TEL. 0212/292 49 49

FAX 0212/292 42 30

www.tomtomsuites.com

Was als Nebengebäude der französischen Botschaft begann, ist heute ein schickes Boutique-Hotel im nordischen Stil. Das Hotel (in dem es nur Suiten gibt) ist mit handgefertigten Möbeln, Kunst an den Wänden, Regenschwallduschen, einer reichhaltigen Literatur- und Musikbibliothek und einigen fantastischen Ausblicken auf den Bosporus ausgestattet.

15 Alle gängigen Kreditkarten Tophane

VILLA DENISE

€€€€

BIRINCI CADDESI 50, ARNAVUTKÖY

TEL. 0212/287 58 48

FAX 0212/287 58 49

www.villadenise.com.tr

Im malerischen Dorf Arnavutköy am Bosporus befindet sich das Villa Denise in einem 200 Jahre alten hölzernen *yalı*. In den fünf Zimmern (drei davon mit Meerblick) sind prächtige osmanische Stoffe mit antiken Möbeln im französischen Stil gepaart. Besitzer ist Aydın Harezi, der frühere Präsident von Istanbuls Classic Automobile Club, und es können Bosporus oder Stadttouren in einem seiner Oldtimer arrangiert werden. Das elegante **L'Ola Restaurante** serviert schmackhaftes Gazpacho, Tapas und Paella.

5 60 Alle gängigen Kreditkarten Arnavutköy

W ISTANBUL

€€€€

SULEYMAN SEBA CADDESI 22, BEŞIKTAŞ

TEL. 0212/381 21 21

FAX 0212/381 21 99

www.wistanbul.com.tr

Absolut einzigartig und seit der Eröffnung 2008 wohl Istanbuls trendigstes Hotel. Die Zimmer sind mit edlem Leinenbettzeug, Marmorwaschbecken und osmanischen

Liegen ausgestattet. Einige der Zimmer verfügen über einen eigenen Garten, eine zugehörige Hütte oder eine eigene Dachterrasse. Zum Hotel gehören das Restaurant **W Kitchen** mit Fusionsküche und die hippe Bar **W Lounge**.
180 100 Alle gängigen Kreditkarten Beşiktaş

WITT SUITES
€€€€
DEFTERDAR YOKUSU 26, CIHANGIR, BEYOĞLU
TEL. 0212/293 15 00
www.wittistanbul.com
17 erstaunlich luxuriöse Zimmer, die von Reisenden ebenso wie von Zeitschriften zu den schönsten Istanbuls erklärt wurden. Die Zimmer sind riesig (mindestens 60 Quadratmeter) mit Bad (Dusche mit sechs Duschköpfen) und Kitchenettes, die perfekt dafür ausgestattet sind, einen Wodka-Martini zu mixen. Umwerfend.
17 Alle gängigen Kreditkarten Tophane

THE HOUSE HOTEL
€€€-€€€€
KATIP MUSTAFA ÇELEBI MH. BÜYÜKPARMAKKAPI SOK. 14/2 BEYOĞLU/ISTANBUL
TEL. 0212/244 34 00
FAX 0212/245 23 07
www.thehousehotel.com
Ein Herrenhaus aus den 1890er Jahren wurde im Jahr 2010 von Istanbuls führender Designfirma Autoban in eine Reihe ausnehmend angesagter Suiten verwandelt. Ausstattung im Pariser Stil – Art-déco-Waschbecken, Parkettboden und Kronleuchter – wurden kombiniert mit feinstem Bettzeug und vorbildlichem Service.
25 Alle gängigen Kreditkarten Tophane

MIA PERA
€€€-€€€€
MEŞRUTIYET CADDESI 34, KAMER HATUN
TEL. 0212/245 02 45
FAX 0212/245 33 30
www.miaperahotel.com
Dieses Hotel in perfekter Lage, nur wenige Schritte von der İstiklal Caddesi und neben dem britischen Konsulat, ist brandneu. Hinter der Fassade aus dem 19. Jahrhundert bietet es eine Mischung aus zeitgenössischer Eleganz und dem Flair der 1960er Jahre: Badezimmer mit Mosaikkacheln, Regenschwallduschen und eine Auswahl an Kissen, dazu LCD-Fernseher. Das Hallenbad – einzigartig in der Innenstadt von Istanbul – ist im Sommer ein erfrischender Pluspunkt.
85 70 Alle gängigen Kreditkarten Galatasaray

ISTANBUL SWEET HOME
€€€
VARIOUS LOCATIONS, BEYOĞLU
www.istanbulsweethome.com
Diese zehn ausgezeichnet geführten Apartments liegen in den hübschesten Ecken des alten Beyoğlu. Alle sind gut ausgestattet mit WLAN, Küchen und vielem anderem. In manchen gibt es sogar türkische Hamams, Panoramaterrassen und ganze Bibliotheken. Sie sind preiswerter als eine Woche Aufenthalt im Hotel.
10 Alle gängigen Kreditkarten Tünel

I'ZAZ
€€€
KAMER HATUN MAHALESSI, BALIK SOKAK 12, BEYOĞLU
TEL. 0212/252 13 82
FAX 0212/252 13 78
www.izaz.com
Ein superhippes Loft-Konzept mit einem schicken Apartment mit einem Schlafzimmer auf jedem Stockwerk. Es gibt Designerbadezimmer, solide Möbel, Flachbildfernseher und DVD-Player. Die Gäste teilen sich eine Dachterrasse und eine Küche. Zwei Straßen von der İstiklal Caddesi entfernt.
4 Alle gängigen Kreditkarten Tünel

HOTEL DEVMAN
€€
ASMALIMESCIT SOKAK 22, BEYOĞLU
TEL. 0212/245 62 12
FAX 0212/292 72 50
www.devmanhotel.com
Eines der Budget-Hotels in der Nähe des ehrwürdigen Pera Palace. Die frisch renovierten – allerdings ziemlich standardmäßigen – Zimmer sind recht ruhig, bieten aber keine besondere Aussicht. Saubere, ordentliche Badezimmer.
22 Alle gängigen Kreditkarten Tünel

RESTAURANTS

DER BESONDERE TIPP

BEBEK BALIKÇI
€€€€
CEVDETPAŞA CADDESI 26, BEBEK
TEL. 0212/263 34 47
Bebek Balıkçıs preisgekrönte Fischgerichte werden entweder im maritim dekorierten Speisesaal oder auf der Terrasse, die auf Stelzen im Bosporus steht, serviert. Es serviert eine klassische Mahlzeit mit kalten *meze* (Fischklößchen, Shrimps, Algen), gefolgt von größeren Vorspeisen (gesalzener Thunfisch, marinierter Wolfsbarsch und *raramas*, wie Sie es noch nie gekostet haben), anschließend fangfrischen Fisch kiloweise. Ausgezeichnete Küche.
80 Alle gängigen Kreditkarten Bebek

BEYMEN BRASSERIE
€€€€
ABDI İPEKÇI CADDESI 23, NIŞANTAŞI
TEL. 0212/343 04 43
Direkt bei Beymens Nişantaşı-Filiale (Istanbuls Antwort auf Macy's). In dieses schicke Restaurant kommt man eigentlich nur, um zu sehen und gesehen zu werden. Die Gäste schlürfen ihre Cosmopolitans gelassen auf der führenden Einkaufsmeile der Türkei. Hier werden teuere Pasta und frische Salate serviert. Großartiger Kaffee.
60 Alle gängigen Kreditkarten Osmanbey

VOGUE
€€€€
SPOR CADDESI, BJK PLAZA, A BLOK, BEŞIKTAŞ
TEL. 0212/227 44 04
Wie der Name sagt, ein betont schickes – doch ausgesprochen freundliches – modernes Restaurant auf einer herrlichen Dachterrasse hoch über Istanbul. Sie haben die Wahl zwischen der Sushi-Bar, einer modernen mediterranen Speisekarte und einem umfangreichen Brunch am Sonntag. Letzterer gilt als einer der besten in der Stadt.
150 Alle gängigen Kreditkarten Beşiktaş

ZUMA
€€€€
SALHANE SOKAK 7, ORTAKÖY
TEL. 0212/236 22 96
www.zumarestaurant.com
Istanbuls Filiale von Londons und Hongkongs Edeljapaner. Zumas Speisekarte besitzt zwar allerhöchsten Gourmetrang, doch die Atmosphäre ist auf schicke Art *izakaya* (leger). Gäste können Sushi kosten, auf Holzkohle gegrilltes Fleisch genießen oder exotische frisch gemixte Fruchtcocktails schlürfen. Das Dekor ist supermodern, im Mittelpunkt stehen die Panoramafenster mit Blick auf den Bosporus.
150 Alle gängigen Kreditkarten Ortaköy

HÜNKAR
€€€-€€€€
MIM KEMAL ÖKE CADDESI 9, NIŞANTAŞI
TEL. 0212/225 46 65
www.hunkarlokantasi.com
Während Restaurants in dieser angesagten Gegend im Allgemeinen exotische Fusionsküche anbieten, werden in diesem Lokal, das einst Treffpunkt der Nachbarschaft war, noch immer stolz osmanische Köstlichkeiten serviert. Entscheiden Sie sich für *hünkar beğendi,* »das Lieblingsessen des Sultans«, Auberginen mit gebratenem Rindfleisch, die absolute Spezialität des Hauses seit 1950.
70 Alle gängigen Kreditkarten Osmanbey

MÜZEDECHANGA
€€€-€€€€
SAKIP SABANCI CADDESI 22, EMIRGAN
TEL. 0212/323 09 01
www.changa-istanbul.com
Der sommerliche Ableger des Restaurants Changa – bekannt für seine innovative türkisch-mediterrane Fusionsküche – ist ein Traum aus hellem Holz, glitzerndem Stahl und Glas. Es liegt in den Gärten des Sakıp-Sabancı-Museums und ist ein Geheimtipp für alle jene, die atemberaubende Blicke auf den Bosporus genießen möchten. Auf der Speisekarte des Müzedechanga stehen mit Käse und Pinienkernen gefüllte Zucchiniblüten, Artischocken mit Senf-Erbsen-Püree und mit Pistazien gespickte Changa-Wurst.
200 Mo geschl.
Alle gängigen Kreditkarten
Emirgan

ABRA CADABRA
€€€
ARNAVUTKÖY CADDESI 50, ARNAVUTKÖY
TEL. 0212/358 60 87
www.abracadabra-ist.com
In den oberen Stockwerken eines traditionellen hölzernen *yalı* serviert der Küchenchef und Food-Künstler Dilara Erbay eigenwillige moderne Versionen anatolischer Klassiker. Zu den Höhepunkten zählen *etsiz çiğ köfte* (vegetarische Bulgurklöße) und Zwiebeln gefüllt mit *gambas ceviche.* Der Blick von der Terrasse im dritten Stock schweift über die malerischen Fähranleger und das gegenüberliegende asiatische Bosporusufer.
70 Alle gängigen Kreditkarten
Arnavutköy

ARA KAFE
€€€
YENI ÇARŞI CADDESI, TOSBAĞA SOKAK 8A, BEYOĞLU
TEL. 0212/245 41 05
Etwas versteckt beim Hauptplatz von Galatasaray gelegen, ist das Café Ara eine Idee des bekannten Fotografen Ara Güler aus Istanbul. An den Wänden hängen jede Menge seiner faszinierenden Schwarz-Weiß-Fotos der Stadt. Auf der Terrasse herrscht eine zwanglose Atmosphäre. Serviert wird moderne türkische Küche, vor allem die Desserts sind köstlich.
160 Alle gängigen Kreditkarten Galatasaray

GALATA HOUSE
€€€
GALATA KULESI SOKAK 15, GALATA, BEYOĞLU
TEL. 0212/245 18 61
Wer Lust am Experimentieren hat oder die osteuropäische Küche liebt, kommt in dieses russisch-georgische Lokal, das im alten britischen

Gefängnis von Galata liegt. Süßer georgischer Wein begleitet würzigen warmen Käse, Borschtsch und andere Vorspeisen aus roter Bete oder Schmorpflaumen mit Lamm.

40 Mo geschl. Alle gängigen Kreditkarten Karaköy

GALATA KONAK

€€€

BEREKET ZADE MAHALESSI, HACI ALI SOKAK 2, GALATA, BEYOĞLU

TEL. 0212/252 53 46

Der Charme dieses Restaurants liegt in seiner Panorama-Dachterrasse und der Atmosphäre eines verborgenen Juwels, die noch verstärkt wird durch den knarzenden antiken Lift oder das alte Marmortreppenhaus, die hinaufführen. Gute Standardküche mit Omelett zum Frühstück, Pasta zum Mittagessen und Lamm-, Rind- und Hühnerfleischspießen zum Abendessen. Kein Alkoholausschank.

50 Alle gängigen Kreditkarten Karaköy/Tünel

KARAKÖY LOKANTASI

€€€

KEMANKEŞ KARAMUSTAFA PAŞA MH., KEMANKEŞ CD 3

TEL. 0212/292 44 55

www.karakoylokantasi.com

Diesen Fischspezialisten im ehemaligen Hafenviertel von Karaköy sollten Sie nicht versäumen. Im traditionellen polierten Innenraum gibt es einige Nischen mit Tischen, Gläser mit eingelegten Gemüsen, eine Theke mit verlockenden *meze*, an der die Gäste auswählen können, und eine große Auswahl an *rakı:* eine Seltenheit in der Türkei. Im Sommer lockt eine Terrasse. Zu den Spezialitäten zählen gegrillter Tintenfisch und gebratene Leber.

70 Alle gängigen Kreditkarten Karaköy

KIVA HAN

€€€

GALATA KULESI MEYDANI 4, GALATA, BEYOĞLU

TEL. 0212/292 98 98

Ein helles, erfrischend modernes Lokal im Schatten des Galata-Turms. Serviert werden ein leckeres Frühstück und Spezialitäten aus dem Osten der Türkei. Zu den pfiffig angerichteten Gerichten zählen *imambayıldı* (gefüllte Auberginen) und Maissuppe mit Joghurt aus der Gegend am Schwarzen Meer.

110 Alle gängigen Kreditkarten Karaköy/Tünel

MISS PIZZA

€€€

KILIÇALI PAŞA MH., HAVYAR SOKAK 7

TEL. 0212/251 32 79

Miss Pizza, die führende Pizzeria Istanbuls, liegt im Bezirk Cihangir. Seit 2010 gibt es eine Filiale an der U-Bahn-Station Şişhane *(Meşrutiyet Cd. 86A, Şişhane, Tel. 0212/251 32 34)*. Tische im Freien und ein trendiger Innenraum locken ebenso wie eine kleine, aber feine (leider teuere) Weinkarte und köstliche Holzofenpizzas.

60 Alle gängigen Kreditkarten Taksim

YAKUP 2

€€€

ASMALI MESCIT MAHALESSI 35, BEYOĞLU

TEL. 0212/249 29 25

Für stets gleich gute Qualität steht diese türkische Fisch-*meyhane*. Von *meze* aus eingelegten Anchovis über gefüllten Tintenfisch, gegrillte Brachse bis zu Steinbutt schmeckt alles hervorragend. Große Gruppen können einen Festpreis für etwa 30 türkische Gerichte aushandeln. Am Wochenende sollte man besser reservieren.

150 Alle gängigen Kreditkarten Tünel

ARNAVUTKÖY SOSYAL TESISLERI

€€

ARNAVUTKÖY CADDESI 72, ARNAVUTKÖY

TEL. 0212/257 42 08

Wenn es um klassische türkische *meze* oder fantastisch guten gegrillten Fisch geht, ist dieses schlichte Lokal kaum zu schlagen. Wählen Sie einen Tisch auf der Terrasse am Wasser, flankiert von einem der malerischsten Kanäle der Stadt, und nehmen Sie zwischen Familien und Gruppen von Studenten Platz. Kein Alkoholausschank.

250 Keine Kreditkarten Arnavutköy

CUPPA

€€

YENI YUVA SOKAK 26, CIHANGIR, BEYOĞLU

TEL. 0212/249 57 23

In diesem Lokal werden fast ausschließlich Produkte aus biologischem Anbau verwendet. Zu den Säften, die auf der Terrasse und im schicken städtischen Inneren serviert werden, gehören Baby on Board, Detox, Liver Up und Jedi Juice. Neben Pasta und Salaten lohnt auch das frisch zubereitete Roastbeefsandwich oder das Omelett mit Bacon einen Versuch.

80 Alle gängigen Kreditkarten Taksim

EGE KAHVALTI YEMEKLERI

€€

CIHANGIR MEYDANI 33, CIHANGIR, BEYOĞLU

TEL. 0212/251 45 60

Traditionelle ägäische Küche wird im Herzen des Trendviertels Cihangir geboten. Mit Gemüse gefüllte *mantı*, kleine Fleischbällchen in Joghurt, und hausgemachte Limonade

werden im Inneren mit der offenen Küche oder unter den Lichterketten auf der überdachten Terrasse serviert.
20 Mo geschl.
Keine Kreditkarten
Taksim

ENSTITÜ RESTORAN
€€
MESRUTIYET CADDESI 59, TEPEBASI, BEYOĞLU
TEL. 0212/251 22 14
www.istanbulculinary.com
Dieses Café profitiert von seiner Lage unterhalb der besten professionellen Kochschule der Stadt. Auf der Speisekarte stehen – von zukünftigen Küchenchefs zubereitet – Tages-, Wochen- und Saisongerichte. Rechnen Sie mit Experimenten: Versuchen Sie die Joghurt-Bulgur-Suppe oder Frühlingsgemüse mit einem kräftigen Knoblauchdip. Legere Atmosphäre.
74 So geschl.
Alle gängigen Kreditkarten
Tünel

FURREYYA GALATA BALIKCISI
€€
SERDAR EKREM SOKAK 2, BEYOĞLU
TEL. 0212/252 48 53
Unter den vielen Restaurants rund um den Galata-Turm bietet dieses unauffällige Fischlokal einen erschwinglichen Genuss. Zu den Fisch-Snacks zählen *balık durum* (ein Wrap mit Wolfsbarsch und Salat) und Fischkuchen mit einer scharfen Knoblauchsoße. Kein Alkohol.
10 Keine Kreditkarten
Tünel

KALE CAFÉ
€€
YAHYA KEMAL CADDESI 16, RUMELI HISARI
TEL 0212/265 00 97
www.kalecafe.com
Eingebettet zwischen den mächtigen Mauern Rumeli Hisarı und dem Bosporus, ist das schlichte Kale ein freundlicher Ort. Kehren Sie mittags für eine Schüssel *mantı* oder am Wochenende für ein gemütliches Frühstück ein. Zu Letzterem gehören Eier, Oliven und anatolischer Käse, gefolgt von frisch gebackenem Brot, das in *kaymak* und Honig getunkt wird.
90 Keine Kreditkarten Rumeli Hisarı

DER BESONDERE TIPP

KARDEŞLER
€€
PERŞEMBE PAZARI, KARAKÖY
Wer Fisch und Meeresfrüchte noch frischer als frisch möchte, sollte direkt zu Karaköys geschäftigem Fischmarkt gehen, wo drei schlecht gekennzeichnete, aber stets volle Fischrestaurants an den Ufern des Goldenen Horns um Gäste wetteifern. Alle servieren gebratene Brachse *(çupra)*, Seewolf *(levrek)*, Tintenfisch *(kalamar)* und Sardinen, dazu Teller voller Melonen und Käse. Im Kardeşler dürfen im Gegensatz zu seinen Konkurrenten Wein, Bier und *rakı* ausgeschenkt werden.
80 Keine Kreditkarten
Karaköy

DER BESONDERE TIPP

VAN KAHVALTI EVI
€€
KILIÇ ALI PAŞA, DEFTERDAR YOKUŞU 52, CIHANGIR
TEL. 0212/293 64 37
Der Van Breakfast Club bringt gesunde Gerichte aus der Frühstückshauptstadt der Türkei auf den Tisch: vom Van-See Im fernen Osten des Landes. Dazu gehören Bauernkäse mit Kräutern, *menemen*-Rühreier, Traubensirup, *tahini* und *kaymak* mit Honig.
60 Alle gängigen Kreditkarten Tophane

BY ÇORBACI SOUP BAR
€-€€
YENI ÇARŞI CADDESI 8A, BEYOĞLU
TEL. 0212/244 51 69
www.bycorbaci.com.tr
Machen Sie es wie die Einheimischen und holen Sie sich zum Frühstück eine Tasse Tomatensuppe, oder kommen Sie zur Mittagszeit für eine der 20 Suppen, die täglich im Angebot sind – alles in allem 600 verschiedene. Es gibt auch viele vegetarische Varianten, etwa Käse oder Sommergemüse.
35 Keine Kreditkarten Galatasaray

MOMA
€
AKARSU YOKUŞU SOKAĞI, CIHANGIR, BEYOĞLU
TEL. 0212/245 44 74
Wunderbar für eine Kaffeepause am Cihangir Square, wo auch die Bewohner von Beyoğlu ihren Espresso und ihren Eiskaffee trinken. Drinnen oder auf der Terrasse werden auch kleine Gerichte serviert, darunter Pizza, Obstkuchen, Kuchen, Croissants und Hamburger.
15 Alle gängigen Kreditkarten Taksim

ASIATISCHES ISTANBUL

HOTELS

A'JIA
€€€€€
ÇUBUKLU CADDESI 27, KANLICA
TEL. 0216/413 93 00
TEL. 0216/413 93 55
www.ajiahotel.com
Luxuriöses Hotel in einem osmanischen Herrenhaus am Ufer von Kanlıca. Verspielte

und extravagante Ausstattung, feinstes Bettzeug, Orchideen und Terrassen am Meer gibt es in Hülle und Fülle. Gehobenes preisgekröntes Restaurant mit Mittelmeerküche im Haus.

15 80 Alle gängigen Kreditkarten

Kanlıca

SUMAHAN ON THE WATER

€€€€€

KULELI CADDESI 51, ÇENGELKÖY
TEL 0216/422 80 00
TEL 0216/422 80 08
www.sumahan.com

Vor der kürzlichen Wiedergeburt als schickes Boutique-Hotel beherbergte das Gebäude eine *rakı*-Brennerei. Sumahan ist eine elegante Zusammenstellung von Suiten, Terrassen, auf denen Essen eingenommen werden kann, einem Wellnesscenter und sogar einem Hamam direkt am Bosporus. Die private Barkasse liegt bereit, um Sie nach Europa zu bringen.

20 40 Alle gängigen Kreditkarten

Çengelköy

RESTAURANTS

İSKELE

€€€€

İSKELE MEYDANI 10, ÇENGELKÖY
TEL. 0216/321 55 05

Früher eine Fischerkneipe, in den 1930er Jahren ein Alkoholausschank, zählt İskele heute zu den Top-Fischlokalen von Istanbul. Beginnen Sie mit elegant angerichteten Shrimp-Wraps und gebratenem Tintenfisch. Als Hauptgericht können Sie alles von Barsch bis Scholle wählen. Die zweistöckige Terrasse ist im Frühling und Sommer geöffnet.

150 Alle gängigen Kreditkarten Çengelköy

HIDIV KASRI

€€€

ÇUBUKLU YOLU 32, KANLICA
TEL. 0216/413 92 53

In der üppigen Jugendstilausstattung des Khedivenpalasts (siehe S. 149) gibt es Palastmenüs für Arme. Das vom Touristenamt Istanbuls betriebene Restaurant bietet ein gutes Preis-Leistungs-Verhältnis. Zu den Speisen gehören u. a. Lammhals mit Spinat und Pilaf sowie Sultans Hähnchen-Wrap mit Mandelsauce.

80 Alle gängigen Kreditkarten Kanlıca

KANAAT LOKANTASI

€€€

SELMANIPAK CADDESI 9, ÜSKÜDAR
TEL. 0216/341 54 44

Ausgezeichnetes familiengeführtes Lokal, das seit 1933 klassische türkische Gerichte anbietet. An der Desserttheke gibt es ein Dutzend verschiedener Köstlichkeiten wie *aşure* und *künefe*. Alle Gerichte gibt es auch zum Mitnehmen. *Meze* gibt es doppelt so viele wie Desserts. Wählen können Sie, indem Sie auf das Gewünschte zeigen, anschließend setzen Sie sich zum Essen.

200 Alle gängigen Kreditkarten Üsküdar

KOSINITZA

€€€

CADIYE CADDESI, BEREKETLI SOKAK 2, KUZGUNCUK
TEL. 0216/334 04 00

Mit seiner klassischen Ausstattung erinnert dieses Lokal etwas an Gourmettempel Im Paris der 1970er Jahre. Die Gerichte sind raffiniert – traditionelle Fischsuppe, gepaart mit Bouillabaisse, Muscheln in Weißwein und Meeresfrüchte-Wraps mit Aioli-Dip. Ausgezeichnet.

25 Alle gängigen Kreditkarten Kuzguncuk

ÇENGELKÖY BALIKÇI

€€

ÇENGELKÖY MEYDANI 20, ÇENGELKÖY
TEL. 0216/557 52 50

Ein schlichtes Lokal gleich beim Hauptplatz von Çengelköy. Einziger Schmuck sind die cremefarbenen Wände und ein einsames Atatürk-Porträt, doch die preiswerten und einfach zubereiteten gegrillten Fische – serviert mit Salat, Pommes frites und Tee – sind großartig.

40 Alle gängigen Kreditkarten Çengelköy

ÇIYA SOFRASI

€€

CAFERAĞA MAH.
GÜNEŞLIBAHÇE SK. 43 KADIKÖY
TEL.. 0216/330 31 90
FAX 0216/349 19 02
www.ciya.com.tr

Ein Gourmettempel, in dem der in Gaziantep geborene Besitzer und Küchenchef Musa Dağdeviren sorgfältig regionale Rezepte sammelt und experimentelle anatolische Küche kreiert. Bedienen Sie sich selbst an der *meze*-Theke (der Teller wird gewogen, bevor Sie an Ihren Tisch zurückkehren). Es folgen heiße täglich wechselnde Köstlichkeiten wie mit Lamm gefüllte Zwiebeln oder Safran-Joghurt-Eintopf. Lassen Sie noch etwas Platz für kandierte Walnüsse mit *kaymak*. Kein Alkohol.

70 Alle gängigen Kreditkarten Kadıköy

KADI NIMET BALIKÇILIK

€€

SERASKER CADDESI 10, KADIKÖY
TEL. 0216/348 73 89

Schlichtes Fischrestaurant im Herzen von Kadiköys Fischmarkt. Appetithappen, wie *levrek* (Wolfsbarsch) in Öl und eingelegte Algen aus der Ägäis, lassen das Wasser im Mund zusammenlaufen. Als

Hauptgericht stehen fünf fangfrische Fischsorten zur Auswahl. Alles wird mit Bier oder *rakı* hinuntergespült. Fischsandwiches gibt es auch zum Mitnehmen.

30 Alle gängigen Kreditkarten Kadıköy

MERCAN

€€

YASA CADDESI 56, KADIKÖY

TEL. 0216/346 68 73

Eine von mehreren Filialen dieses einfachen Fischspezialisten an der Yasa Caddesi. Kosten Sie Spieße mit gebratenen Muscheln und nussiger Knoblauchsoße oder wählen Sie im Speisesaal des oberen Stockwerks gebratenen Fisch und Salat.

120 Alle gängigen Kreditkarten Kadıköy

YORUS

€€

YORUS KULESI, ANADOLU KAVAĞI

TEL. 0216/320 21 48

Am anstrengenden Weg zur byzantinischen Burg von Anadolu Kavağı' liegt das Yorus mit einer herrlichen Terrasse am Hang. Das Angebot des Restaurants umfasst Fisch, Suppe und ein Festpreismenü.

200 Alle gängigen Kreditkarten Anadolukavağı

LIMAN KAHVESI

€

KADIFE SOKAK 37, KADIKÖY

TEL. 0216/349 98 18

Ein freundlicher Pub an Kadıköys Kadife Sokak mit alten Möbeln, Holzböden und Stapeln von Brettspielen, von Monopoly bis Jenga. Es gibt kleine Snacks. Am Wochenende legen DJs auf.

40 Keine Kreditkarten Kadıköy

ŞEMSIPAŞA ÇAY BAHÇESI

€

PAŞA LIMANI CADDESI, ÜSKÜDAR

Große Teestube mit Terrasse am Bosporus. Toasts, Snacks und *nargile* (Wasserpfeifen) sind erhältlich.

250 Keine Kreditkarten Üsküdar

AUSFLÜGE

AĞVA

GUNAY HOTEL

€€€

YAKUPLU CADDESI 47, AĞVA

TEL. 0212/721 77 22

FAX 0212/721 77 20

www.gunayhotel.com

Nur einen Katzensprung von Ağvas Stränden und der unberührten Landschaft entfernt. Von Gärten umgeben, mit Balkonen und Holzpaneelen versehen, ist das Gunay ein friedliches Refugium. Das Frühstück – drinnen oder am Pool serviert – bietet eine Fülle an Obst, Nüssen und Käse.

32 Alle gängigen Kreditkarten

ANKARA

DIVAN ANKARA

€€€

TUNALI HILMI CADDESI, GÜNIZ SOKAK 42, KIZILAY, ANKARA

TEL. 0312/457 40 00

www.divan.com.tr

Schickes großstädtisches Hotel an der Tunalı Hilmi Caddesi, Ankaras glamouröser moderner Shoppingmeile. Zu den Verwöhnoptionen zählen eine Auswahl an Kissen, eine Sauna und ein Wintergarten. Restaurant, Brasserie und hippe Bar im Haus.

83 100 Alle gängigen Kreditkarten

OTEL ATLANTA

€€

NECATIBEY CADDESI 28, KIZILAY, ANKARA

TEL. 0312/232 58 00

www.otelatlanta.com

Budget-Unterkunft, in der alles stimmt: sauber, ordentlich, ruhig und zentral gelegen. Die Zimmer sind einfach, aber die Bar auf dem Dach, wo auch das üppige Frühstücksbüfett serviert wird, bietet tolle Ausblicke.

70 Alle gängigen Kreditkarten

ÇENGELHAN BRASSERIE

€€€

NECATIBEY MAHALLESI, DEPO SOKAK 1, CITADEL, ANKARA

TEL. 0312/309 68 00

Hochgelobte Brasserie in Ankaras Rahmi-M.-Koç-Museum. Der malerische Raum gewinnt noch durch die großartige Weinkarte und ein außergewöhnliches Speisenangebot. Kosten Sie die geschmorte Lammkeule oder den Kalbsbraten mit Kräutern und Auberginenpüree.

60 Mo geschl. Alle gängigen Kreditkarten

RESTAURANT ULUDAĞ

€€€

DENIZCILER CADDESI 54, ULUS, ANKARA

TEL. 0312/309 04 00

Hierher kommen reiche Bewohner von Ankara, um sich ein üppiges *iskender kebab* zu gönnen. Außer Salaten und Beilagen steht nichts anderes als dieser kalorienreiche Berg von Fleisch, Brot und Joghurt auf der Karte. Nachdem das Gericht serviert wurde, wird sogleich heiße Butter über Ihre Portion gegeben. Ein wahrer Genuss.

150 Alle gängigen Kreditkarten

ADANA SOFRASI

€€

NECATIBEY CADDESI 28-30, KIZILAY, ANKARA

TEL. 0312/230 83 83

Traditionelle *meze* und Grillgerichte einerseits, ein sehr modernes Pizza- und *pide*-Lokal andererseits. Im Letzteren werden viele schmackhafte Kreationen mit Pastrami, Mais, Brokkoli und Oliven angeboten. Auch gefüllte Hähnchenbrust und gegrillter Lammrücken werden serviert.

90 Alle gängigen Kreditkarten

CAFÉ ANO

€€

DEMIRFIRKA MAHALLESI 29, CITADEL, ANKARA

TEL. 0312/312 79 78

Ein verborgenes Juwel von einem Café, gebaut in die Mauern der Zitadelle von Ankara. Möbel aus den 1970er Jahren füllen den Salon, während ein Wintergarten mit Glaswänden Blicke auf die ganze Stadt ermöglicht. Bier, Wein und ausgezeichnete Sandwiches sind erhältlich.

60 Alle gängigen Kreditkarten

BURSA

KITAP EVI BUTIK OTEL

€€€-€€€€

KAVAKLIDERE CADDESI, BURÇÜSTÜ SOKAK 21, BURSA

TEL. 0224/225 41 60

www.kitapevi.com.tr

Früher war das Kitap Evi Butik Otel eine Buchhandlung und ein Café, heute ist das es Bursas einziges Boutique-Hotel. Das Hamamli-Zimmer besitzt einen privaten Hamam, während die Cumba Suite von der Badewanne aus eine großartige Aussicht bietet. Ein Restaurant mit Tischen unter den Magnolien im Hof, ein türkisches Bad sowie ein Spa gehören zum Hotel.

12 50 Alle gängigen Kreditkarten

HOTEL ÇEŞMELI

€€

GÜMÜŞÇEKEN CADDESI 6, BURSA

TEL. 0224/224 15 11

Die Zimmer dieses von einem Team freundlicher Damen geführten Hotels wirken, als seien sie seit den 1950er Jahren nicht verändert worden. Zentral gelegen, gleich bei den vielen Basaren der Stadt, mit einem sehr guten Frühstücksbüfett.

15 Alle gängigen Kreditkarten

KEBAPÇI İSKENDER

€€€

ÜNLÜ CADDESI 7, BURSA

TEL. 0224/221 46 15

www.kebapciiskender.com.tr

Hier wurde 1876 das berühmte üppige *iskender kebab* – Lamm in Tomatensoße und Joghurt, mit viel heißer Butter übergossen – erfunden.

140 Keine Kreditkarten

BÜYÜKADA

NAYA HOTEL

€€€

YILMAZ TÜRK CADDESI 96, BÜYÜKADA, PRINCES ISLANDS

TEL. 0216/382 45 98

www.nayaistanbul.com

Diese einst baufällige Villa wurde 2010 von ihrem deutschen Besitzer vollständig renoviert und zum Boutique-Hotel umgewandelt. Im Inneren dominieren prächtige Kronleuchter und im blumenübersäten Garten gibt es Rückzugsplätze für Yoga und zum Schreiben. Außerdem lädt ein Naturschwimmbad zur Erfrischung ein.

7 Keine Kreditkarten

SPLENDID PALAS HOTEL

€€€

23 NISAN CADDESI 53, BÜYÜKADA

TEL. 0216/382 69 50

FAX 0216/382 67 75

www.splendidhotel.net

Das 1908 eröffnete Splendid Palas mit seinen Silberkuppeln und roten Fensterläden dominiert das hübsche Stadtzentrum von Büyükada. Klassisch ausgestattete Zimmer – viele mit Meerblick – liegen um den Innenhof des Hotels. Eine idyllische Ausgangsbasis, um die verschlafenen Prinzeninseln zu erkunden.

74 Alle gängigen Kreditkarten

HEYBELIADA

KARAMANYAN

€€€-€€€€

REFAH ŞEHITLERI CADDESI, HEYBELIADA

TEL. 44 20/7436 8009 (IN U.K.)

www.istanbulislands.com

Vier schicke Appartements, von denen jedes einen eigenen schattigen Garten mit Hängematten besitzt. Sie befinden sich im früheren, 1875 erbauten Grand Bretagne Hotel. Die britischen Besitzer des Karamanyan haben das Haus mit viel Sinn für Stil renoviert. Wochenweise vermietet.

4 Alle gängigen Kreditkarten

MERIT HALKI PALACE HOTEL

€€€

ISMET INÖNÜ SOKAK, HEYBELIADA

TEL. 0216/351 00 25

FAX 0216/351 00 32

www.halkipalacehotel.com

Dieses gepflegte Hotel aus dem 19. Jahrhundert, das auf den bewaldeten Hügeln von Heybeliada liegt, ist ein friedliches, zur Entspannung geeignetes Inselrefugium. Gäste können zu Fuß die Insel erkunden oder einfach ein paar Tage am Pool verbringen.

45 Alle gängigen Kreditkarten

BAŞAK ET VE BALIK RESTAURANT

€€€

AYYILDIZ CADDESI 26/A, HEYBELIADA

TEL. 0216/351 12 89

Die einladende Terrasse dieses Restaurants ragt aus der Vielfalt von Heybeliadas Uferrestaurants heraus. Die *meze* sind außergewöhnlich, etwa marinierte Makrele oder reisgefüllte Muscheln. Getreu seinem Namen (*başak* steht für ein Fleisch- und Fischrestaurant) bietet dieses Lokal auch Festpreismenüs mit Fisch oder Fleisch für Gruppen von vier oder mehr Gästen.

140 Alle gängigen Kreditkarten

MELTEM PASTANESI

€

HEYBELIADA

TEL. 0216/451 26 56

Wer Proviant für ein Picknick braucht, ist hier richtig: Versuchen Sie Spinat-*börek*, olivengefülltes Brot oder Obstkuchen. Draußen gibt es fünf kleine Tische, perfekt zum Beobachten und Pausieren. Dort wird auch Tee serviert.

10 Keine Kreditkarten

POLONEZKÖY

POLKA COUNTRY HOTEL

€€€

CUMHURIYET YOLU 20, POLONEZKÖY

TEL. 0216/432 32 20

FAX 0216/432 32 21

Dieses hölzerne Landhotel bietet die perfekte Rückzugsmöglichkeit aus Istanbul. Relaxen Sie am Pool, spielen Sie Schach, gehen Sie in die Hotelbibliothek oder erkunden Sie die ländliche Gegend von Polonezköy. Im altmodischen Speisesaal werden ein üppiges Frühstück mit Zutaten aus biologischem Anbau (hausgemachte Marmelade, Honig) und wunderbares Abendessen (Kastanienkuchen, Steaks) angeboten.

15 40 Alle gängigen Kreditkarten

ULUDAĞ

BECEREN OTEL

€€€€

OTELLER, ULUDAĞ

TEL. 0224/285 21 11

www.beceren.com.tr

Dieses große Hotel im Stil eines Schweizer Chalets liegt am Fuß von Skipisten im Herzen von Oteller. Vollpension ist im Zimmerpreis enthalten.

87 250 Alle gängigen Kreditkarten

YALOVA

ÇAMLIK HOTEL

€€€

TERMAL, YALOVA

TEL. 0224/675 74 00

FAX 0224/675 74 08

www.yalovatermal.com

Einfache Zimmer mit großen Balkonen in einem Hotel oberhalb der heißen Quellen. Die Preise beinhalten den freien Zugang zu allen Einrichtungen von Termal, darunter auch zu den privaten Hamams. Das Hotelrestaurant bietet ein günstiges Festpreismenü.

91 200 Alle gängigen Kreditkarten

ÇINAR CAFÉ

€

ÇINAR MEYDANI, TERMAL, YALOVA

Ein malerischer Platz für einen Tee oder einen Toast. Die Tische im Freien stehen unter einer 200 Jahre alten Platane.

100 Keine Kreditkarten

TROJA & GALLIPOLI

BOZCAADA

GÜMÜŞ OTEL

€€

KURTULUŞ CADDESI, BOZCAADA

TEL. 0286/697 82 52

FAX 0286/697 00 52

www.gumusotel.com.tr

Romantik pur in einem alten griechischen Herrenhaus, nur wenige Schritte von den Fischrestaurants am Kai von Bozcaada entfernt. Einfache, geweißelte Zimmer mit Blick auf eine begrünte Terrasse, auf der morgens ein riesiges Frühstücksbüfett mit Marmeladen (darunter die Spezialität der Insel, Tomatenmarmelade), Früchten und Käse wartet.

21 Alle gängigen Kreditkarten

ÇANAKKALE

HOTEL KERVANSARAY

€€€

FETVANE SOKAK 13, ÇANAKKALE

TEL. 0286/217 81 92

FAX 0286/217 20 18

www.otelkervansaray.com

Çanakkales einziges Boutique-Hotel in der früheren Residenz eines osmanischen Richters verfügt über hohe Zimmer, Kabelfernsehen und sehr viel Platz. Genießen Sie das Frühstück oder ein Bier im ruhig gelegenen Garten.

19 Alle gängigen Kreditkarten

HOTEL TUSAN

€€€

GÜZELYALI 47, ÇANAKKALE

TEL. 0286/232 87 47

FAX 0286/232 82 26

www.tusanhotel.com

Sehr empfehlenswerte, familiengeführte Unterkunft, nur eine kurze Fahrt von den Ruinen von Troja entfernt. Zu den

Annehmlichkeiten gehören ein Swimmingpool, ein tropischer Garten und ein Billardtisch. Das Hotel befindet sich in ruhiger Lage am Strand 14 Kilometer von Çanakkale entfernt.
25 100 Alle gängigen Kreditkarten

ANZAC HOTEL
€€
SAAT KULESI MEYDANI 8, ÇANAKKALE
TEL. 0286/217 77 77
FAX 0286/217 20 18
www.anzachotel.com
Altmodisches, aber sehr empfehlenswertes, zentral gelegenes Hotel, das eigene Touren nach Gallipoli und Troja anbietet. Beliebt bei Gruppen.
25 Alle gängigen Kreditkarten

ÇANAK HOTEL
€€
CUMHURIYET MEYDANI, DIBEK SOKAK 1, ÇANAKKALE
TEL. 0286/214 15 82
FAX 0286/214 09 06
www.canakhotel.com
Schickes neues Budget-Hotel am Fährhafen und am Hauptplatz von Çanakkale. Moderne Zimmer mit Wasserkocher, Fernseher und meist Balkon. Abendessen gibt es auf der Panoramaterrasse im obersten Stock, wo auch das Frühstück serviert wird.
50 80 Alle gängigen Kreditkarten

YALOVA
€€
YALI CADDESI 7, ÇANAKKALE
TEL. 0286/217 10 45
Das beste Restaurant von Çanakkale geht auf die 1940er Jahre zurück und bietet klassische türkische Fischgerichte: Algensalat, gefüllte Muscheln, Anchovis, Tintenfischeier und viele fangfrische Fische.
120 Alle gängigen Kreditkarten

ALBATROS
€
ATATÜRK CADDESI 42, ÇANAKKALE
TEL. 0286/217 81 11
Das Fischrestaurant, in dem fast nur Einheimische verkehren, ist berühmt für seine köstliche Fischsuppe sowie für einfache, aber leckere Grillgerichte aus Fisch. Etwa 180 Meter südwestlich von Otogar (Bushaltestelle) an der Ampel rechts. Kein Alkohol.
60 Keine Kreditkarten

DONAMA ÇAY BAHÇESI
€
YALI CADDESI 10, ÇANAKKALE
TEL. 0286/217 18 64
Eine Teestube, die von morgens bis abends geöffnet hat, und der angesagteste Platz in Çanakkale – in bester Lage an der Uferpromenade. Auf der Speisekarte gibt es verschiedenste Angebote von Espresso über Käsetoast bis zu *köfte*-Fleischbällchen.
150 Keine Kreditkarten

KAHVESI
€
HANIM SOKAK 14, ÇANAKKALE
Dieser Laden ist der einzige Platz in Çanakkale, wo man Kaffees wie Milchkaffee oder Cappuccino bekommt.
15 Keine Kreditkarten

ECEABAT

LIMAN RESTAURANT
€€
İSTIKLAL CADDESI 67, ECEABAT
TEL. 0286/814 27 55
Das beste Lokal in Eceabat ist ein Fischrestaurant mit weißen Tischdecken drinnen und einer begrünten Terrasse draußen. Auf der Speisekarte dreht sich alles um Meeresfrüchte und Fisch von Tintenfisch über Hummer bis zu Wolfsbarsch.
80 Alle gängigen Kreditkarten

EPHESUS & DAS RÖMISCHE KLEINASIEN

PAMUKKALE

HOTEL HAL-TUR
€€
MEHMET AKIF ERSOY BULVARI 71, PAMUKKALE
TEL. 0258)/272 27 23
www.haltur.net
Der Bau des Hal-Tur ist inspiriert von Pamukkales Beinamen („Baumwollschloss"). Es bietet einen großartigen Blick auf die nahe gelegenen Travertinbecken. Die gehobenste Unterkunft der Stadt.
10 90 Alle gängigen Kreditkarten

HOTEL VENUS
€
HASAN TAHSIN CADDESI 16, PAMUKKALE
TEL. 0258/272 21 52
www.venushotel.net
Das einladende, auffallend pinkfarbene Hotel Venus ist seit zwei Jahrzehnten in Familienbesitz. Im Sommer sind der neue Swimmingpool und die Terrasse (auf der hausgemachte Mahlzeiten serviert werden) ein Genuss. Es werden Tagesausflüge organisiert, u. a. zu den Ruinen von Aphrodisias.
15 40 Alle gängigen Kreditkarten

MELROSE HOUSE HOTEL
€
VALI VEKFI ERTÜRK CADDESI 8, PAMUKKALE
TEL. 0258/272 22 50

www.melrosehousehotel.com
Die charmanten Besitzer Mehmet und Ummu führen dieses freundliche, kleine Hotel mit Garten, Pool und einem ausgezeichneten Restaurant. Die Travertinterrassen von Pamukkale liegen nur einen kurzen Spaziergang entfernt.
25 40 Alle gängigen Kreditkarten

SELÇUK

DER BESONDERE TIPP

HOTEL BELLA
€€
ATATURK MAHALLESI, ST. JOHN STREET 7, SELÇUK
TEL. 0232/892 39 44
FAX (0232) 892 03 44
www.hotelbella.com
Die geselligen Freunde Erdal und Nazmi besitzen und betreiben diese hübsche Unterkunft. Die Zimmer sind behaglich und mit einzigartigen Teppichen, geschnitzten Möbeln und Keramiken aus dem zugehörigen Laden (siehe Divan S. 261) ausgestattet. Wunderbares Restaurant im obersten Stock, im Winter mit Kamin, Bibliothek und Internetzugang.
11 50
Alle gängigen Kreditkarten

ARTEMIS RESTAURANT & ŞARAPEVI
€€-€€€
ŞIRINCE KÖYÜ, SELÇUK
TEL. 0232/898 32 40
www.artemisrestaurant.com
Vor 150 Jahren als Volksschule des Ortes erbaut, beherbergt das Gebäude heute das beste Restaurant und das beste Weinlokal von Şirince. Legen Sie eine Pause im gepflegten Garten ein, um den regionalen Obstwein zu kosten, oder im Winter am knisternden Feuer für den Verzehr herzhafter Gerichte.
700 Alle gängigen Kreditkarten

AMAZON BISTRO
€€
ANTON KALLINGER CADDESI 22, SELÇUK
TEL. 0232/892 38 79
In einem westlichen Wohnviertel von Selçuk gelegen, blickt die kleine Terrasse des Amazon über die Säulenreihen des Artemision und einen nahe gelegenen ehemaligen Hamam. Vor allem das Grillfleisch und die Gemüse der Saison sind äußerst lecker.
40 Keine Kreditkarten

SIRINCE

NIŞANYAN HOUSE HOTEL
€€-€€€€
ŞIRINCE
TEL. 0232/898 32 08
www.nisanyan.com
Eine Auswahl liebevoll renovierter Bauernhäuser, neuere Häuschen, dazu eine Pension und ein Gasthof – alles über die malerisch auf einem Hügel gelegene Stadt Sirince verteilt. Das Ganze gehört dem türkischen Reiseschriftsteller und Aktivisten Sevan Nişanyan.
19 40
Alle gängigen Kreditkarten

DIE TÜRKISKÜSTE

ANTALYA

OTANTIK BUTIK OTEL
€€€
HESAPÇI SOKAK 14, KALEIÇI, ANTALYA
TEL. 0242/244 85 30
FAX 0242/244 85 31
www.otantikbutikotel.com
Großartiges Boutique-Hotel in einem renovierten Stadthaus in Antalya. Es ist um eine offene Terrasse und ein „Weinhaus" angeordnet, in dem türkische Weine verkostet und dazu Käse und Obst genossen werden können.
8 40 Alle gängigen Kreditkarten

HOTEL REUTLINGEN HOF
€€
MERMERLI BANYO SOKAK 23, KALEIÇI, ANTALYA
TEL. 0242/247 63 72
FAX 0242/248 40 75
www.reutlingenhof.com
Ein kleines Juwel von einem Hotel in einem alten Stadthaus in Antalya. Ideal gelegen, um die Altstadt und den Jachthafen zu erkunden.
16 Alle gängigen Kreditkarten

SERASER
€€€€
KARANLIK SOKAK 18, KALEIÇI, ANTALYA
TEL. 0242/247 60 15
Ein edles Restaurant mit makellosem, freundlichem Service. Es gibt gefüllten Tintenfisch, Wolfsbarsch in Weinblättern und Rindfleisch in einer hausgemachten Pastete. Alles elegant angerichtet.
120
Alle gängigen Kreditkarten

BOZBURUN

HOTEL APHRODITE
€€€
VILLAGE, BOZBURUN
TEL. 0252/456 22 68
FAX 0252/456 26 45
www.hotelaphrodite.net
Dieses Boutique-Hotel im legeren Bozburun gehört zu den ultimativen Refugien in der südlichen Türkei. Schlichte Strandkabinen liegen an einer mit Hängematten bestückten Piazza am glasklaren Meer. Die obligatorische Halbpension besteht aus einer umwerfenden Mischung von regionalen Früchten, Fisch und Käse.

15 50 Alle gängigen Kreditkarten

DER BESONDERE TIPP

OTEL METE

€€

VILLAGE, BOZBURUN
TEL. 0252/456 20 99
www.otelmete.com

Das kleine Hotel auf der verschlafenen Halbinsel Datça ist ein Geheimtipp. Viele türkische Familien machen hier gerne Urlaub und genießen die Lage direkt am Wasser und das großartige Abendessen, das zur Halbpension gehört. Meerkajaks und andere Boote, um die Bucht zu erkunden, können geliehen werden.

25 40 Alle gängigen Kreditkarten

CIRALI

DER BESONDERE TIPP

ARCADIA

€€€€

SAHIL YOLU, ÇIRALI
TEL. 0242/825 73 40
www.arcadiaholiday.com

Das Arcadia bietet wunderbare Bungalows, die im Thai-Stil errichtet sind, mit einem Hauch von 21. Jahrhundert: Der Kühlschrank ist gut mit Getränken gefüllt, auf der Terrasse steht ein Schaukelstuhl und Glasdächer ermöglichen einen schönen Blick in den Himmel. Hier erhalten Sie zu jeder Tageszeit erstklassiges Essen. Das Frühstücksbüfett mit insgesamt 12 verschiedenen Platten wird bis mittags serviert, am Abend lohnt das Festpreismenü, am besten verzehrt an einem Lagerfeuer am Strand.

10 40 Alle gängigen Kreditkarten

AZUR ÇIRALI

€€€

SAHIL YOLU, ÇIRALI
TEL. 0242/825 70 72
www.azurhotelcirali.com

Schöne Familienbungalows und hölzerne Lodges in einem großen Garten am Strand. Das Restaurant ist sehr authentisch: Kosten Sie unbedingt den Tintenfischsalat, gegrillten Fisch oder viele vegetarische Gerichte unter den alten Maulbeerbäumen der Terrasse.

30 60 Alle gängigen Kreditkarten

MYLAND NATURE

€€€

SAHIL YOLU, ÇIRALI
TEL. 0242/825 70 44
www.mylandnature.com

Bungalows in einem ökologischen Traum von Obstbäumen und vielen duftenden Kräutern. Die Besitzer Pinar und Engin stammen aus Istanbul. Im Myland gibt es täglich Yogastunden, einen kostenlosen Fahrradverleih und Luftmatratzen. In der Küche werden regionale Produkte aus biologischem Anbau verwendet sowie Fisch aus dem nur 90 Meter entfernten Meer.

13 50 Alle gängigen Kreditkarten

GÖCEK

A&B HOME HOTEL

€€

TURGUT ÖZAL CADDESI, GÖCEK
TEL. 0252/645 18 20
FAX 0252/645 18 43
www.abhomehotel.com

Nur einen Steinwurf von Goceks Jachthafen entfernt, bietet diese Unterkunft schlichte, aber hübsche Zimmer. Noch besser ist die Bar am Pool und der Frühstücksbereich, wo morgens an einem Büfett Melonen, Marmeladen und Käse warten.

11 Alle gängigen Kreditkarten

KALKAN

ASFIYA HOTEL

€€€

YALIBOYU MAHALLESI, CUMHURIYET CADDESI, KALKAN
TEL. 0242/444 6761
FAX 0242/844 23 27
www.asfiyahotel.com

Vom Asfiya, zehn Minuten vom historischen Hafen Kalkans gelegen, lässt sich lange schwärmen. Der Pool auf dem Dach, der Wellnessbereich und das Spa sowie die mediterranen Restaurants sind alle herrlich. Jedes Zimmer besitzt einen Balkon oder eine Terrasse, die Suiten verfügen auch über Jacuzzis.

50 120 Alle gängigen Kreditkarten

KAŞ

HOTEL OREO

€€

CUKURBAGLI CADDESI 10, KAŞ
TEL. 0242/836 22 20
FAX 0242/836 16 05
www.oreohotel.com

Das von Bougainvilleen überwucherte Hotel bietet Annehmlichkeiten, für die man normalerweise das Doppelte bezahlt: einen von Bäumen beschatteten Swimmingpool, ein Grillrestaurant und eine Sonnenterrasse. Die Zimmer besitzen einen Balkon, von manchen aus sieht man in der Ferne das Meer. Beliebt bei Wanderern, Mountainbikern, Tauchern und allen, die das Leben im Freien mögen.

30 60 Alle gängigen Kreditkarten

BAHÇE

€€€

ILKOKUL SOKAK 31, KAŞ

TEL. 0242/836 23 70

Bahçe heißt übersetzt „Garten", und im lauschigen Garten des Lokals werden die köstlichen *meze* (*tarama,* Fischpasteten) und Fleischgerichte (Filetsteak, Lamm in Kräuterkruste) elegant serviert. Es gibt alles von großen Tischen bis hin zu romantischen Winkeln für zwei.

60 Alle gängigen Kreditkarten

DER BESONDERE TIPP

BALIK BAHÇE

€€€

SULEYMAN SANDIKCI SOKAK 18, KAŞ

TEL. 0242/836 27 79

Köstlicher Fisch und Meeresfrüchte aus der Region bei romantischem Kerzenlicht. Auf der großen Terrasse gibt es eine Theke mit *meze* (wählen Sie u. a. zwischen Shrimpsröllchen und mariniertem Wolfsbarsch) und eine Theke mit gut sortierter Fischauswahl (entscheiden Sie sich zwischen Seeteufel, Brachse und Schwertfisch vom Grill).

80 Alle gängigen Kreditkarten

OLYMPOS

LIMON PANSIYON

€

YAZIR KÖYÜ, OLYMPOS

TEL. 0242/892 14 05

www.olymposlemon.com

Das Hotel hat sich den naiven Charme aus Backpackerzeiten bewahrt. Einfache hölzerne Baumhäuser (genau genommen Zimmer auf Stelzen), dazu Buden mit Kissen – alles in einem duftenden Zitronenhain.

14 Alle gängigen Kreditkarten

KAPPADOKIEN

AYVALI VILLAGE

GAMIRASU HOTEL

€€€

AYVALI VILLAGE

TEL. 0384/354 58 15

FAX 0384/354 58 64

www.gamirasu.com

Eine abgelegene Unterkunft, die absolut authentisch wirkt. *Kelim*-Teppiche, osmanische Liegen, Höhlenräume und hölzerne Schreibtische. Die schönen Zimmer werden von Deluxe-Suiten mit Panoramablick ergänzt.

25 Alle gängigen Kreditkarten

ÇAVUŞIN

THE VILLAGE CAVE

€€€

ÇAVUŞIN

TEL. 0384/532 71 97

FAX 0384/532 71 44

www.thevillagecave.com

Ein altes, steinernes Landhaus, das halb in den Felsen gebaut ist und gegenüber der Kirche Johannes des Täufers liegt, ist das einzige Hotel vor Ort. Am Morgen und Abend ungestörter Zugang zu den schönsten Sehenswürdigkeiten Kappadokiens, nach einem üppigen Frühstück oder einem traditionellen türkischen Abendessen.

5 Alle gängigen Kreditkarten

GÖREME

ANATOLIAN HOUSES

€€€€€

GAFERLI MAHALLESI, GÖREME

TEL. 0384/271 24 63

FAX 0384/271 22 29

www.anatolianhouses.com.tr

Superelegante Auswahl an Höhlenwohnungen, die meisten mit Kamin und osmanischer Ausstattung. Alle liegen um einen Hof mit Teichen, Brücken und Hängematten. Zu den Annehmlichkeiten gehört ein türkisches Bad und ein Spa.

19 Alle gängigen Kreditkarten

LOCAL CAVE HOUSE

€€€

CEVIZLER SOKAK 11, GÖREME

TEL. 0384/271 21 71

FAX 0384/271 24 98

www.localcavehouse.com

Einfach, freundlich und sehr niedlich. Neun verzierte Höhlenräume (manche für Familien geeignet) mit alten Möbeln bilden eine amphitheaterartige Kulisse für die große Sonnenterrasse und einen Swimmingpool. Die Serviceleistungen reichen vom Abholen am Flughafen bis hin zum Führer vor Ort und zur Autovermietung.

9 Alle gängigen Kreditkarten

LOCAL RESTAURANT

€€€

MÜZE CADDESI 38, GÖREME

TEL. 0384/271 26 29

Elegante Tischtücher und schönes Geschirr kennzeichnen das Lokal. Die Küche reicht von experimentell (Hummus mit Kreuzkümmel, Platten mit acht Aromen) bis zu klassisch (gebratene Zucchini mit Joghurt, gegrillte Lammkoteletts).

60 Alle gängigen Kreditkarten

SEYYAH HAN

€€€

MÜZE YOLU 56, GÖREME

TEL. 0384/271 26 62

Ein beliebter Zwischenstopp auf dem Weg von Göreme zum Freilichtmuseum mit einem baumbestandenen Garten und einer Caféterrasse im ersten Stock. Leckere türkische Küche – versuchen Sie die *lahmacun pizza* und die verschiedenen *meze.*

200 Alle gängigen Kreditkarten

S&S RESTAURANT
€€
BILAL EROĞLU CADDESI, GÖREME
KEIN TELEFON
Familiengeführtes Lokal mit einer unauffälligen Terrasse. Spezialität des Hauses ist das köstliche *testi*, für das Rind-, Lamm-, Hühnerfleisch oder Gemüse langsam in einem Tontopf gegart werden, der von den Gästen am Tisch mit einem Hammer zerschlagen wird.
35 Keine

SILK ROAD KEBAB HOUSE
€€
MÜZE YOLU, GÖREME
KEIN TELEON
Hier an Göremes Hauptplatz kann man gut ein Bier trinken. Der Kellner schneidet Hühner- oder Lammfleisch von einem sich drehenden Döner-Spieß ab. Zu den vegetarischen Gerichten zählen Falafels mit Hummus.
50 Keine

ÜRGÜP

4ODA CAVE HOUSE
€€€€
ESBELLI SOKAK 46, ÜRGÜP
TEL. 0384/341 60 80
FAX 0384/341 60 90
www.4oda.com
Intimes Boutique-Hotel, betrieben von einer früheren Fremdenführerin. Es gibt viele stille Ecken, um zu entspannen, Backgammon oder Gitarre zu spielen. Das Frühstück ist eine üppige Angelegenheit mit hausgemachtem Gebäck und frischem Obst.
5 Alle gängigen Kreditkarten

ESBELLI EVI
€€€-€€€€
ESBELLI SOKAK, 8 (P.K. 2), ÜRGÜP
TEL. 0384/341 33 95
FAX 0384/341 88 48
www.esbelli.com
Die Ansammlung von liebevoll restaurierten Höhlenhäusern bietet die malerischste und luxuriöseste Unterkunft aller Höhlenhotels der Gegend. Die Zimmer sind alle einzigartig mit glatten Steinwänden, skulptierten Eingängen und bequemen Betten.
13 Alle gängigen Kreditkarten

SÖMINE
€€€
CUMHURIYET MEYDANI 9, ÜRGÜP
TEL 0384/341 84 42
Zu den ausgefallenen Gerichten gehören *börek* mit Lamm und Karotten, Fleischbällchen, spinatgefülltes Hähnchen und *testi* im Tontopf.
150 Alle gängigen Kreditkarten

Einkaufen

Sie sollten unbedingt viel Platz in Ihrem Koffer lassen: Istanbul ist ein absolutes Einkaufsparadies. Hier befindet sich das wohl erste Einkaufszentrum der Welt – der Große Basar. Dieser Markt ist ein wahres Füllhorn an schönen Dingen – von Stapeln mit Handtüchern für den Hamam bis hin zu Glaslampen, Paschminaschals und schöner Keramik, dazu Obst, Lebensmittel und Gewürze.

Die Straßen, die in Sultanahmet vom Großen Basar ausgehen, sind ebenfalls mit Schätzen übersät. Hier gibt es jede Menge ausgezeichnete handgeknüpfte Teppiche und *kelims*.

Auf der anderen Seite des Goldenen Horns lohnt das europäische Istanbul mit seinen einmaligen Boutiquen. So wie Çukurcuma bekannt ist für seine zahlreichen Antiquitäten und Art-déco-Kunstwerke, befinden sich in Nişantaşı ausgezeichnete türkische Designer mit ihren eleganten Ateliers. In der İstiklal Caddesi, der Hauptstraße Beyoğlus, gibt es etwas für jeden Geschmack – Schokolade neben Stapeln verbilligter T-Shirts, Outlets großer Firmen neben zeitgenössischer Kunst.

Auch Reisende außerhalb Istanbuls werden mancher Versuchung erliegen. Halten Sie auf den örtlichen Märkten Ausschau nach Honig, Pistazien und getrockneten Chilis. In jeder Stadt findet ein wöchentlicher Basar statt. Winzige Läden bieten ihre handgemachten Waren an, oft wesentlich authentischer als das Angebot der Großstadt und meist mit einer eigenen Geschichte.

Bücher

Pandora Kitabevi
Büyük Parmakkapı Sokak 8, Beyoğlu, Istanbul
Tel. 0212/243 35 03
Ausgezeichnete Auswahl an englischsprachigen Büchern – von Belletristik und Kinderbüchern bis hin zu Koch- und Wörterbüchern –, dazu viele Reiseführer.

Weitere Buchhandlungen finden Sie im Kasten auf S. 27.

Gebäck

Baklavacı Güllüoğlu
Yoğurtçu Sütçü Sokak 10, Kadiköy, Istanbul
Tel. 0216/330 22 16
www.gulluoglu.com
Klebriges, mit Pistazien verfeinertes Gebäck (viele kostenlose Probierstückchen!) aus der im Osten gelegenen Stadt Gaziantep.

Özkonak
Akarsu Caddesi 60, Cihangir, Istanbul
Tel. 0212/249 13 07
Kleiner Laden mit *sütlaç* (türkischem Reispudding), *tavuk göğsü* (Hähnchenpudding), außerdem viele sirupgetränkte Süßigkeiten.

Gewürze

Kral
Hasırcılar Caddesi 6, Eminönü, Istanbul
Tel. 0212/513 88 93
Direkt neben dem Gewürzmarkt ist Kral seit drei Generationen ein wichtiger Laden auf der Liste einheimischer Käufer. Die Eigentümer, drei Schwestern, haben Haselnüsse, *lokum*, Safran, Pistazien und würzigen roten Pfeffer im Angebot.

Honig

Eta Bal
Güneşli Bahçe Sokak 28/A, Kadiköy, Istanbul
Tel. 0216/414 99 77
Honig, Pollen und Propolis in hoher Qualität vom Schwarzen Meer.

Innenausstattung

Hall
Cihangir Mah., Kazancı Yokuşu 30, Cihangir/İstanbul
Tel. 0212/293 79 55
www.hallİstanbul.com
„Aladins Schatzhöhle", die dem neuseeländischen Sammler und Designer Christopher Hall gehört, ist voller einzigartiger osmanischer Designerstücke.

Kaffee

Kurukahveci Mehmet Efendi
Tahmis Sokak 66, Eminönü, Istanbul
Tel. 0212/511 42 62
www.mehmetefendi.com
Das Personal packt traditionellen türkischen Kaffee in braune Papiertüten, die vom dem Schaufenster des legendären Geschäfts aus verkauft werden.

Kleidung

Ece Sukan Vintage
Ahmet Fetgari Sokak 152, Teşvikiye, Istanbul
Tel. 0212/233 54 39
Secondhandladen im Besitz von Ece Sukan, der Modeberaterin der türkischen Ausgabe der *Vogue*.

Umit Unal
Asmalımescit Mahallesi, Ensiz Sokak 1B, Tünel, Istanbul
Tel. 0212/245 78 86
www.umitunal.com
Diese Kombination aus Werkstatt und Modeladen im Besitz des Geschwisterpaars Umit und Sevtop war eine der ersten teuren Boutiquen des Viertels. Sie hat einfach geschnittene, schmeichelnde Damenmode im Angebot, dazu findet man Handtaschen, Gürtel und Schals.

Zeki Triko
Valikonaği Caddesi, Akkavak Sokak, Tunaman Çarşısı 27, Nişantaşı, Istanbul
Tel. 0212/233 82 79
www.zekitriko.com.tr
Hier findet man elegante, sexy geschnittene Bade- und Damenmode.

Lokum

Hacı Bekir
Hamidiye Caddesi 83, Eminönü, Istanbul
Tel. 0212/522 06 66
Die Firma besteht seit 1777, als der Erfinder von *lokum* Hacı Bekir Hofzuckerbäcker des Sultans Abdulhamit I. war.

Eingelegtes *(turşu)*

Petek Turşuları
Duduodaları Sokak 1D, Balık Pazarı, Galatasaray, Istanbul
Tel. 0212/249 13 24
Den lauschigen Eingang dieses Geschäfts kann man kaum verpassen – halten Sie einfach Ausschau nach Gläsern voller eingelegter Pflaumen, Artischocken und sogar Eier.

Schmuck

Stonebul
Kavaflar Sokak 47, Großer Basar, Istanbul
Tel. 0212/522 23 64
www.stonebul.com
In diesem freundlichen familiengeführten Laden gibt es ungewöhnlichen Schmuck aus Silber, Gold und Edelsteinen. Es werden auch Auftragsarbeiten ausgeführt.

Schokolade

Inci
İstiklal Caddesi 124, Istanbul
Tel. 0212/293 92 24
Schokoladen- und Süßwarenladen. Versuchen Sie unbedingt die berühmten Windbeutel.

Schuhe

Nr 39
Süleyman Nazif Sokak 39, Nişantaşı, Istanbul
Tel. 0212/241 40 59
www.nr39.com
Wunderschöne handgemachte Damenschuhe, auch Stiefel mit Fransen und bunte Sandalen.

Teppiche & *kelims*

Teppiche sind fast so etwas ein Synonym für die Türkei. Als Material für die besten wird seidige mit Pflanzenfarben gefärbte Lammwolle mit hohem Lanolinanteil verwendet. Für einen Teppich von guter Qualität wird eine Arbeitszeit von acht bis neun Monaten benötigt. Die traditionellen Muster unterscheiden sich von Dorf zu Dorf. Es gibt in der Regel bei türkischen Teppichen sechs unterschiedliche Größen. *Kelims* sind ebenfalls Teppiche, die jedoch gewebt sind. Die Preise von Teppichen und *kelims* hängen von Qualität, Kompliziertheit, Größe und Alter des jeweiligen Stücks ab.

Divan
Hotel Bella, Ataturk Mahallesi, St. John Street 7, Selçuk
Tel. 0232/892 39 44
www.hotelbella.com
Ein Paradies für Teppich-, *kelim*- und Keramikliebhaber. Die Besitzer Erdal und Nazmi erklären geduldig die Herkunft (meist von Familien aus Dörfern in der östlichen Türkei) und Techniken, mit denen jedes Stück geschaffen wurde. Schöne traditionelle handgeschnitzte Holzmöbel.

Yörük
Kürkçüler Çarşısı 16, Großes Basar, Istanbul
Tel. 0212/527 32 11
Dieser Laden ist bis unter die Decke mit Teppichen und *kelims* in Spitzenqualität aus dem ganzen Land vollgepackt. Wenn Sie in Istanbul einkaufen, sollten Sie unbedingt vorbeischauen.

Töpferwaren und Keramik

Avanos Anatolia Pottery
Alaettin Mah., Uluada Mevkii, Avanos
Tel. 0384/511 60 71
www.avanospottery.com
Traditionelle rustikale Terrakottaarbeiten aus Kappadokien, darunter Krüge, Töpfe und Vasen.

Wein

Kaplankaya Şarapları
Şirince Koyu
Tel. 0232/898 31 69
Ausgezeichnete Auswahl an süßen Fruchtweinen. Freie Kostproben.

Unterhaltung

Istanbul ist eine laute Stadt mit 13 Millionen Einwohnern, in der es jede Nacht Livemusik, Tanzveranstaltungen und Konzerte gibt. Darüber hinaus finden alljährlich einige international bekannte Musikfestivals statt – von Oper und klassischer Musik bis hin zu Jazz. Türken lieben auch Filme, und die zahlreichen Kinos der Stadt beweisen, wie viele Talente das Land auf diesem Gebiet hervorgebracht hat. Die meisten Kinos zeigen internationale Erfolge in der Originalsprache (mit türkischen Untertiteln).

In mehreren Konsulaten in Istanbul, außerdem in Bars, Kirchen, Museen, alten Gebäuden und auf öffentlichen Plätzen der Stadt finden regelmäßig Theater-, Musik- und Opernaufführungen statt. Einige der Veranstaltungsorte sind hinreißend. Auch Hotels haben meist ein Unterhaltungsangebot im Programm, vor allem an der Küste, häufig mit traditioneller türkischer Musik und Bauchtanz.

Eine vollständige Übersicht finden Sie in der monatlichen Veranstaltungszeitschrift *Time Out* (mit einer kleinen englischen Beilage) oder in den englischsprachigen Zeitungen *Today's Zaman* oder *Hurriyet Daily News.*

Festivals

April

Istanbul Film c
www.iksv.org/film
Internationale Filme und Kunstfilme im Wettstreit um den begehrten Golden-Tulip-Preis. Die Filme werden in zehn Kinos in der ganzen Stadt gezeigt.

Juni

Istanbul International Music Festival
www.iksv.org/muzik
Symphonien und klassische Konzerte an ungewöhnlichen Aufführungsorten, darunter die Kirche Hagia Eirene und das Archäologische Museum.

Juli

Aspendos Opern- und Ballettfestival
Aspendos, bei Antalya
Tel. 0312/231 85 15
www.aspendosfestival.gov.tr
Vor der Kulisse eines der großartigsten römischen Amphitheater finden fesselnde Musik- und Tanzaufführungen in sommerlicher Atmosphäre statt.

Istanbul Jazz Festival
www.iksv.org/caz
Jazz, Blues und Gospels werden an verschiedenen Veranstaltungsorten in Istanbul präsentiert, darunter in Restaurants, Clubs und Dachterrassenbars.

September

Weinfest von Bozcaada
Bozcaada
www.bozcaadarehberi.com
Wenn die Zeit der Weinlese vorbei ist, gibt es auf dieser herrlichen ägäischen Insel eine kostenlose Weinverkostung und einige Open-Air-Konzerte.

Oktober

Ürgüp International Wine and Grape Festival
Fest während der Weinlese in Kappadokien, mit kostenlosen Kostproben, dazu Musik in und um Ürgüp.

Efes Pilsen Blues Festival
www.pozitif-ist.com
Landesweites Bluesfestival mit bedeutenden internationalen und türkischen Musikern, die in einigen Städten des Landes auftreten.

November

Akbank Jazz Festival
Tel. 0212/334 01 00
www.pozitif-ist.com
Jazzfest, bei dem in ganz Istanbul an jedem Abend ein Dutzend Konzerte stattfindet, viele an den auf S. 263 aufgeführten Orten.

Kino

Alkazar
İstiklal Caddesi 179, Taksim, Istanbul
Tel. 0212/245 41 76
Kino mit mehreren Sälen. Bringt alles, von alten Kunstfilmen bis zur neuesten Hollywoodproduktion.

Atlas
Atlas Pasajı, İstiklal Caddesi 209, Taksim, Istanbul
Tel. 0212/252 85 76
Kunstfilme, ausländische Liebes- und türkische Mainstream-Filme werden auf einigen kleinen Leinwänden gezeigt.

Istanbul Modern Cinema
Meclisi Mebusan Caddesi, Liman İşletmeleri Sahası Antrepo 4, Karaköy, Istanbul
Tel. 0212/334 73 00
www.istanbulmodern.org

Das kleine Kino zeigt Retrospektiven, oft bestimmter Regisseure, und Klassiker der Filmgeschichte.

Klassische Musik und Theater

Atatürk Cultural Center
Taksim Square, Taksim, Istanbul
Tel. 0212/251 56 00
www.iksv.org
Die bedeutendste Veranstaltungsstätte für Musik und Heimat des Staatlichen Symphonieorchesters. 2010 nach langwierigen Renovierungsarbeiten wiedereröffnet.

Cemal Reşit Rey Symphony Hall
Darülbedayi Caddesi Harbiye Şişli, Istanbul
Tel. 0212/232 98 30
www.crrkonsersalonu.org
In diesem großen Saal finden Aufführungen klassischer Musik statt.

Sabancı University Performing Arts Center
Orhanlı, Istanbul
Tel. 0216/483 90 00
www.sgm.sabanciuniv.edu
Hier wird Sprechtheater von Weltrang aufgeführt.

Süreyya Opera House
Bahariye Caddesi, Caferağa Mahallesi 29, Kadıköy, Istanbul
Tel. 0216/346 15 31
www.sureyyaoperasi.org
Kadıköys Opernhaus bietet das ganze Jahr über ein erstklassiges Programm, außerdem ein herrlich traditionelles Inneres.

Clubs und Bars

Anjelique
B Muallim Naci Caddesi, Salhane Sokak 5, Ortaköy, Istanbul
Tel. 0212/327 28 44
www.istanbuldoors.com
Hippes Tanz- und Esslokal, das ein junges, attraktives Publikum anzieht. Direkt am Bosporus.

Badehane
General Yazgan Sokak 1, Tünel, Istanbul
Tel. 0212/249 05 50
Gemütliche Café-Bar mit Zigeuner- und Gitarrenmusik sowie einer fantastischen Auswahl an außergewöhnlichen Livebands.

Babylon
Seyhbender Sokak 3, Tünel, Istanbul
Tel. 0212/249 05 50
Hier finden einige der besten alternativen Konzerte der Stadt statt, die auch internationale Talente wie die Sängerin Lou Rhodes, früher bei Lamb, anlocken. An jedem Wochenende gibt es einfallsreiche House Music.

Dogzstar
Kartal Sokak 3, Taksim, Istanbul
Tel. 0212/244 91 47
www.dogzstar.com
Abendliche Show mit Reggae, Dub und World Music. Das Feiern geht im Anschluss in den Straßen der Umgebung weiter.

Garajistanbul
Kaymakam Reşat Bey Sokak 11, Yeni Carsi Caddesi, Tünel, Istanbul
Tel. 0212/244 44 99
Topaktuelle Musik, Tanz und Discjockeys in einer renovierten Garage.

Indigo
Akarsu Sokak 1, İstiklal Caddesi, Tünel, Istanbul
Tel. 0212/244 85 67
Hier gibt es zweierlei Programme: einerseits Britpop, englischen Punk und alte Rockmelodien und andererseits experimentelle elektronische Musik.

Lokal Bar
Asmalı Mescit Mahalessi, Tünel, Istanbul
Tel. 0212/245 57 44
Das geschäftige Fusionsrestaurant verwandelt sich abends in ein Zentrum des Nachtlebens.

Nardis Jazz Club
B Kuledibi Sokak 14, Tünel, Istanbul
Tel. 0212/244 63 27
www.nardisjazz.com
Anerkannter Jazz- und Bluesclub, in dem fast jeden Abend Klavier, Bläser- oder Gesangsformationen auftreten. Beim Galata-Turm.

Sortie
Muallim Naci Caddesi 54, Kuruçeşme, Istanbul
Tel. 0212/327 85 85
www.sortie.com.tr
Elegantes Ess- und Tanzlokal am Wasser mit einer großartigen Terrasse. Ziehen Sie sich schick an.

Sultanas Nights
Cumhuriyet Caddesi, Taksim, Istanbul
Tel. 0212/219 39 04
www.sultanas-nights.com
Laut, billig und mit viel Spaß. Bauchtanz und traditioneller Tanz, auch das Publikum tanzt, Bauchtanzunterricht.

Aktivitäten

Die Türkei ist ein Land, in dem es viel zu unternehmen und zu sehen gibt. Die hier aufgeführten Aktivitäten gehören im Wesentlichen in drei Gruppen: geführte Ausflüge zu bestimmten Zielen, etwa nach Kappadokien oder Gallipoli, Kurse, beispielsweise Kunsthandwerks- oder Kochkurse, vorwiegend in Istanbul, und schließlich Reisebüros, die hilfreich sind, wenn Sie Schlafwagen für eine Zugreise, Fähren zu den griechischen Inseln und Flugtickets für Inlandflüge buchen wollen.

In der Türkei sind Hotels oft auch zuverlässige Reisebüros, und so wenden Sie sich häufig am besten ans Hotel, wenn es um geführte Touren, Autoverleih oder Shuttleservice zum Flughafen geht. Die meisten Aktivitäten in der Türkei sind gut organisiert, mit der benötigten Ausrüstung vor Ort.

ISTANBUL

Kochkurse

Cooking Alaturka
Akbiyik Caddesi 72, Sultanahmet
www.cookingalaturka.com
Tel. 0212/458 59 19
Gruppenkurse, bei denen klassische türkische Menüs gekocht werden, geleitet von der Niederländerin Eveline Zoutendijk und dem türkischen Koch Feyzi Yıldırım.

Culinary Arts Academy
Meydan Sokak, Beybi Giz Plaza B Block, Maslak
Tel. 0212/290 35 50
www.msa.tc
Diese professionelle Akademie veranstaltet Kurse von einem Tag bis hin zu mehreren Wochen im Backen, Cocktails Mixen und Kochen von Pasteten und klassischer türkischer Küche.

Kulinarische Touren

Anissa Helou
www.anissas.com
Tel. 044 20/ 77 39 06 00 (in U.K.)
Die britische Kochbuchautorin Anissa Helou, die ihre Wurzeln im benachbarten Libanon und Syrien hat, stellt kulinarische Ausflüge zusammen. Ihre jährlichen Türkeitouren beginnen in Istanbul und führen weiter nach Osten, zum Beispiel nach Gaziantep an der Küste des Schwarzen Meeres.

Istanbul Eats
www.İstanbuleats.com; İstanbuleats@gmail.com
Die hier ansässigen Angloamerikaner Yigal, Ansel und Jonathan bieten eine Mischung aus wenig bekannten ausgezeichneten Restaurants und Sehenswürdigkeiten. Touren führen in die Altstadt von Istanbul, in die europäischen Viertel und ans asiatische Ufer.

Tanz

Tanzende Derwische

Istanbul Dervishes
Hodjapasha Culture Center, Hocapaşa Hamam Sokak 5, Sirkeci
Tel. 0212/511 46 26
www.istanbuldervishes.com
In diesem ehemaligen Hamam findet fünfmal wöchentlich die *sema*-Zeremonie der tanzenden Derwische statt. An den anderen Abenden gibt es türkischen Tanz.

Silivrikapı Mevlana Cultural Center
Mevlânakapı Mahalessi, Yeni Tavanlı Çeşme Sokak 8, Fatih
Tel. 0212/588 57 80
www.emav.org
Sema-Zeremonien finden jeden Dienstagabend statt. Die Vorstellungen dauern länger und sind spiritueller. Die Besucher sind herzlich eingeladen, an religiösen Diskussionen teilzunehmen.

Ausrüster

Atlas Outdoor
Karaköy Meydanı 4, Karaköy
Tel. 0212/252 32 82
Nicht weit von der Galata-Brücke gelegen, bietet dieser Laden eine große Auswahl an Zelten, Sandalen, Angelruten und Outdoorkleidung.

Decathlon
Forum Istanbul, Kocatepe Mahallesi, Bayrampaşa
Tel. 0212/640 05 12
Die vielleicht größte und vielfältigste Auswahl an Outdoorausrüstung in Istanbul – sie reicht von Tauchuhren bis zu Wanderstöcken und Energieriegeln. Sehr gutes Preis-Leistungs-Verhältnis.

Reisebüros

Fez Travel
Akbiyik Caddesi 17, Sultanahmet
Tel. 0212/516 90 24
www.feztravel.com
Organisiert alles von Busrundfahrten über Fähren zu den griechischen Inseln bis hin zu Flügen nach Kappadokien.

Hotel Marble Travel Agency
Siraselviler Caddesi 41, Taksim
Tel. 0212/252 24 48
www.marblehotel.com
Dieses kleine Reisebüro bucht Langstrecken-Zugtickets.

Istanbul Walks
İstiklal Caddesi 53, Floor 5, Beyoğlu
Tel. 0212/292 28 74
www.istanbulwalks.net
Schließen Sie sich geführten Spaziergängen zu den Sehenswürdigkeiten an oder lassen Sie sich Ihre eigene Tour durch die Stadt zusammenstellen.

One Nation Travel
Binbirdirek Mahalessi, Klodfarer Caddesi 3, Sultanahmet
Tel. 0212/516 53 00
www.onenationtravel.net
Das Angebot reicht von Stadtführungen in Istanbul bis hin zu begleiteten Touren durch die Türkei. Auch Autovermietung ist im Angebot.

WESTLICHE TÜRKEI

Reisebüros

Anker Travel
İnönü Bulvarı 14, Kuşadası
Tel. 0256/612 45 98
www.ankertravel.net
Bekannt für gute private Touren nach Ephesus und geführte Ausflüge zu anderen römischen Stätten oder Tickets für Fähren zu den griechischen Inseln.

Bougainville Travel
Çukurbağlı Caddesi 10, Kaş
Tel. 0242/836 37 37
www.bt-turkey.com
Das beste Reisebüro der türkischen Riviera für Wander-, Rad-, Tauch- und Kajakurlaub.

Cappadocia Tours & Travel Turkey
İstiklal Caddesi 59, Ürgüp, Kappadokien
Tel. 0384/341 74 85
www.cappadociatours.com
Angesehene Firma für die Buchung von Hotels in Kappadokien, Autovermietung, Transfers und private Touren.

Context Walking Tours
Tel. 0800/691 60 36 (in den USA)
www.contexttravel.com
Istanbul
Spaziergänge zu architektonischen, kulinarischen und historischen Themen, geführt von einer Gruppe von Forschern aus Istanbul.

Hassle Free Tours
Cumhuriyet Meydani 59, Çanakkale
Tel. 0286/213 59 69
www.anzachouse.com
Spezialisiert auf Touren zum Schlachtfeld von Gallipoli, außerdem Ausflüge nach Troja und Unterkunftsvermittlung vor Ort.

Meander Travel
Kibris Caddesi 1, Kuşadası
Tel. 0256/612 88 88
www.meandertravel.com
Private Touren für Gäste und Kreuzfahrtschiffpassagiere nach Ephesus, zum Haus der Jungfrau Maria und nach Şirince.

Walking Mehmet
Kappadokien
Tel. 0384/271 20 64
www.walkingmehmet.net
Wanderungen zu den Felsen und Tälern von Kappadokien mit dem erfahrenen Führer Mehmet Güngör.

Wassersport und Segeln

Budget Sailing
Harbor, Göcek
Tel. 0252/645 13 23
www.budgetsailingturkey.com
Empfehlenswerter Jachtverleih an der türkischen Riviera.

Kite-Turkey
Progressive Boardsports, Çark Yolu 39, Alaçatı
Tel. 0538/381 56 86,
www.kite-turkey.com
Angesehene von Briten geführte Firma, die Ausrüstung fürs Kitesurfen verleiht und Kurse für Anfänger und Fortgeschrittene abhält.

Turhan Yachting
Adnan Menderes Bulvari 15, Marmaris
Tel. 0252/417 46 50
www.bluevoyagegulet.com
Mieten Sie einen der drei traditionellen türkischen *gullets* mit ausgezeichnetem Essen und luxuriöser Innenausstattung.

Turkish Gulet
Turgut Özal Caddesi, Göcek
Tel. 0252/645 11 31
www.turkishgulet.com
Gullet-Charter, Kabinenvermietung und Jachtverleih, mit Niederlassungen in Marmaris, Göcek und Bodrum.

Myga Surf City
B Çark Mevkii, 8011 Sokak 4, Alaçatı
Tel. 0232/716 64 68
www.myga.com.tr
Alles, was ein Windsurfer braucht, um am besten Surfplatz der Türkei Spaß zu haben.

REGISTER

Seiten in **Fettdruck** verweisen auf Abbildungen, GROSSBUCHSTABEN auf übergeordnete Rubriken.

ABBILDUNGSNACHWEIS

Umschlagvorderseite: Herbert Spichtinger/Corbis; Umschlagrückseite: Ekaterina Rainbow/Shutterstock (l); Mikhail Starodubov/Shutterstock (M); Lefteris Papaulakis (r)

Innenteil: 2-3, Yoshio Tomi/Superstock/Photolibrary; 4, Fabian von Poser/Alamy; 8, Shutterstock; 11, Frank Fell/Travel Library/Photolibrary; 12 Ludovic Maisant/Hemis/Photolibrary; 14-15, Juergen stampe/Look-foto/Photolibrary; 17, Jochen Tack/Imagebroker/Photolibrary; 20-21, Tomasetti & Rutherford; 22-23, Deloche/BSIP Medical/Photolibary; 25, Lebrecht/Alamy; 26, Jochen Tack/Imagebroker/Photolibrary; 29, Bettmann/Corbis; 30, Art Archive Alamy; 33, Borderlands/Alamy; 35, Yeves Herman/Reuters/Corbis; 37, Bildagentur/Tips Italia/Photolibrary; 38, Lawrence M. Porges; 41, Yadid Levy/Robert Harding/Photolibrary; 42, Klause Arras/Bon Apetit/Alamy; 45, Adam Woolfitt/Cobis; 46-47, Mary Guyan/Alamy; 49, Bruno Morandi/Hemis/Photolibrary; 52-53, Murat Taner/Photolibrary; 54, Jean-Pierre Lescourret/Imagebroker/Photolibrary; 56, Mark Edward Smith/Tips Italia; P Narayan/age footstock/Photolibrary; 61, Borut Furlan/Waterfreame/Photolibrary; 62, Images & Stories/Alamy; 65, Karl F. Schofmann/Imagebroker/Photolibrary; 66 Hebert Spichtinger/Photolibrary; 69, Reinhard Dirscherl/Alamy; 70, Marc Dozier/Hemis/Photoblibrary; 73, Gianni Dagli Orti/Art Archive/Alamy; 74, Gavin Hellier/Getty Images; 76, Karl F. Schofmann/Imagebroker/Photolibrary; 79, Gianni Dagli Orti/Art Archive/Alamy; 80, Gavin Hellier/Robert Harding/Photolibrary; 82, Martin Child/Robert Harding/Photolibrary; 83, Hill Creek Pictures/Alamy; 84, John Wreford/Araian Eye/Photolibrary; 86, Jeff Greenberg/Peter Arnold Travel/Photolibrary; 90, Rebecca Erol/Alamy; 91, Murat Taner/Photolibrary; 92, Lawrence M. Porges; 94; Karl F. Schofmann/Imagebroker/Photolibrary; 97, Alex Bramwell/Alamy; 98 Julian Love/John Warburton-Lee Photography/Photolibrary; 100, Yadid Levy/Alamy; 102, Lawrence M. Porges; 105, Karl F. Schofmann/Imagebroker/Photolibrary; 106, Gavin Hellier/Robert Harding/Photolibrary; 110, Natasha Scripture; 112, Images & Stories/Alamy; 115, Felix Stensson/Alamy; 116, Karl F. Schofmann/Imagebroker/Photolibrary; 119, Alex Segre/Alamy; 120, Alex Segre/Alamy; 123, Ali Kabas/Alamy; 124, Richard Wareham Fotografie/Alamy; 126, Karl F. Schofmann/Imagebroker/Photolibrary; 128, Ali Kabas/Alamy; 130, Rebecca Erol/Alamy; 132, Images & Stories/Alamy; 135, Luis Castaneda/age footstock/Photolibrary; 136, Stan Gamester/Alamy; 138, Ali Kabas/Alamy; 140, Bartek Wrzesniowski/Alamy; 143, Rebecca Erol/Alamy; 144, Ayhan Altun/Alamy; 146, David Sutherland/Alamy; 148, Images & Stories/Alamy; 151, Peter Horee/Alamy; 152, Turkey Shoot/Alamy; 154, Peter Horee/Alamy; 156, Imagestate Media Partners Limited/Alamy; 158, Hervé Lenain/Hemis/Photolibrary; 160, Tomasetti & Rutherford; 163, Tomasetti & Rutherford; 164, Ruchan Ziya/Alamy; 166, Images & Stories/Alamy; 168, Peter Horee/Alamy; 170, Peter Forsberg/Alamy; 173, JTB Photo/Photolibrary; 174, Peter Horee/Alamy; 176-177, Franck Guiziou/Hemis/Photolibrary; 178, Lawrence M. Porges; 182, Demetrio Carrasco/Hon Arnold Travle/Photolibrary; 1848, Tomasetti & Rutherford; 186 JTB Photo/Photolibrary; 190, Wilmar Photography/Alamy; 191, Karen Huntt/Corbis; 192, Tomasetti & Rutherford; 194, Tomasetti & Rutherford; 196, Tomasetti & Rutherford; 198, Jon Arnold/Photolibrary; 200, Lawrence M. Porges; 202, Tomasetti & Rutherford; 203, Marco Simon/Robert Harding/Photolibrary; 204, Lawrence M. Porges; 206, Bertrand Gardel/Hemis/Photolibrary; 208, Bertrand Gardel/Hemis/Alamy; 210, Borut Furlan/Waterframe/Photolibrary; 212 Jane Fownes/Alamy; 215, Terry Harris/Just Greece Photo Library/Alamy; 216, Tolo Balaguer/age fotostock; 219, Adam Woolfitt/Roberth Harding/Photolibrary; 220, Gavin Hellier/Robert Harding/Photolibrary; 222, Jeff Greenberg/Peter Arnold Travel/Photolibrary; 224, Mark Dozier/Hemis/Alamy; 226, Bildagentur/Tips Italia/Photolibarary; 228, Jochen Tack/Alamy; 229, Tomasetti & Rutherford; 230, Emmanuel Lattes/Alamy; 232, Dov Makabaw/Alamy.

Deutsche Ausgabe veröffentlicht von NATIONAL GEOGRAPHIC DEUTSCHLAND (NG Malik Buchgesellschaft mbH),
2. aktualisierte Auflage, Hamburg 2014

Deutsche Übersetzung: Brigitte Beier, Beatrix Gehlhoff, Christiane Gsänger, Jutta Ressel M. A., Renate Weinberger

Aktualisierung 2014: Attila Elitez für twinbooks, München
Gesamtproducing: twinbooks, München
Satz: textum GmbH, München
Druck und Verarbeitung: Stürtz GmbH, Würzburg

Printed in Germany
ISBN 978-3-95559-050-5

Titel der amerikanischen Originalausgabe:
National Geographic Traveler Istanbul & Western Turkey

Alle Angaben in diesem Buch wurden zum Zeitpunkt der Erarbeitung sorgfältig geprüft. Dennoch können sich natürlich Details ändern, und der Verlag kann für solche Änderungen, eventuelle Fehler oder Auslassungen keine Verantwortung oder Haftung übernehmen. Bewertungen von Hotels, Restaurants oder Sehenswürdigkeiten geben die Sicht der Autoren wieder.

Die National Geographic Society, eine der größten gemeinnützigen wissenschaftlichen Vereinigungen der Welt, wurde 1888 gegründet, um «die geographischen Kenntnisse zu mehren und zu verbreiten». Sie unterstützt die Erforschung und Erhaltung von Lebensräumen sowie Forschungs- und Bildungsprogramme. Ihre weltweit mehr als neun Millionen Mitglieder erhalten monatlich das NATIONAL GEOGRAPHIC-Magazin, in dem die besten Fotografen der Welt berichten. Ihr Ziel: *inspiring people to care about the planet*, Menschen zu inspirieren, sich für ihren Planeten einzusetzen.

Die National Geographic Society informiert nicht nur durch das Magazin, sondern auch durch Bücher, Fernsehprogramme und DVDs.

Falls Sie mehr über NATIONAL GEOGRAPHIC wissen wollen, besuchen Sie unsere Website unter *www.nationalgeographic.de*